العيش بحريّة

نختبر ملء الحياة من خلال يسوع المسيح

تصميم:

a.MAZE
DESIGN HOUSE

How to effectively use this material:
On behalf of all of us at Sycpub Global, we pray this material will abundantly bless you, your family, and your church body. We want you to be free to share these biblical principles with friends and loved ones as God leads. However, we do ask that all use of this material be under the guidance of a trusted spiritual authority within your church body. This book is intended to be used in conjunction with the leading of an instructor in a classroom setting; it is not meant as a free-standing textbook. Also, we ask that you refrain from making photocopies without permission. Licenses to print are available on request. Thank you.

SYCPUB GLOBAL

Published by: Sycpub Global, LLC
www.liviingsetfree.store
P.O. Box 158
Gig Harbor, WA 98335
USA

Email: info@sycamorecommission.org
ISBN: 979-8-9929987-0-2

© الناشر: حياة المحبّة في الشرق الأوسط

ص. ب. ١٦٦٥٦٧
بيروت – لبنان

Outside the United States:
Email: info@lifeagape.info
www.lifeagapeinternational.org

كلمة شكر

بعد عدّة مشاريع تأليف وكتابة، أصبحت مقتنعاً بأنّ صفحة كلمة الشكر قد تكون أهمّ صفحة في أيّ كتاب منشور. على القارئ أن يعرف أنّ كتاباً كهذا يحمل أكثر بكثير من مجرّد مجموعة حقائق موضوعيّة مطبوعة على ورق، إنّه يمثّل دروساً تمّ اكتشافها واكتسابها في ظلّ العيش في مجتمع من الناس. وفي هذه الحالة تمّ ذلك في ظلّ مجتمع استمرّ بالتوسّع على قدر توسّع وانتشار هذا الكتاب ومحتواه في العالم. لقد كانت رحلة مذهلة حتّى الآن وهذا أقلّ ما يمكن قوله.

انضمّ إلينا العديد من الأشخاص والكنائس عبر الرحلة ليشاركونا في هذه العمليّة. البعض منهم شقّوا الطريق معنا كروّاد خلال عمليّة التعلُّم، والبعض الآخر كالقادة والعائلات في الكنائس تلمذوا مَن حولهم على أساس هذه الحقائق، وأعطونا ردّاً مفيداً خلال سنوات.

من بين كثيرين، أريد أن أشكر بشكل خاصّ الأشخاص الذين كانوا لنا عائلة وكنيسة خلال السنوات الحافلة بالأحداث، حين ابتدأنا بتعلُّم هذه الحقائق وبتطبيقها – كلٌّ يعرف نفسه. شكراً لكم على قدرتكم على التحمّل وانفتاحكم على التعلُّم وعلى إيمانكم. إنّ استثماركم حَمَل الكثير من الثمار لملكوت الله، أكثر جدّاً ممّا تمكّن أيّ منّا أن يتخيّل في البداية.

أرلين لورنس، لقد فعلتِ أكثر جدّاً ممّا التزمتِ بفعله في هذا المشروع. أعلم أنّ الفضل يعود لقلبكِ المندفع والملتزم بهذه الحقائق المُعلَنة للحياة، وأنّكِ اختبرتِ القوّة المُغيّرة التي أطلقَتها هذه الحقائق في حياتكِ وعائلتكِ. لقد تعاملتِ مع كلّ جانب من جوانب هذا المشروع كجرّاح بارع، ثمّ عملتِ على الحصيلة النهائيّة بدقّة كدقّة الساعاتي. شكراً لكِ على الطريقة التي قدّمتِ فيها قلبكِ ومواهبكِ الروحيّة ومهاراتكِ لهذا المشروع.

بركة الربّ عليكم،

مايك ريتشز

المقدّمة

ثمّة "أنت" آخر في داخلك. يوجد في خفايا أعماق قلبك شخص يتمتّع بالشخصيّة التي تصوّرتها لنفسك وأكثر. إنّه شخص لا خوف فيه، وقادر على اجتياز كلّ عواصف الحياة. إنّه شخص حنّان وقادر على محبّة البشريّة بأكملها، بدءاً من المنكسر، انتقالاً إلى القاسي واللئيم. إنّه شخص ممتلئ بالفرح ويفيض حياةً وأملاً في كلّ ظرف يوجد فيه. إنّه شخص يتكلّم الحقيقة، عالماً أنّه في عالم يحتاج إلى القيادة وعلى أحدٍ ما أن يشير إلى الطريق بكلّ شجاعة.

هذا الشخص السّاكن فيك هو أنت، إنّه شخصك الحقيقي، أي الـ **أنت** الذي يريدك **الله** خالقك أن تكونه. هذا هو الشخص الذي تصرخ في قلبك شوقاً لتكونه. غير أنّه ولأنّنا نعيش في عالم الخطيئة، في عالم مليء بالألم والرفض والترك والعنف والظلم والاعتداء والخيبة والتخويف، لم يعد هذا الشخص الذي خلقك **الله** لتكونه في كماله فأصبح مقيّداً. بمواجهة استبداد الخوف والإحباط والغضب والأحزان، أصبح شخصك سجيناً. لكن يسوع جاء ليحرّر "شخصك" من تلك الأشياء التي قيّدتك. جاء بحريّته ليطلق "شخصك" فتحيا حياةً مليئة بالفرح والتحنّن والمحبّة والشجاعة، أي حياةً تختبر فيها حضور **الله** وقوّته.

نجد "الحريّة" في صميم حياة ورسالة يسوع المسيح وصميم مَهمّة أتباعه. وهذا هو هدف هذه الدروس: مساعدتك على تحديد أين ولماذا وكيف تعيش في قيود وعبوديّة، بدلاً من العيش في حريّة ورجاء. بقوّة المسيح، يمكنك أن تتحرّر من هذه القيود لتعيش في الحريّة التي دفع يسوع ثمنها من أجلك. قال يسوع "تَعْرِفُونَ الْحَقَّ وَالْحَقُّ يُحَرِّرُكُمْ... فَإِنْ حَرَّرَكُمْ الابْنُ فَبالْحَقِيقَةِ تَكُونُونَ أَحْرَاراً" (يوحنا ٨: ٣٢). ويُثنّي الرسول بولس قائلاً: "فَاثْبُتُوا إِذاً فِي الْحُرِّيَّةِ الَّتِي قَدْ حَرَّرَنَا الْمَسِيحُ بِهَا" (غلاطية ٥: ١).

تتمحوَر سلسلة الدروس هذه حول "الحريّة". لكن لا تنظر إلى هذا الكتاب كسلسلة دروس فحسب بل كاختبار حياة من شأنه أن يعطيك مؤهّلات وأسلحة روحيّة لتحيا حياة الحريّة إن استسلمت بالكامل للحقائق الكتابيّة التي ستكتشفها. هيّا إذاً، فلتبدأ المغامرة!

الجزء الأوّل

مخلوقون لهدف

I. تصميم الله الأصلي

تصميم **الله** الأصلي هو أن نحيا للأبد معه باتّحاد وشركة كاملَين بلا أحزان أو ألم أو أذى وبلا مرض. لقد خطّط لنا أن نحيا بدون توتّر في العلاقات ووجع قلب وحزن وفراغ. بدلاً من ذلك، خلقنا لنكون في شبع واكتمال، مملوئين فرحاً وسلاماً. لقد خلق **الله** الجنس البشري ليسكن معه.

أ. خلقنا الله لنحيا علاقة محبّة معه

تكوين ٢: ١٥ وَأَخَذَ الرَّبُّ الإِلهُ آدَمَ وَوَضَعَهُ فِي جَنَّةِ عَدْنٍ لِيَعْمَلَهَا وَيَحْفَظَهَا.

خلقنا **الله** لنحيا معه في جنّة عدن. لقد خلق الجنس البشري وكلّ واحد فينا لنتمتّع بعلاقة من هذا النوع، أي لنسكن مع إله الكون. عاش الإنسان في اتّحاد وقرب من **الله** في جنّة عدن وتمكّن **الله** من أن يغمر آدم وحوّاء بمحبّته الوافرة.

ألقِ نظرةً على الأعداد الكتابيّة التالية، ولاحظ محبّة **الله** العظيمة للبشر ولكلّ واحد فينا شخصيّاً.

إشعياء ٥٤: ١٠ فَإِنَّ الْجِبَالَ تَزُولُ وَالآكَامَ تَتَزَعْزَعُ أَمَّا إِحْسَانِي فَلاَ يَزُولُ عَنْكِ وَعَهْدُ سَلاَمِي لاَ يَتَزَعْزَعُ قَالَ رَاحِمُكِ الرَّبُّ.

صفنيا ٣: ١٧ الرَّبُّ إِلَهُكِ فِي وَسَطِكِ (سَاكِن) جَبَّارٌ يُخَلِّصُ. يَبْتَهِجُ بِكِ فَرَحاً (عَظيماً). يَسْكُتُ (كلّ مَخاوفكِ) فِي مَحَبَّتِهِ. يَبْتَهِجُ بِكِ بِتَرَنُّمٍ (بأغنيةِ فَرَح).

لكلّ واحد منّا هدفٌ على هذا الشكل: أن نحبّ **الله** ونكون محبوبين من **الله**، أن نتمّم المَهمّات والأهداف التي خلقنا **الله** من أجلها، أن نكون محبوبين من الآخرين ونُبادلهم المحبّة وأن نحيا بدون عار أو دينونة في حياتنا.

ب. خلقنا الله لهدف

تكوين ٢: ١٥ وَأَخَذَ الرَّبُّ الإِلهُ آدَمَ وَوَضَعَهُ فِي جَنَّةِ عَدْنٍ لِيَعْمَلَهَا وَيَحْفَظَهَا.

بالنظر إلى تكوين ٢: ١٥ مجدّداً، نرى أيضاً أنّ **الله** قد أعطى مَهمَّة أو هدفاً لآدم: عليه أن يعمل حديقة عدن ويهتمّ بها. أعطى **الله** آدم المسؤوليّة والسّلطة ليحرص على أن تكون الحديقة (وبالتالي العالم بكامله) في أيدٍ أمينة. نجد كذلك في الكتاب المقدّس العديد من الأمثلة عن مَهمّات وأهداف أعطاها **الله** لأفراد معيّنين.

ج. خلقنا الله لنعيش أحراراً

تكوين ٢: ٢٥ وَكَانَا كِلاهُمَا عُرْيَانَيْنِ آدَمُ وَامْرَأَتُهُ وَهُمَا لا يَخْجَلانِ.

لم يخلق **الله** البشر ليعيشوا في عار الخجل والدينونة.

في البداية، كان العالم خالياً من أيّ أحمال أو ظلم. لم يكن يوجد شعورٌ بالعار من الاختبارات الشخصيّة ولم تكن توجد أذيّة في العلاقات. لم تكن توجد هزيمة أو معارضة بل كانت توجد حريّة شخصيّة وكان الإنسان يختبرها من خلال...

المحبّة الدائمة وغير الأنانيّة	العلاقة الحميمة مع **الله**	النور
الحياة	الفرح	السلام
المعنى	الهدف	الأمان
السلطان	القيمة	الاكتمال

د. هل نحيا ضمن تصميم الله الأصلي لحياتنا؟

إذا ألقينا نظرة واقعيّة على حياتنا وعلى العالم المحيط بنا نرى عالماً خرج عن المسار الصّحيح ولم يعد صورةً تعكس تصميم **الله** الأصلي. نرى سيطرة الموت والقتل والحروب والكوارث في حياة الأفراد والعائلات والمجتمع، وعلى المستوى الوطني والعالمي. الأفق مملوءٌ بالاعتداء والإهمال والألم، وحياة الناس مليئة بالأحزان واليأس والفراغ والعبثيّة والخوف.

إذا نظرنا بصدق لقُلنا على الأرجح إنّه ثمّة شيء مكسور في حياتنا ومجتمعاتنا وثقافتنا وعالمنا. في الواقع، تعترف الأكثريّة بأنّنا نحيا حياةً تملك عليها قيود ماضينا ومخاوفنا وظروفنا. فما الذي انكسر إذاً؟ وماذا حصل لتصميم **الله** الأصلي؟

النقص في المحبّة والأكاذيب الجوهريّة أساسان للحصون

صمّم **الله** البشر لينموا على أساس يتكوّن من المحبّة والحقيقة. أينما نقص هذان أو تمّ تشويههما بطريقة أو بأخرى، تأتي النتيجة كتشكيلة من التصرّفات أو "المواقف" التي لا تتّفق مع محبّة **الله** وحقيقته. يمكن لهذه الردود أن تبني جدارَ مقاومة مشبوكاً داخل شخصيّاتنا يشنّ مقاومة ناشطة للحقيقة القادرة على تحريرنا والتي ستحرّرنا، كما ويصدّ قدرتنا على العيش بحسب قصد **الله** الأصلي وهدفه لحياتنا.

تصميم الله الأصلي[1]

المحبّة
الفرح
السلام
الصبر
الصلاح
اللطف
الوداعة
التحكّم بالنفس
المودّة
قابليّة التعلّم
الشغف
الرجاء
التوازن
الكَرَم
الثقة
الطاعة
الغفران
التركيز على الغير

يشعر بالأهميّة
يشعر بالأمان
مرغوب فيه
حضوره مُفرح
يشعر بالتقدير
حالته جيّدة
ممتاز
محبوب جداً

الناشط

العداوة
الفوقيّة
التنافس
السيطرة
الصلابة
العناد
رفض التعلّم
النقد
الطموح الأناني
الإكتفاء الذاتي
الاستغلال
القتل
الافراط بالثقة بالنفس
الخداع
لفت الانتباه
الغيرة
الاشتهاء
اللوم
الغطرسة
التعالي

التمرّد العدواني
(الكبرياء)

الخامد

الأسى
الشفقة على النفس
التردّد
كره الذات
التحكّم بالغير
التصرّف كضحيّة
العناد
اللامبالاة
إرضاء الناس
الدينونة
قابليّة فعل الشرّ
التدمير الذاتي
العار
الهزيمة
الانسحاب
الانتحار
انعدام القرار
اليأس

التمرّد الخامد
(الكبرياء)

الحجارة التي تبني جدار الحصن

«...بكُلِّ بَرَكَةٍ رُوحِيَّةٍ في السَّمَاوِيَّاتِ»
(أفسس ١: ٣)

"ميزات في الشخصيّة" - ردّة فعل الخطيئة

[1] تمّ أخذ هذا الجدول من سلسلة دروس الحياة المُتغيّرة الذي أنتجته كنيسة القديس برنابا في كينسينغتن في لندن، انكلترا.

II. لماذا لا نحيا ضمن قصد الله الأصلي؟

خرجت الأمور عن المسار الصحيح!

تكوين ٣: ١ – ١٣

فيما يخصّ البشر:

عصى آدم الله وأدّى هذا العصيان إلى تخلّي آدم عن حق الولادة الذي يملكه – أي الحق بالعيش بحسب قصد الله الأصلي. أدّى ذلك إلى تحوّل جذريٍّ في آدم وكلّ إنسان في كلّ الأجيال التي تلت آدم.

رومية ٥: ١٢ مِنْ أَجْلِ ذَلِكَ كَأَنَّمَا بِإِنْسَانٍ وَاحِدٍ دَخَلَتِ الْخَطِيَّةُ إِلَى الْعَالَمِ وَبِالْخَطِيَّةِ الْمَوْتُ وَهَكَذَا اجْتَازَ الْمَوْتُ إِلَى جَمِيعِ النَّاسِ إِذْ أَخْطَأَ الْجَمِيعُ.

حين ننظر إلى رومية ٥: ١٢، نرى أنّ كلّ واحد بدوره قد ورث الطبيعة الخاطئة وهذا ما يؤدّي إلى الخطيئة وإلى العيش خارج نطاق قصد الله الأصلي.

فيما يخصّ الخليقة:

الكبرياء	الطموح الأناني	الغطرسة
الكره	الخيانة	التمرّد
الثورة	الخداع	الأكاذيب
الاشتهاء	الموت	القتل

بالنسبة إلى العديد (أو الأغلبيّة) منّا الذين نشأوا في ثقافة غربيّة أو مماثلة، غالباً ما يكون صعباً فهم الصلة الموجودة بين البشر والخليقة على المستويين الروحي والأخلاقي. في الواقع، إنّ خطيئة آدم لم تطلق اللعنة على آدم ومن ثمّ على كامل البشريّة والثقافات، إنّما الخليقة نفسها قد وقعت تحت لعنة خطيئة آدم أيضاً.

رومية ٨: ١٩ – ٢٢ لأَنَّ انْتِظَارَ الْخَلِيقَةِ يَتَوَقَّعُ اسْتِعْلاَنَ أَبْنَاءِ اللهِ. إِذْ أُخْضِعَتِ الْخَلِيقَةُ لِلْبُطْلِ (اللّعنة) – لَيْسَ طَوْعاً بَلْ مِنْ أَجْلِ الَّذِي أَخْضَعَهَا – عَلَى الرَّجَاءِ. لأَنَّ الْخَلِيقَةَ نَفْسَهَا أَيْضاً سَتُعْتَقُ مِنْ عُبُودِيَّةِ الْفَسَادِ إِلَى حُرِّيَّةِ مَجْدِ أَوْلاَدِ اللهِ. فَإِنَّنَا نَعْلَمُ أَنَّ كُلَّ الْخَلِيقَةِ تَئِنُّ وَتَتَمَخَّضُ مَعاً إِلَى الآنَ.

يعدّد سفر التكوين عواقب هذه الخطيئة وعصيان الله:

أ. الانفصال عن الله

كلّ واحد منّا قد انفصل عن الله. جاء في إشعياء ٥٩: ٢ "بَلْ آثَامُكُمْ (خطاياكم) صَارَتْ فَاصِلَةً بَيْنَكُمْ وَبَيْنَ إِلَهِكُمْ." إنّ الخطايا التي اقترفناها يجب أن تنال القصاص، والقصاص هو الموت. هذا الموت يأخذ أبعاداً عدّة ولكنّ البعد الأساسي يبقى الانفصال عن حياة الله التي نختبرها من خلال علاقة معه.

تكوين ٣: ٢٣ فَأَخْرَجَهُ الرَّبُّ الإِلَهُ مِنْ جَنَّةِ عَدْنٍ لِيَعْمَلَ الأَرْضَ الَّتِي أُخِذَ مِنْهَا.

يخبرنا الكتاب المقدّس إنّه يوجد فرحٌ كاملٌ في محضر الله، لكن خطايانا تفصلنا عن ذلك الفرح وذلك الحضور.

ب. التخلّي عن السلطة على إبليس

خلق الله آدم ليحكم الأرض ويتسلّط عليها (تكوين ١: ٢٨). لقد خلقه على صورته ومثاله وأعطاه السُلطة على كلّ شيء كان يسوع قد خلقه. كان الشيطان في هذا الوقت تحت سلطة آدم. لكنّ إبليس استخدم الخداع ليجعل آدم يوافق على اقتراحه ويخضع له بعكس تعليمات الله. وبهذا الفعل الذي اقترفه آدم، سلّم إلى الشيطان مفاتيح السُلطة على البشريّة والعالم الحاضر.

المزمور ٨: ٤ – ٦ فَمَنْ هُوَ الإِنْسَانُ حَتَّى تَذْكُرَهُ وَابْنُ آدَمَ حَتَّى تَفْتَقِدَهُ! وَتَنْقُصَهُ قَلِيلاً عَنِ الْمَلاَئِكَةِ وَبِمَجْدٍ وَبَهَاءٍ تُكَلِّلُهُ. تُسَلِّطُهُ عَلَى أَعْمَالِ يَدَيْكَ. جَعَلْتَ كُلَّ شَيْءٍ تَحْتَ قَدَمَيْهِ.

يوحنا ١٢: ٣١ الآنَ دَيْنُونَةُ هَذَا الْعَالَمِ. الآنَ يُطْرَحُ (الشيطان) رَئِيسُ هَذَا الْعَالَمِ خَارِجاً.

ج. العيش بدون هدف

قرأنا في تكوين ٢ أنّ الله قد أعطى مَهمّة لآدم ليدير الخليقة ويشرف عليها. لكن بعد ذلك بدت حياة آدم بدون هدف أو جدوى، حيث إنّه من التراب وإلى التراب يعود. وقعت عليه لعنة الله ليعمل جاهداً ولكن بدون جدوى.

تكوين ٣: ١٩ بِعَرَقِ وَجْهِكَ تَأْكُلُ خُبْزاً حَتَّى تَعُودَ إِلَى الأَرْضِ الَّتِي أُخِذْتَ مِنْهَا. لأَنَّكَ تُرَابٌ وَإِلَى تُرَابٍ تَعُودُ.

د. العلاقات الشخصيّة المهدّدة

أراد الله في تصميمه للعلاقات البشريّة أن تكون هذه الأخيرة من بين أعظم الأمور وأهمّها في الحياة، وبدلاً من ذلك حلّ الخلاف بين الرجال والنساء: بدأ الأزواج والزوجات يكافحون ليتسلّموا السيطرة ملقين اللوم على الآخر، وأصبحت العلاقات بين الإخوة تتميّز بالنزاع.

تكوين ٣: ١٢ فَقَالَ آدَمُ: «الْمَرْأَةُ الَّتِي جَعَلْتَهَا مَعِي هِيَ أَعْطَتْنِي مِنَ الشَّجَرَةِ فَأَكَلْتُ».

تكوين ٣: ١٦ وَقَالَ لِلْمَرْأَةِ: «تَكْثِيراً أُكَثِّرُ أَتْعَابَ حَبَلِكِ. بِالْوَجَعِ تَلِدِينَ أَوْلاداً. وَإِلَى رَجُلِكِ يَكُونُ اشْتِيَاقُكِ وَهُوَ يَسُودُ عَلَيْكِ».

تكوين ٤: ٨ وَكَلَّمَ قَايِينُ هَابِيلَ أَخَاهُ. وَحَدَثَ إِذْ كَانَا فِي الْحَقْلِ أَنَّ قَايِينَ قَامَ عَلَى هَابِيلَ أَخِيهِ وَقَتَلَهُ.

هـ. العبوديّة الشخصيّة

تكوين ٣: ٨ – ١٠ وَسَمِعَا صَوْتَ الرَّبِّ الإِلهِ مَاشِياً فِي الْجَنَّةِ عِنْدَ هُبُوبِ رِيحِ النَّهَارِ فَاخْتَبَأَ آدَمُ وَامْرَأَتُهُ مِنْ وَجْهِ الرَّبِّ الإِلهِ فِي وَسَطِ شَجَرِ الْجَنَّةِ. فَنَادَى الرَّبُّ الإِلهُ آدَمَ: «أَيْنَ أَنْتَ؟». فَقَالَ: «سَمِعْتُ صَوْتَكَ فِي الْجَنَّةِ فَخَشِيتُ لأَنِّي عُرْيَانٌ فَاخْتَبَأْتُ».

اختبأ آدم وحوّاء من الله لأنهما كانا خائفين، وأخذنا نرى عواقب الخطيئة منذ ذلك الوقت. دخل الخوف والعار إلى حياة آدم فهرب من الله.

وفي تكوين ٣: ١٦ – ١٨ صرنا نرى أيضاً مثالاً عن الألم والمعاناة. نرى المعاناة في العلاقات البشرية وفي حياة الناس الشخصيّة. مثلاً، لم يتضمّن تصميم الله وجعاً وألماً عند الولادة، ولم يتضمّن صعاباً وجهوداً عبثيّة للحصول على لقمة العيش.

و. خسارة ملء الحياة والصحّة

يتميّز ملكوت **الله** بـالنبض والحياة وملء الصحّة أمّا المرض والوجع والموت فيتجذّرون في ملكوت إبليس. يتكلّم الأصحاح الرابع من سفر التكوين عن الموت والقتل اللذين ظهرا نتيجةً للخطيئة. لم يكن من المفترض أن تحدث الأمور بهذه الطريقة فـ**الله** لم يصمّم الحياة لتكون مليئة بـالألم والمعاناة ووجع القلب والحزن والمرض والموت.

تكوين ٣: ١٦ وَقَالَ لِلْمَرْأَةِ: «تَكْثِيراً أُكَثِّرُ أَتْعَابَ حَبَلِكِ. بِالْوَجَعِ تَلِدِينَ أَوْلاَداً».

III. كيف نتحرّر؟

كيف نبدأ بـالخروج من حالة السّقوط التي وقعت فيها البشريّة نتيجة لخطيئة آدم، وبـالسير نحو الحريّة التي يريدها **الله** لنا؟ هل يوجد كلمة معيّنة يجب أن ننطق بها أو صلاة نرفعها أو توبة وكفّارة نقدّمها؟ للأسف فئات دينيّة عديدة سعت، لاستحقاق الحريّة الروحيّة بهذه الطرق المختلفة، لكن في الواقع، إنّ العيش بحريّة يبدأ مع شخص واحد وهو يسوع المسيح.

نرى عبر العهد الجديد إنّه لا يمكننا أن نتصالح مع أبينا السماوي إلّا عبر يسوع المسيح. من خلال المسيح فقط يمكننا أن نختبر الحريّة الحقيقيّة في الحياة من خلال سلطان **الله** ومحبّته، وهذه الحريّة قد اشتراها لنا **الله** بدم ابنه الغالي الثمن:

أفسس ١: ٦ – ٧ لِمَدْحِ مَجْدِ نِعْمَتِهِ الَّتِي أَنْعَمَ بِهَا عَلَيْنَا فِي الْمَحْبُوبِ، الَّذِي فِيهِ لَنَا الْفِدَاءُ، بِدَمِهِ غُفْرَانُ الْخَطَايَا، حَسَبَ غِنَى نِعْمَتِهِ.

لقد ضللنا وأضعنا هدف الله لنا، لكن هذا ليس مشتهى قلب الله، فهو يريد أن يردّ لخليقته تصميمها الأصلي.

أ. أرسل الله يسوع ليدفع ثمن حريّتنا

لقد أمّن **الله** ما يلزم ليردّ للبشريّة ما قد ضاع منها، وذلك بإرسال ابنه يسوع المسيح إلى الأرض ليموت من أجل خطايانا ويعيدنا إلى علاقة معه.

١. الخبر السّار: يسوع يحبّنا كثيراً وقد مات من أجل خطايانا

يوحنا ٣: ١٦ لأَنَّهُ هَكَذَا أَحَبَّ **اللهُ** الْعَالَمَ حَتَّى بَذَلَ ابْنَهُ الْوَحِيدَ لِكَيْ لاَ يَهْلِكَ كُلُّ مَنْ يُؤْمِنُ بِهِ بَلْ تَكُونُ لَهُ الْحَيَاةُ الأَبَدِيَّةُ.

يوحنا ١٠: ١٠ اَلسَّارِقُ لاَ يَأْتِي إِلاَّ لِيَسْرِقَ وَيَذْبَحَ وَيُهْلِكَ وَأَمَّا أَنَا فَقَدْ أَتَيْتُ لِتَكُونَ لَهُمْ حَيَاةٌ وَلِيَكُونَ لَهُمْ أَفْضَلُ.

٢. علينا أن نقبل يسوع المسيح ربّاً ومخلّصاً

في حين أنّ **الله** قد أكمل كلّ العمل اللازم لننال الخلاص، يبقى للبشر دورٌ يقومون به. علينا أن ندخل طريق الحياة الأبديّة ونؤمن لننال هذه الحياة الجديدة من خلال الولادة الجديدة، عندها... وفقط عندها ، يمكننا البدء بـالسير في الحريّة.

يوحنا ١: ١٢ – ١٣ وَأَمَّا كُلُّ الَّذِينَ قَبِلُوهُ فَأَعْطَاهُمْ سُلْطَاناً أَنْ يَصِيرُوا أَوْلاَدَ **اللهِ** أَيِ الْمُؤْمِنُونَ بِاسْمِهِ. اَلَّذِينَ وُلِدُوا لَيْسَ مِنْ دَمٍ وَلاَ مِنْ مَشِيئَةِ جَسَدٍ وَلاَ مِنْ مَشِيئَةِ رَجُلٍ بَلْ مِنَ **اللهِ**.

ب. الخلاص هو الاسترجاع الكامل للحياة

ما كان هدف خدمة يسوع؟

لوقا ١٩: ١٠ لأَنَّ ابْنَ الإِنْسَانِ قَدْ جَاءَ لِكَيْ يَطْلُبَ وَيُخَلِّصَ مَا قَدْ هَلَكَ.

حين نقبل يسوع المسيح ربّاً ومخلّصاً، ننال الخلاص ونصبح "مخلّصين". لكن ما معنى ذلك؟

بوسعنا رؤية صورة أشمل للخلاص حين نفهم الأشكال المتنوعّة للكلمة اليونانيّة **سوزو** (المترجمة بـ "يُخلّص" في لوقا ١٩: ١٠). تعطينا هذه الكلمة فهماً أشمل لكلمة "خلاص" كونه تعويضاً وشفاءً واكتمالاً. تساعدنا هذه المصطلحات لفهم مقصد يسوع حين جاء ليعلن الخلاص:

١. نسترجع علاقتنا مع الله

رومية ١٠: ٩ لأَنَّكَ إِنِ اعْتَرَفْتَ بِفَمِكَ بِالرَّبِّ يَسُوعَ وَآمَنْتَ بِقَلْبِكَ أَنَّ **الله** أَقَامَهُ مِنَ الأَمْوَاتِ خَلَصْتَ.

نستعيد اتّحادنا مع خالقنا ونحصل على فرصة العيش معه للأبديّة. تُغفر لنا ديون خطايانا ونصبح كامِلين في المسيح يسوع ونستعيد العلاقة الحميمة مع **الله**.

٢. نسترجع هدفنا

أفسس ٢: ١٠ لأَنَّنَا نَحْنُ عَمَلُهُ، مَخْلُوقِينَ فِي الْمَسِيحِ يَسُوعَ لأَعْمَالٍ صَالِحَةٍ، قَدْ سَبَقَ **الله** فَأَعَدَّهَا لِكَيْ نَسْلُكَ فِيهَا.

يردّ لنا الربّ أيضاً هدف الحياة فندرك كيف دعا كلّ واحد منّا إلى مَهمّة كبيرة وعظيمة. لقد خلق **الله** كلّ واحد منّا لهدف تماماً كما فعل مع آدم. وبقوّة **الله** وشفائه لنا يعطينا فرصة ثانية لنعود وننضمّ إليه ونسير بحسب خطّته.

٣. نسترجع ما سَلَبه العذاب الروحي أو الشيطاني

لوقا ٨: ٣٦ فَأَخْبَرَهُمْ أَيْضاً الَّذِينَ رَأَوْا كَيْفَ خَلَصَ (**شفى**) الْمَجْنُونُ.

يسوع يُبطل عمل العدوّ في حياتنا. إنّه يحرّرنا من الظلم الذي قد نعيشه. بقوّته يمكننا أن نخرج أحراراً من العبوديّة الشخصيّة التي تسبّبها الخطيئة. إنّه يشفي مشاعرنا، أذهاننا وإرادتنا من الاختبارات والأذيّات الماضية ويقودنا إلى حياة الحريّة!

٤. نسترجع صحّتنا الجسديّة

مرقس ١٠: ٥٢ فَقَالَ لَهُ يَسُوعُ: «اذْهَبْ. إِيمَانُكَ **قَدْ شَفَاكَ**». فَلِلْوَقْتِ أَبْصَرَ وَتَبِعَ يَسُوعَ فِي الطَّرِيقِ.

إنّ التعويض الذي يقدّمه يسوع يتضمّن الشفاء الجسدي. نرى مراراً وتكراراً في العهد الجديد كيف شفى يسوع أجساد الناس وردّ لهم صحّتهم.

إنّ غاية وهدف يسوع بما يخصّ الخلاص هو ردّ ما قد سُلب، وتقوية الشخص بكامله أي الروح والنفس والجسد!

ج. الخلاص فوريّ ومستمر

عبرانيين ١٠: ١٤ لأَنَّهُ بِقُرْبَانٍ وَاحِدٍ (بتلك التقدمة الواحدة) قَدْ أَكْمَلَ إِلَى الأَبَدِ الْمُقَدَّسِينَ (الذين قدّسهم).

١. فهم وعود الخلاص

إنّ الخلاص بحسب الكتاب يَعدُنا بالتحرّر من دَين الخطيئة وقوّتها ومن الحضور السائد والمُعلَن للخطيئة في حياتنا. **الله** يراك اليوم كشخص قد استردّ ما قد سُلب!

٢ كورنثوس ٥: ١٧ إِذاً إِنْ كَانَ أَحَدٌ فِي الْمَسِيحِ فَهُوَ خَلِيقَةٌ جَدِيدَةٌ. الأَشْيَاءُ الْعَتِيقَةُ قَدْ مَضَتْ. هُوَذَا الْكُلُّ قَدْ صَارَ جَدِيداً !

٢. الإدراك أنّ الخلاص قد أُكمل فعلياً ويستمرّ عمليّاً

يُوضع ملء المسيح يسوع فينا حين ننال الخلاص، فنحيا حياتنا مع شخصه وطبعه، وتظهر صورته في حياتنا بينما نزيد برّاً وقداسةً ومحبّةً.

إنّ الحياة المسيحيّة هي عمليّة النموّ المستمرّة للوصول إلى تلك الحريّة. نحن نحمل مسؤوليّة "تطبيق" خلاصنا.

فيلبي ٢: ١٢ إِذاً يَا أَحِبَّائِي، كَمَا أَطَعْتُمْ كُلَّ حِينٍ، لَيْسَ كَمَا فِي حُضُورِي فَقَطْ، بَلِ الآنَ بِالأَوْلَى جِدّاً فِي غِيَابِي، تَمِّمُوا خَلاَصَكُمْ بِخَوْفٍ وَرِعْدَةٍ.

د. إسترجاع ما قد سُلب – العيش في الحريّة

"العيش بحريّة" يعني القبول الشخصي لكلّ البركات التي يريدها **الله** لنا في خلاصنا بالربّ يسوع المسيح. يتضمّن ذلك استرجاع تصميم **الله** الأصلي وهدفه لنا كأفراد وعائلات وكنائس، كما ويتضمّن أيضاً استعادة قدرتنا على العيش برجاء وقيمة وشبع واكتفاء.

ستكتسب فهماً عميقاً لكيفيّة العيش بحريّة في فصول الكتاب التالية، لكن إليك الآن لمحة عمّا يعني العيش بحريّة:

١. التحرّر من الرفض

حين اختار آدم وحوّاء سلطة إبليس، رفضوا **الله** وأدّى ذلك إلى الانفصال عنه وعن محضره المليء بالبرّ والصلاح والمحبّة. منذ ذلك الحين، أصبح الرفض – والعيش بحسب هذا الرفض – جزءاً أساسيّاً من الحياة البشريّة. وهكذا أصبح الرفض، بمختلف أشكاله، يكتسح الآن حياتنا وعلاقاتنا.

لكن على عكس ذلك، إنّ "العيش بحريّة" يتضمّن المصالحة مع الله وقبوله الكامل لنا بيسوع المسيح!

٢ كورنثوس ٥: ١٨ – ١٩ وَلكِنَّ الْكُلَّ مِنَ اللهِ، الَّذِي صَالَحَنَا لِنَفْسِهِ بِيَسُوعَ الْمَسِيحِ، وَأَعْطَانَا خِدْمَةَ الْمُصَالَحَةِ، أَيْ إِنَّ اللهَ كَانَ فِي الْمَسِيحِ مُصَالِحاً الْعَالَمَ لِنَفْسِهِ، غَيْرَ حَاسِبٍ لَهُمْ خَطَايَاهُمْ، وَوَاضِعاً فِينَا كَلِمَةَ الْمُصَالَحَةِ.

٢. التحرّر من الذنب والدينونة والعار

بعد أن أخطأ آدم قام واختبأ من **الله** لأنّه شعر **بالعار** (تكوين ٣: ٧). اختبر هو وحوّاء الذنب والدينونة للمرّة الأولى. بدون علاقة فداء مع المسيح يسوع، نحن أيضاً نحيا في الذنب والعار والدينونة التي تنتجها الخطيئة. في الكثير من الأوقات تدفعنا هذه المشاعر للقيام بجميع أنواع التصرّفات المدمّرة نحو أنفسنا والآخرين.

العيش بحريّة يتضمّن العيش في الغفران للذنب الذي تنتجه خطايانا والعيش بسلام نحو الله والناس والعيش بدون عار.

رومية ٨: ١ إِذاً لاَ شَيْءَ مِنَ الدَّيْنُونَةِ الآنَ عَلَى الَّذِينَ هُمْ فِي الْمَسِيحِ يَسُوعَ.

٣. التحرّر من الخوف والقلق

اختبر آدم وحوّاء شعوراً آخر نتيجة لخطيئتهما وهو **الخوف** (ورفيق الخوف هو القلق) بعدما كانا يتمتّعان بحسّ من العافية والحماية والتدبير والعناية الشخصيّة. قال آدم لله إنّه سمعه يقترب فخاف (تكوين ٣: ١٠). لم يكن ذلك قد حدث من قبل. في وقت لاحق، عبّر قايين ابن آدم وحوّاء عن قلقه وشعوره بالضعف وعدم الحماية (تكوين ٤: ١٣ – ١٤). هذا أيضاً لم يكن قد حدث من قبل ولكنّه بدأ نتيجة للخطيئة وما زال يصيب النفس البشريّة منذ ذلك الحين. إنّ تصميم الله لنا هو العيش بحريّة من الخوف والقلق.

العيش بحريّة يتضمّن تعلّم العيش بسلام وثقة وإيمان.

العيش بحريّة يتضمّن
تعلّم العيش في الحقّ
مدركاً أهميّتك كشخص
والهدف الأبدي المُعدّ لك.

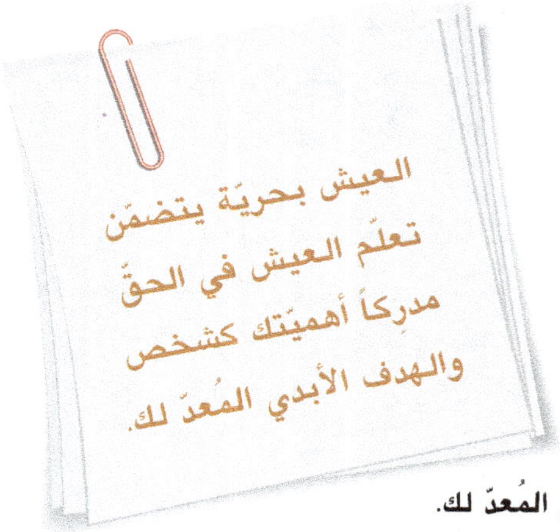

٢ تيموثاوس ١: ٧ لأَنَّ اللهَ لَمْ يُعْطِنَا رُوحَ الْفَشَلِ، بَلْ رُوحَ الْقُوَّةِ وَالْمَحَبَّةِ وَالنُّصْحِ.

٤. التحرّر من التفاهة والعبثيّة

أنت شخص يتمتّع بقيمة وهدف أبديّ بعد أن صرت في المسيح يسوع. أنت مملوء من مجده، كما وأنّك تحمل سلطانه وقد نلت خلاصه لتشارك في أهداف الله الأبديّة.

العيش بحريّة يتضمّن تعلّم العيش في الحقّ مدركاً أهميّتك كشخص والهدف الأبدي المُعدّ لك.

كولوسي ٢: ٩ – ١٠ فَإِنَّهُ فِيهِ (في المسيح) يَحِلُّ كُلُّ مِلْءِ اللاَّهُوتِ جَسَدِيّاً. وَأَنْتُمْ مَمْلُوؤُونَ فِيهِ (نلتم الملء)، الَّذِي هُوَ رَأْسُ كُلِّ رِيَاسَةٍ وَسُلْطَانٍ.

٥. التحرّر من العبوديّة للمرض والمعاناة

لم يكن المرض والمعاناة والموت جزءاً من قصد الله الأصلي للبشريّة. فالله قادر أن يستخدم هذه الأمور لأهدافه وغاياته المجيدة في حياتنا وهو يفعل ذلك، لكن مجيء ملكوت الله عبر حياة يسوع المسيح وموته وقيامته يتضمّن إمكانيّة الشفاء واسترداد الكرامة من خلال الشفاء الجسدي.

العيش بحريّة يتضمّن تعلّم استخدام سلطان يسوع على المرض العابر والمرض الخطير.

متى ٨: ١٦ – ١٧ وَلَمَّا صَارَ الْمَسَاءُ قَدَّمُوا إِلَيْهِ مَجَانِينَ كَثِيرِينَ فَأَخْرَجَ الأَرْوَاحَ بِكَلِمَةٍ وَجَمِيعَ الْمَرْضَى شَفَاهُمْ لِكَيْ يَتِمَّ مَا قِيلَ بِإِشَعْيَاءَ النَّبِيِّ: «هُوَ أَخَذَ أَسْقَامَنَا وَحَمَلَ أَمْرَاضَنَا».

٦. التحرّر من الدينونة والخوف من الموت

جاء الموت كنتيجة أخرى لعصيان آدم وحوّاء. يوجد عدّة أبعاد للموت مثل البعد الروحي والجسدي والعلائقي والعاطفي. إنّ الدينونة الأخيرة للبشريّة الساقطة ستكون الانفصال الأبدي عن الله – أي الموت المطلَق. بدون علاقة مع يسوع المسيح تعيش البشريّة في القبضة المُحكَمة لظلال الموت والخوف.

في حين أنّنا سنختبر جميعاً الموت الجسدي (إلاّ إن عاد يسوع قبل ذلك)، لنا ثقة أنّ يسوع المسيح قد غلب الدينونة والخوف من الموت.

أحد أقسام العيش بحريّة هو التحرّر من الدينونة والخوف من الموت.

عبرانيين ٢: ١٤ – ١٥ فَإِذْ قَدْ تَشَارَكَ الأَوْلاَدُ فِي اللَّحْمِ وَالدَّمِ اشْتَرَكَ هُوَ أَيْضاً كَذلِكَ فِيهِمَا، لِكَيْ يُبِيدَ بِالْمَوْتِ ذَاكَ الَّذِي لَهُ سُلْطَانُ الْمَوْتِ، أَيْ إِبْلِيسَ، وَيُعْتِقَ أُولئِكَ الَّذِينَ خَوْفاً مِنَ الْمَوْتِ كَانُوا جَمِيعاً كُلَّ حَيَاتِهِمْ تَحْتَ الْعُبُودِيَّةِ.

٧. التحرّر من الخضوع لإبليس واستبداده

جاء يسوع لينقض أعمال إبليس ويجرّده من كلّ قوّته وسلطانه على البشريّة. لقد رأينا أنّ طاعة آدم وحوّاء للشيطان وعصيانهما **الله** أعطيا إبليس السلطان والسيطرة عليهما. ولكن حين مات يسوع المسيح على الصليب وقام من الموت، غلب الخطيئة وقوّة دينونة الخطيئة. لقد دمّر سلطان إبليس وجرّده من قوّته.

العيش بحريّة يتضمّن إدراك السلطان الذي لنا على إبليس وقوّته على حياتنا وأيضاً تطبيق ذلك السلطان.

كولوسي ٢: ١٣ –١٥ وَإِذْ كُنْتُمْ أَمْوَاتاً فِي الْخَطَايَا وَغَلَفِ جَسَدِكُمْ، أَحْيَاكُمْ مَعَهُ، مُسَامِحاً لَكُمْ بِجَمِيعِ الْخَطَايَا، إِذْ مَحَا الصَّكَّ الَّذِي عَلَيْنَا فِي الْفَرَائِضِ، الَّذِي كَانَ ضِدّاً لَنَا، وَقَدْ رَفَعَهُ مِنَ الْوَسَطِ مُسَمِّراً إِيَّاهُ بِالصَّلِيبِ، إِذْ جَرَّدَ الرِّيَاسَاتِ وَالسَّلاَطِينَ أَشْهَرَهُمْ جِهَاراً، ظَافِراً بِهِمْ فِيهِ.

١ يوحنا ٣ : ٨ لأَجْلِ هذَا أُظْهِرَ ابْنُ **الله** لِكَيْ يَنْقُضَ أَعْمَالَ إِبْلِيسَ.

العيش بحريّة يتضمّن
إدراك السلطان الذي لنا
على إبليس وقوّته على
حياتنا وأيضاً تطبيق
ذلك السلطان.

IV. مسؤوليّة البشريّة

أ. تعاون بين الله والإنسان

هذه الحريّة الرائعة هي هديّة من **الله** وهي خطّته وعمله.
إنّها تستند عليه وهو الوحيد القادر على تحقيقها. لسنا نملك القدرة لنحصل على برّ كالذي يتمتّع به **الله**، لكن يقع علينا قسم من المسؤوليّة في عمليّة الخلاص والتحرّر من أكاذيب إبليس وخططه وعبوديّاته.

هذا ما نصفه بـ «التعاون البشريّ الإلهيّ» لأنّ العمل الذي لا يمكن لأحد سوى الله فعله، ويبدأ حين يستخدم الإنسان المسؤوليّة المُعطاة له من الله. نأخذ مثالاً على ذلك عمليّة الحصول على الخلاص من الخطيئة كما ورد في يوحنا ١: ١٢ «وَأَمَّا كُلُّ الَّذِينَ قَبِلُوهُ فَأَعْطَاهُمْ سُلْطَاناً أَنْ يَصِيرُوا أَوْلاَدَ **الله** أَيِ الْمُؤْمِنُونَ بِاسْمِهِ.»

ب. إتمام عمليّات التبادل الروحيّة بقوّة حقيقيّة لا بكلمات فارغة

١ كورنثوس ٤: ٢٠ لأَنَّ مَلَكُوتَ **الله** لَيْسَ بِكَلاَمٍ بَلْ بِقُوَّةٍ.

لقد أكمل يسوع المسيح العمل اللازم لغفران خطايانا على الصليب وثمّة عمليّة تبادل تتمّ في العالم الروحي عندما نقبل عمل يسوع التامّ على الصليب ونصلّي صلاة الخلاص. إنها قوّة تستمرّ بينما نسير في طاعة الربّ. وكما سنتعلّم لاحقاً في هذه السلسلة من الدروس، أنّ لهذه العمليّة تأثيرات متفرّعة وعميقة. من الضروري إذاً الانتباه إلى النقاط التالية بينما ننظر إلى عمليّة العيش في تصميم **الله** الأصلي والحريّة التي منحنا إيّاها:

- لا يمكننا نيل الحريّة بالتدبير الشخصي أو التفكير الإيجابي.
- لا يمكننا استحقاق الحريّة أو النضال للإمساك بها.
- لا يمكننا الحصول على تغيير دائم بالإرادة البشريّة وحدها.
- لا يمكننا الإدّعاء بأنّ العبوديّة موضوع لا يخصّنا.

نحن بحاجة إلى عمليّة تبادل روحيّة!!

V. فهم عمليّات التبادل الروحيّة

عند القيام بصفقة عمل في حياتنا اليوميّة، يتمّ إمضاء اتّفاق وتصديقه عند كاتب العدل. فإنّ المُلكيّة أو الثروة قابلة للتحويل ومدعومة بسلطة الشخص الضامن لها. وبالطريقة نفسها، يُطبَّق هذا على المستوى الروحي، إذ أنّه حين يقوم المؤمن بيسوع المسيح بتصميم أو إعلان استناداً على الحقّ وبإيمان، تختم سلطة الكون العليا ذلك القرار، وتتمّ عمليّة التبادل الروحيّة وتكون قد أُكملت! إنّ عمليّة التبادل الروحيّة تحصل في العالم الروحي الذي يؤثّر على العالم الحاضر.

مكوّنات عمليّة التبادل الروحيّة:

- إتّفق مع الشروط الموجودة في حقّ كلمة **الله**.
- إخضع لحقّ كلمة **الله**.
- قم بإعلان مبنيّ على الإيمان بكلماتك الخاصة.
- إفهم أنّ إعلانك مدعوم بسلطان **الله** السيّد على كلّ شيء.
- إعرف أنّ عمليّة التبادل الروحيّة قد تمّت بقوّة **الله** التي يطلقها بشكل فعليّ!

أ. الخلاص: عمليّة التبادل الروحيّة الأولى

الخبر السارّ هو أنّ القصّة لا تنتهي أمام ما خسرَته البشريّة والخليقة عند السقوط، فقد أعلن يسوع إنّه جاء لكي "يَطْلُبَ وَيُخَلِّصَ مَا قَدْ هَلَكَ" (لوقا ١٩: ١٠، تشديد إضافي). لاحظوا ما جاء في هذا العدد حول أنّ يسوع قد جاء لكي يطلب ويخلّص (يعوّض، يجعل كاملاً) **ما قد هلك أو ذاك الذي قد هلك**، لا فقط مَن قد هلك. جاء يسوع ليفتتح عمل التعويض الذي يبدأ بعلاقة مع **الله** ويتخطّى ذلك ليعوّض في نهاية الأمر كلّ ما خسرناه بخطيئة آدم.

كلّ مكان قصَد إبليس أن يدمّره ويفسده ويستعبده للخطيئة، يريد يسوع بحياته وخدمته أن يردّه للملء والاكتمال والحريّة. إنّ عمل التعويض هذا سيكتمل نهائيّاً في السماء لكن الأكيد هو أنّ حياة الحريّة تبدأ عند الخلاص (كولوسي ٢: ١٣– ١٥).

تبدأ عمليّة التبادل الروحية الخاصّة بالخلاص حين يعترف الإنسان بالحقائق التالية ويستجيب لها:

١. الله قدّوس وعادل ونحن لسنا كذلك

يجب أن تعترف أوّلاً بأنّ **الله** قدّوس وبارّ وبأنّك لم تعش بحسب معايير البرّ التي وضعها بل بالعكس، لقد أخطأنا جميعنا ضدّ **الله** وتعدّينا على شخصه وحقّه. **الله** هو إله عادل وعليه بحكم طبيعته أن يدين ويقاصص الخطيئة والذين يرتكبون الخطيئة. لذلك، يضعنا ذلك أمام دينونة **الله** الأبديّة والانفصال عن **الله** للأبد في مكان القصاص.

رومية ٣: ١٠ – ١٢ كَمَا هُوَ مَكْتُوبٌ: «أَنَّهُ لَيْسَ بَارٌّ وَلاَ وَاحِدٌ. لَيْسَ مَنْ يَفْهَمُ. لَيْسَ مَنْ يَطْلُبُ اللهَ. الْجَمِيعُ زَاغُوا وَفَسَدُوا مَعاً. لَيْسَ مَنْ يَعْمَلُ صَلاَحاً لَيْسَ وَلاَ وَاحِدٌ».

٢. الله محبّة وقد أرسل ابنه ليدفع ثمن خطايانا

ثانياً، عليك أن تقبل شخصيّاً حقيقة أنّ **الله** هو أبديّ في محبّته، وبمحبّته العظيمة لقد أرسل ابنه يسوع المسيح إلى الأرض ليعيش كإنسان وهذا ما فعله يسوع بدون أيّ خطيئة. ثمّ مع كونه بارّاً مات على الصليب على الرغم من أنّه كان بريئاً لكي يأخذ القصاص ويدفع ثمن الخطايا التي ارتكبَتها البشريّة ضدّ **الله**، وهكذا يستطيع **الله** أن يغفر بعدل لكلّ رجل وامرأة وولد يقبل يسوع. بعد ذلك قام يسوع من الأموات ليبرهن أنّه غلب إبليس والموت والخطيئة وتمّم عدالة **الله** ضدّ الخطيئة.

تيطس ٣: ٣ – ٥ لأَنَّنَا كُنَّا نَحْنُ أَيْضاً قَبْلاً أَغْبِيَاءَ، غَيْرَ طَائِعِينَ، ضَالِّينَ، مُسْتَعْبَدِينَ لِشَهَوَاتٍ وَلَذَّاتٍ مُخْتَلِفَةٍ، عَائِشِينَ فِي الْخُبْثِ وَالْحَسَدِ، مَمْقُوتِينَ، مُبْغِضِينَ بَعْضُنَا بَعْضاً. وَلكِنْ حِينَ ظَهَرَ لُطْفُ مُخَلِّصِنَا اللهِ وَإِحْسَانُهُ – لاَ بِأَعْمَالٍ فِي بِرٍّ عَمِلْنَاهَا نَحْنُ، بَلْ بِمُقْتَضَى رَحْمَتِهِ – خَلَّصَنَا بِغَسْلِ الْمِيلاَدِ الثَّانِي وَتَجْدِيدِ الرُّوحِ الْقُدُسِ.

٣. ننال الحياة الجديدة بالنعمة عبر الإيمان والاعتراف

ثالثاً، عليك أن تعيش الإيمان واستناداً على ذلك الإيمان أن تقوم بعدد من التصاميم والإعلانات بإرادتك وكلماتك. إن كنت تؤمن بالحقائق الكتابيّة التي نشاركها في هذه الدروس، عليك أن تتصرّف بحسبها وتصلّي من أجلها. وإن فعلت ذلك، ستخلص وتُغفَر لك كلّ خطاياك وتتحرّر لتحيا الأبديّة مع **الله** في السماء. يمكنك أن تبدأ باختبار حريّة **الله** ومحبّته وقوّته في حياتك.

رومية ١٠: ٩، ١٠ لأَنَّكَ إِنِ اعْتَرَفْتَ بِفَمِكَ بِالرَّبِّ يَسُوعَ وَآمَنْتَ بِقَلْبِكَ أَنَّ **الله** أَقَامَهُ مِنَ الأَمْوَاتِ خَلَصْتَ. لأَنَّ الْقَلْبَ يُؤْمَنُ بِهِ لِلْبِرِّ وَالْفَمَ يُعْتَرَفُ بِهِ لِلْخَلاَصِ.

رومية ١٠: ١٣ لأَنَّ «كُلَّ مَنْ يَدْعُو بِاسْمِ الرَّبِّ يَخْلُصُ».

٤. ننال برّ يسوع وحياته

رابعاً، تُستبدَل خطيئتك ببرّ يسوع. حين ينظر **الله** إليك لا يعود يرى خطيئتك بل بدلاً من ذلك، يرى طهارة ابنه الوحيد. الفضل يعود ليسوع المسيح الذي له طبيعة بارّة والذي عاش حياة صالحة وتمكّن من دفع القصاص وثمن خطيئة البشريّة عوضاً عنّا. لذلك حين يقبل الإنسان الخاطئ عمليّة الخلاص الروحيّة بالإيمان يمكنه أن يستبدل الذنب الذي تنتجه الخطيئة ببرّ يسوع.

٢ كورنثوس ٥: ٢١ لأَنَّهُ جَعَلَ الَّذِي لَمْ يَعْرِفْ خَطِيَّةً، خَطِيَّةً لأَجْلِنَا، لِنَصِيرَ نَحْنُ بِرَّ **الله** فِيهِ.

هل قبلت **شخصيّاً** كسر قيود الموت الروحي ونلت الخلاص بالإيمان بيسوع المسيح؟ إن لم تفعل ذلك، ما المانع؟ يمكنك أن تصلّي لتنال الحريّة الآن! عليك ببساطة أن:

١. **تعترف** بأنّك عبد للخطيئة منفصل عن **الله** وغير قادر على أن تخلّص نفسك.

٢. **تعترف** بخطيئتك **لله** وتطلب منه المغفرة.

٣. **تؤمن** بأنّ يسوع بموته على الصليب وقيامته من الموت دفع ثمن القصاص الذي وقع عليك بسبب خطيئتك وضَمِن لك الحياة الأبديّة والحريّة.

٤. **تقبل** بالإيمان غفران **الله** وحريّته وتبدأ بالعيش فيهما. تصمّم وتعترف بأنّ يسوع هو الآن قائد حياتك وسوف تخضع له وتطيعه.

أفسس ٢: ٤– ٥ **الله** الَّذِي هُوَ غَنِيٌّ فِي الرَّحْمَةِ، مِنْ أَجْلِ مَحَبَّتِهِ الْكَثِيرَةِ الَّتِي أَحَبَّنَا بِهَا، وَنَحْنُ أَمْوَاتٌ بِالْخَطَايَا أَحْيَانَا مَعَ الْمَسِيحِ – بِالنِّعْمَةِ أَنْتُمْ مُخَلَّصُونَ!

إن كنت تريد أن تعود **الله** لتصبح ابناً له بالإيمان بيسوع المسيح، نقترح عليك في ما يلي صلاةً يمكنك أن تصلّيها بصدق واقتناع:

أبي السماوي العزيز، أؤمن بأنك كلّي القداسة والعدل وتطلب منّي أن أكون بارّاً بحسب مقياسك أنت للبرّ. أعرف أيضاً وأعترف بأنني خاطئ وأفعل الخطيئة. أنا محتاج لقداستك. أؤمن أيضاً بأنك إله محبّ وقد أرسلت ابنك يسوع المسيح ليموت ويدفع ثمن خطيئتي. أؤمن بأنّ يسوع المسيح هو **الله** حقّاً وكلّياً وقد عاش أيضاً على الأرض كإنسان حقّاً وكلّياً. أؤمن بأنّه عاش بدون خطيئة وكان مقدّساً بالتمام. أؤمن بأنّ يسوع مات على الصليب ليحمل قصاص خطيئتي وقام من الموت مبرهناً أنّه غلب الخطيئة ودفع الثمن المطلوب كاملاً. بالإيمان وبنعمتك أطلب منك أن تغفر خطيئتي وتقبلني كابن لك مغفورٌ له بالكامل ببرّ يسوع المسيح ويتمتّع بعلاقة معك. أقبل غفرانك وأعلن بأنني سأعيش حياة أسعى فيها باستمرار أن أبتعد عن الخطيئة وأحيا بفرح وطاعة لك لأنّك أنتَ قائد حياتي ومخلّصي. آمين.

ب. عمليّات التبادل الروحيّة اللاحقة

إنّ عمليّة التبادل الروحيّة الأساسيّة في الحياة المسيحيّة هي حين يقبل الإنسان يسوع المسيح كمخلّص وربّ. بالاستناد إلى الحقّ، يَنطُق الإنسان بكلمات مليئة بالإيمان ويرفع صلاةً باقتناع من القلب وتتمّ عمليّة التبادل التي يختمها **الله** بقوّته (رومية ١٠: ٩) وتظهر النتائج المرئيّة لهذا التبادل بتغيّر حياة الإنسان في العالم الحاضر (٢ كورنثوس ٥: ١٧ ؛ غلاطية ٢: ٢٠).

غير أنّ هذه ليست آخر عمليّة تبادل روحيّة نختبرها! بل نختبر عمليّات تبادل روحيّة لاحقة في كلّ مرّة نتّحد فيها مع **الله** بالصلاة. يحدث أمر مشابه بعد صلوات التوبة مثلاً – لأنّ نتائج عمليّة التبادل الروحيّة تظهر في العالم الحاضر. في هذه العمليّات، نبادر نحن البشر بتصرّف أو بعمل يستجيب له **الله** بطريقة لا يستطيع أحد غيره القيام بها.

VI. الدخول في حياة من الحريّة

يوجد عدّة حقائق استراتيجيّة في مسيرنا في طريق **"العيش بحريّة"** بالقوّة والملء اللذين يريدنا **الله** أن نختبرهما. سنتطرّأ إلى هذه الحقائق بطريقة كاملة في الدّروس اللاحقة، لكن هنا سننظر باختصار إلى حقيقة واحدة. ولنبدأ فوراً برحلتنا: الحريّة التي نختبرها في عمليّة التبادل الروحيّة من خلال **التوبة**.

أ. فهم التوبة وتطبيقها

١. التوبة هي الرجوع عن الخطيئة

مرقس ١: ١٤، ١٥ وَبَعْدَ مَا أُسْلِمَ يُوحَنَّا جَاءَ يَسُوعُ إِلَى الْجَلِيلِ يَكْرِزُ بِبِشَارَةِ مَلَكُوتِ **الله** (الخبر السّار) وَيَقُولُ: «قَدْ كَمَلَ الزَّمَانُ وَاقْتَرَبَ مَلَكُوتُ **الله** فَتُوبُوا وَآمِنُوا بِالإِنْجِيلِ (الخبر السّار)»!

٢. توقّف، استدر وامشِ في الاتّجاه المعاكس

لنتوب علينا أن:

أ. نُدرك خطيئتنا ونعترف بها.

١ كورنثوس ١٥: ٣٤ أُصْحُوا لِلْبِرِّ وَلاَ تُخْطِئُوا (توقّفوا عن ارتكاب الخطيئة).

ب. نُجدّد أذهاننا في الحقّ.

رومية ١٢: ٢ وَلاَ تُشَاكِلُوا هَذَا الدَّهْرَ بَلْ تَغَيَّرُوا عَنْ شَكْلِكُمْ بِتَجْدِيدِ أَذْهَانِكُمْ لِتَخْتَبِرُوا مَا هِيَ إِرَادَةُ اللهِ الصَّالِحَةُ الْمَرْضِيَّةُ الْكَامِلَةُ.

ج. نرجع عن خطيئتنا.

٢ تيموثاوس ٢: ١٩ وَلْيَتَجَنَّبِ الإِثْمَ كُلُّ مَنْ يُسَمِّي اسْمَ الْمَسِيحِ.

د. نفعل العكس.

أفسس ٤: ٢٨ لاَ يَسْرِقِ السَّارِقُ فِي مَا بَعْدُ، بَلْ بِالْحَرِيِّ يَتْعَبُ عَامِلاً الصَّالِحَ بِيَدَيْهِ، لِيَكُونَ لَهُ أَنْ يُعْطِيَ مَنْ لَهُ احْتِيَاجٌ.

التوبة هي الرجوع عن الخطيئة.

ب. صلاة التوبة

ثمّة نموذج يلخّص المبادئ الموجودة في الأصحاح الرابع من يعقوب وسوف ندعوها "المبادئ الأربعة". هذا النّموذج يساعدنا لنحفظ المبادئ الموجودة في يعقوب ٤ بطريقة عمليّة.

باختصار، المبادئ الأربعة هي (سندرس هذه الخطوات بالتفصيل في الجزء الخامس الذي عنوانه "تفكيك الحصون"):

١ تُبْ واقبل المغفرة من الربّ.

٢ إنتهرْ تأثير إبليس وارفض الأكاذيب التي تتعارض مع كلمة الله.

٣ إستبدلْ الكذب أو التصرّف الخاطئ بما هو حقّ وما هو صالح، جدّد ذهنك بحسب كلمة الله وعش بالاتفاق مع ذلك في سلوك طاعة عمليّة.

٤ إستقبلْ الملء من الرّوح القدس وابتهج!

لاحظ ما ليست عليه التوبة:

○ ليست المساعدة الذاتيّة
○ ليست التديّن الديني
○ ليست مجرّد التحلّي بالأمل
○ ليست مجرّد التفكير بطريقة إيجابيّة
○ ليست السعي بجهد
○ ليست مجرّد الإرادة البشريّة

١ كورنثوس ٤: ٢٠ لأَنَّ مَلَكُوتَ اللهِ لَيْسَ بِكَلاَمٍ بَلْ بِقُوَّةٍ.

ج. اعتماد التوبة كأسلوب حياة

كيف نتقدّم؟

نبدأ بالفهم بأنّنا...

... مُسامَحين، مقبولين وبأمان في المسيح.

... نحيا علاقة مع الله مبنيّة على النعمة.

... نعيش ونستجيب لتبكيت الرّوح القدس وليس للدّينونة.

... لا نحتاج أن نستعطي شيئاً من الله فإنّ غفرانه فوريّ وكامل.

ملاحظات

ملاحظات

الجزء الثاني

كونٌ وعالَمان

I. يوجد عالَمان في الكون

يعلّمنا الكتاب المقدّس أنّه يوجد عالَمان في الكون الذي نعيش فيه: العالم الأوّل ماديّ أما الآخر فهو روحيّ. كتب الرسول بولس قائلاً "فَاطْلُبُوا مَا فَوْقُ (في السماء)... اهْتَمُّوا بِمَا فَوْقُ لاَ بِمَا عَلَى الأَرْضِ" (كولوسي ٣: ١ – ٢). في العالم الطبيعي يمكننا أن نستخدم حواسّنا الخمس بسهولة. فإنّنا نرى بعينينا، نسمع بأذنينا، نشمّ، نتذوّق ونلمس. ولكن هذه الحواسّ الخمس نفسها لا تفيدنا كثيراً في العالم الروحيّ. يمكننا القول إذاً إنّ العالم الطبيعي هو ماديّ أما العالم الآخر أي العالم السماويّ فهو غير مرئيّ أو روحيّ.

لكن وإن كان عالم السماويّات غير مرئيّ للعين المجرّدة فذلك لا ينفي "حقيقة" وجوده. العالم الطبيعي والروحي يختلفان لكنّهما يؤثّران في حياتنا في نفس الوقت. كيف يحصل هذا؟ نجد في الكتاب المقدس الكثير من الأحداث التي توضّح حقيقة هذين العالمين، لكنّ القليل منها يوضّح باختصار وشمول كالأحداث التي نجدها في سفر أيّوب:

أ. عالم أيّوب ينهار

أيّوب ١: ١٣ – ١٩ وَكَانَ ذَاتَ يَوْم وَأَبْنَاؤُهُ وَبَنَاتُهُ يَأْكُلُونَ وَيَشْرَبُونَ خَمْراً فِي بَيْتِ أَخِيهِم الأَكْبَر أَنَّ رَسُولاً جَاءَ إِلَى أَيُّوبَ وَقَالَ: "الْبَقَرُ كَانَتْ تَحْرُثُ وَالأُتُنُ تَرْعَى بِجَانِبِهَا فَسَقَطَ عَلَيْهَا السَّبَئِيُّونَ وَأَخَذُوهَا وَضَرَبُوا الْغِلْمَانَ بِحَدِّ السَّيْفِ وَنَجَوْتُ أَنَا وَحْدِي لأُخْبِرَكَ".

وَبَيْنَمَا هُوَ يَتَكَلَّمُ إِذْ جَاءَ آخَرُ وَقَالَ: «نَارُ اللهِ سَقَطَتْ مِنَ السَّمَاءِ فَأَحْرَقَتِ الْغَنَمَ وَالْغِلْمَانَ وَأَكَلَتْهُمْ وَنَجَوْتُ أَنَا وَحْدِي لأُخْبِرَكَ».

وَبَيْنَمَا هُوَ يَتَكَلَّمُ إِذْ جَاءَ آخَرُ وَقَالَ: "الْكِلْدَانِيُّونَ عَيَّنُوا ثَلاَثَ فِرَقٍ فَهَجَمُوا عَلَى الْجِمَالِ وَأَخَذُوهَا وَضَرَبُوا الْغِلْمَانَ بِحَدِّ السَّيْفِ وَنَجَوْتُ أَنَا وَحْدِي لأُخْبِرَكَ".

وَبَيْنَمَا هُوَ يَتَكَلَّمُ إِذْ جَاءَ آخَرُ وَقَالَ: "بَنُوكَ وَبَنَاتُكَ كَانُوا يَأْكُلُونَ وَيَشْرَبُونَ خَمْراً فِي بَيْتِ أَخِيهِمِ الأَكْبَرِ وَإِذَا رِيحٌ شَدِيدَةٌ جَاءَتْ مِنْ عَبْرِ الْقَفْرِ وَصَدَمَتْ زَوَايَا الْبَيْتِ الأَرْبَعَ فَسَقَطَ عَلَى الْغِلْمَانِ فَمَاتُوا وَنَجَوْتُ أَنَا وَحْدِي لأُخْبِرَكَ".

أيّوب ٢: ٧ – ١٠ فَخَرَجَ الشَّيْطَانُ مِنْ حَضْرَةِ الرَّبِّ وَضَرَبَ أَيُّوبَ بِقُرْحٍ رَدِيءٍ مِنْ بَاطِنِ قَدَمِهِ إِلَى هَامَتِهِ. فَأَخَذَ لِنَفْسِهِ شَقْفَةً لِيَحْتَكَّ بِهَا وَهُوَ جَالِسٌ فِي وَسَطِ الرَّمَادِ. فَقَالَتْ لَهُ امْرَأَتُهُ: "أَنْتَ مُتَمَسِّكٌ بَعْدُ بِكَمَالِكَ! جَدِّفْ عَلَى اللهِ وَمُتْ!"

فَقَالَ لَهَا: «تَتَكَلَّمِينَ كَلاَماً كَإِحْدَى الْجَاهِلاَتِ! أَالْخَيْرَ نَقْبَلُ مِنْ عِنْدِ اللهِ وَالشَّرَّ لاَ نَقْبَلُ؟» فِي كُلِّ هَذَا لَمْ يُخْطِئْ أَيُّوبُ بِشَفَتَيْهِ.

لاحظ طبيعة الكوارث التي وقعت على أيّوب:

- هجمت القبائل المجاورة على قطعانه وغلمانه، وضربهم البرق وبذلك خسر أيّوب قدرته على إنتاج دخل.
- حلّت كارثة طبيعيّة وقتلت أولاده وتفكّك زواجه.
- خسر صحّته.

ب. نظرة داخل الكواليس وراء كوارث أيّوب

أيّوب ١: ٦ – ١٢ وَكَانَ ذَاتَ يَوْمٍ أَنَّهُ جَاءَ بَنُو اللهِ لِيَمْثُلُوا أَمَامَ الرَّبِّ وَجَاءَ الشَّيْطَانُ أَيْضاً فِي وَسَطِهِمْ. فَقَالَ الرَّبُّ لِلشَّيْطَانِ: "مِنْ أَيْنَ جِئْتَ؟" فَأَجَابَ الشَّيْطَانُ: "مِنْ الْجَوَلاَنِ فِي الأَرْضِ وَمِنَ التَّمَشِّي فِيهَا".

فَقَالَ الرَّبُّ لِلشَّيْطَانِ: «هَلْ جَعَلْتَ قَلْبَكَ عَلَى عَبْدِي أَيُّوبَ؟ لأَنَّهُ لَيْسَ مِثْلُهُ فِي الأَرْضِ. رَجُلٌ كَامِلٌ وَمُسْتَقِيمٌ يَتَّقِي اللهَ وَيَحِيدُ عَنِ الشَّرِّ».

فَأَجَابَ الشَّيْطَانُ: "هَلْ مَجَّاناً يَتَّقِي أَيُّوبُ اللهَ؟ أَلَيْسَ أَنَّكَ سَيَّجْتَ حَوْلَهُ وَحَوْلَ بَيْتِهِ وَحَوْلَ كُلِّ مَا لَهُ مِنْ كُلِّ نَاحِيَةٍ؟ بَارَكْتَ أَعْمَالَ يَدَيْهِ فَانْتَشَرَتْ مَوَاشِيهِ فِي الأَرْضِ! وَلَكِنِ ابْسِطْ يَدَكَ الآنَ وَمَسَّ كُلَّ مَا لَهُ فَإِنَّهُ فِي وَجْهِكَ يُجَدِّفُ عَلَيْكَ". فَقَالَ الرَّبُّ لِلشَّيْطَانِ: "هُوَذَا كُلُّ مَا لَهُ فِي يَدِكَ وَإِنَّمَا إِلَيْهِ لاَ تَمُدَّ يَدَكَ". ثُمَّ خَرَجَ الشَّيْطَانُ مِنْ أَمَامِ وَجْهِ الرَّبِّ.

أيّوب ٢: ١ – ٧ وَكَانَ ذَاتَ يَوْمٍ أَنَّهُ جَاءَ بَنُو اللهِ لِيَمْثُلُوا أَمَامَ الرَّبِّ وَجَاءَ الشَّيْطَانُ أَيْضاً فِي وَسَطِهِمْ لِيَمْثُلَ أَمَامَ الرَّبِّ. فَقَالَ الرَّبُّ لِلشَّيْطَانِ: "مِنْ أَيْنَ جِئْتَ؟" فَأَجَابَ الشَّيْطَانُ: "مِنَ الْجَوَلاَنِ فِي الأَرْضِ وَمِنَ التَّمَشِّي فِيهَا".

فَقَالَ الرَّبُّ لِلشَّيْطَانِ: "هَلْ جَعَلْتَ قَلْبَكَ عَلَى عَبْدِي أَيُّوبَ لأَنَّهُ لَيْسَ مِثْلُهُ فِي الأَرْضِ! رَجُلٌ كَامِلٌ وَمُسْتَقِيمٌ يَتَّقِي اللهَ وَيَحِيدُ عَنِ الشَّرِّ. وَإِلَى الآنَ هُوَ مُتَمَسِّكٌ بِكَمَالِهِ وَقَدْ هَيَّجْتَنِي عَلَيْهِ لأَبْتَلِعَهُ بِلاَ سَبَبٍ".

فَأَجَابَ الشَّيْطَانُ: "جِلْدٌ بِجِلْدٍ وَكُلُّ مَا لِلإِنْسَانِ يُعْطِيهِ لأَجْلِ نَفْسِهِ. وَلَكِنِ ابْسِطِ الآنَ يَدَكَ وَمَسَّ عَظْمَهُ وَلَحْمَهُ فَإِنَّهُ فِي وَجْهِكَ يُجَدِّفُ عَلَيْكَ".

فَقَالَ الرَّبُّ لِلشَّيْطَانِ: "هَا هُوَ فِي يَدِكَ وَلَكِنِ احْفَظْ نَفْسَهُ". فَخَرَجَ الشَّيْطَانُ مِنْ حَضْرَةِ الرَّبِّ وَضَرَبَ أَيُّوبَ بِقُرْحٍ رَدِيءٍ مِنْ بَاطِنِ قَدَمِهِ إِلَى هَامَتِهِ.

لاحظ سبب الحوادث التي وقعت على أيّوب:

- النظرة السطحيّة تجعلنا نظنّ بأنّ الحوادث السيّئة كانت مجرّد أعراض جسديّة وأحداث طبيعيّة في العالم.

- حين نقرأ أوّل أصحاحَين من سفر أيّوب نُدرك أنّ السبب الحقيقي لكوارث أيّوب موجود في العالم الآخر الذي هو روحيّ وغير مرئيّ.

جـ. "فهم الصورة الروحيّة" (صورة داخل الصورة)

ربّما سبق لكَ ورأيت شاشات تلفزيون باستطاعتها عرض محطّتين أو أكثر على الشاشة الواحدة، وتسمح لك بمشاهدة عروض أو أحداث متعدّدة في الوقت نفسه. تُسمّى هذه الميزة في التلفزيون أحياناً "صورة داخل الصورة". وعلى سبيل المثال، التلفزيون الذي يحتوي على هذه الميزة، يسمح لك بمشاهدة نشرة أخبار ولعبة بايسبول في الوقت نفسه.

بوجود أدوات كهذه مُتاحة لنا، أصبحت ثقافة عالمنا الغربي محترفة في تكنولوجيا تَعدّد المهام أو بالأحرى في متابعة أكثر من أمر في الوقت نفسه. لكن هذا المبدأ ليس بالضرورة صحيحاً فيما يختصّ بالجانب الروحي إذ أنّ الوعي على العالم الروحي أصبح قيمةً مفقودةً جدّاً بينما رحنا نسعى وراء الأمور المُبَرهَنة والمنطقيّة والتقنيّة.

- لو نظرنا إلى حياة أيّوب من منظار أرضيّ فقط، لقلنا سريعاً إنّه عانى من سلسلة أحداث مؤسفة جدّاً.

غير أنّ الكتاب المقدّس يُظهر بوضوح أنّ أموراً في العالم الروحي أثّرت بشكل مباشر على حياة أيّوب على الأرض.

- يريدنا الله أن نفهم ما يحصل في العالم الروحي تماماً كما نفهم ما يحصل في العالم المنظور. والمثال الحديث على ذلك هو ميزة "صورة داخل الصورة" التي توجد في التلفزيون والتي تُمَكّن المُشاهد من رؤية ما يحدث على قناتين مختلفتين في الوقت ذاته.

د. كونٌ وعالَمان:

غالباً ما كتب الرسول بولس عن العالم الرّوحي ونجد أنّ هذا العالم الرّوحي هو أحد المواضيع الرئيسية في رسالته إلى أهل فيلبّي. إنّه يتكلّم عن "السماويّات" خمس مرّاتٍ ويستخدم كلمة "إيبورانيوس" التي نجدها تحديداً في العهد الجديد للإشارة إلى هذا العالم الروحي (أفسس ١: ٣، ٢٦؛ ٢: ٦؛ ٣: ١٠؛ ٦: ١٢).

١. "السماويّات" (العالم الرّوحي غير المنظور)

يتضمّن هذا العالم كلّ ما هو روحيّ وغير منظور أو غير مرئيّ في العالم الطبيعيّ (الله، الرّوح القدس، الكائنات الملائكيّة، الكائنات الشيطانيّة، اللعنات والبركات).

٢. "الطبيعيّ" (العالم المنظور والمادّي)

يتضمّن هذا العالم كلّ ما يمكن إدراكه بالحواسّ الخمس في العالم الأرضي.

كلا العالمين حقيقيّ تماماً، والأحداث في الواحد تحمل نتائج مباشرة على الأحداث في الآخر.

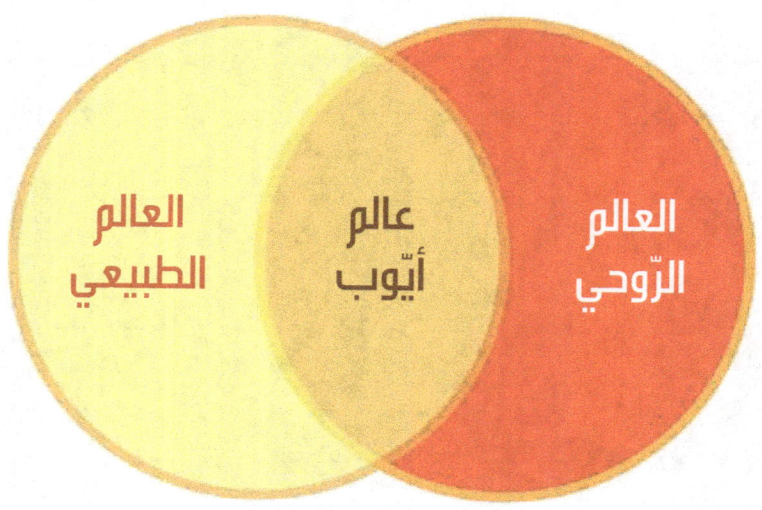

العالم الطبيعي

عالم أيّوب

العالم الرّوحي

II. تداخل العلاقات بين العالمين

تُرى كيف هي الصلة بين العالم الروحي والعالم الطبيعي؟ كيف يبدو الأمر في الحياة اليوميّة؟ يُظهر لنا المقطع في دانيال ١٠: ٢ – ٢١ وصفاً دقيقاً للصّلة بين هذين العالمين. بدأ دانيال، الذي كان والياً ونبيّاً، يصلّي بشغف طالباً وجه الربّ بشأن مستقبل بلده. غير أنّه لم ينل أيّ إجابة على صلواته طوال ثلاثة أسابيع. بدا أنّ شيئاً لم يحصل، لكن في الواقع كان ثمّة حرب عنيفة تدور في السماويّات.

أ. ما يحصل في السماويّات يؤثّر في العالم الطبيعي

دانيال ١٠: ٢ – ١٣ في تِلْكَ الأَيَّامِ أَنَا دَانِيآلَ كُنْتُ نَائِحاً ثَلاَثَةَ أَسَابِيعِ أَيَّامٍ لَمْ آكُلْ طَعَاماً شَهِيّاً وَلَمْ يَدْخُلْ فِي فَمِي لَحْمٌ وَلاَ خَمْرٌ وَلَمْ أَدَّهِنْ حَتَّى تَمَّتْ ثَلاَثَةُ أَسَابِيعِ أَيَّامٍ. وَفِي الْيَوْمِ الرَّابِعِ وَالْعِشْرِينَ مِنَ الشَّهْرِ الأَوَّلِ إِذْ كُنْتُ عَلَى جَانِبِ النَّهْرِ الْعَظِيمِ (هُوَ دِجْلَةُ) رَفَعْتُ وَنَظَرْتُ فَإِذَا بِرَجُلٍ لاَبِسٍ كَتَّاناً وَحَقَوَاهُ مُتَنَطِّقَانِ بِذَهَبِ أُوفَازَ وَجِسْمُهُ كَالزَّبَرْجَدِ وَوَجْهُهُ كَمَنْظَرِ الْبَرْقِ وَعَيْنَاهُ كَمِصْبَاحَيْ نَارٍ وَذِرَاعَاهُ وَرِجْلاَهُ كَعَيْنِ النُّحَاسِ الْمَصْقُولِ وَصَوْتُ كَلاَمِهِ كَصَوْتِ جُمْهُورٍ. فَرَأَيْتُ أَنَا دَانِيآلُ الرُّؤْيَا وَحْدِي وَالرِّجَالُ الَّذِينَ كَانُوا مَعِي لَمْ يَرَوْا الرُّؤْيَا لَكِنْ وَقَعَ عَلَيْهِمِ ارْتِعَادٌ عَظِيمٌ فَهَرَبُوا لِيَخْتَبِئُوا. فَبَقِيتُ أَنَا وَحْدِي وَرَأَيْتُ هَذِهِ الرُّؤْيَا الْعَظِيمَةَ. وَلَمْ تَبْقَ فِيَّ قُوَّةٌ وَنَضَارَتِي تَحَوَّلَتْ فِيَّ إِلَى فَسَادٍ وَلَمْ أَضْبُطْ قُوَّةً. وَسَمِعْتُ صَوْتَ كَلاَمِهِ. وَلَمَّا سَمِعْتُ صَوْتَ كَلاَمِهِ كُنْتُ مُسَبَّخاً عَلَى وَجْهِي وَوَجْهِي إِلَى الأَرْضِ. وَإِذَا بِيَدٍ لَمَسَتْنِي وَأَقَامَتْنِي مُرْتَجِفاً عَلَى رُكْبَتَيَّ وَعَلَى كَفَّيْ يَدَيَّ. وَقَالَ لِي: "يَا دَانِيآلُ أَيُّهَا الرَّجُلُ الْمَحْبُوبُ افْهَمِ الْكَلاَمَ الَّذِي أُكَلِّمُكَ بِهِ وَقُمْ عَلَى مَقَامِكَ لأَنِّي الآنَ أُرْسِلْتُ إِلَيْكَ". وَلَمَّا تَكَلَّمَ مَعِي بِهَذَا الْكَلاَمِ قُمْتُ مُرْتَعِداً. فَقَالَ لِي: "لاَ تَخَفْ يَا دَانِيآلُ لأَنَّهُ مِنَ الْيَوْمِ الأَوَّلِ الَّذِي فِيهِ جَعَلْتَ قَلْبَكَ لِلْفَهْمِ وَلإِذْلاَلِ نَفْسِكَ قُدَّامَ إِلَهِكَ سُمِعَ كَلاَمُكَ وَأَنَا أَتَيْتُ لأَجْلِ كَلاَمِكَ. وَرَئِيسُ مَمْلَكَةِ فَارِسَ وَقَفَ مُقَابِلِي وَاحِداً وَعِشْرِينَ يَوْماً وَهُوَذَا مِيخَائِيلُ وَاحِدٌ مِنَ الرُّؤَسَاءِ الأَوَّلِينَ جَاءَ لإِعَانَتِي وَأَنَا أُبْقِيتُ هُنَاكَ عِنْدَ مُلُوكِ فَارِسَ".

لاحظ ما كان يحصل:

دانيال ١٠: ٢٠ – ٢١ فَقَالَ: «هَلْ عَرَفْتَ لِمَاذَا جِئْتُ إِلَيْكَ؟ فَالآنَ أَرْجِعُ وَأُحَارِبُ رَئِيسَ فَارِسَ. فَإِذَا خَرَجْتُ هُوَذَا رَئِيسُ الْيُونَانِ يَأْتِي. وَلَكِنِّي أُخْبِرُكَ بِالْمَرْسُومِ فِي كِتَابِ الْحَقِّ. وَلاَ أَحَدٌ يَتَمَسَّكُ مَعِي عَلَى هَؤُلاَءِ إِلاَّ مِيخَائِيلُ رَئِيسُكُمْ".

- ظهرت الأمبراطوريّة اليونانيّة على الساحة بعد حوالي ٢٠٠ عام، لكن جاء ذلك بعد حصول حرب روحيّة في السماويّات.
- أدّت صلاة دانيال إلى إرسال ملاك من الله، وتلا ذلك استمرار الحرب بين رياسات الأرواح في السماويّات.
- من خلال هذه الحادثة يُمكننا أن نرى أنّ ما يحصل في العالم الطبيعي هو نتيجة ما قد حصل وما يزال يحصل في السماويات.
- بالفعل، ثمّة تداخل بين العالمين الروحي والطبيعي ويظهر تأثير ذلك في عالمنا وحتّى في حياتنا وعائلتنا وثقافتنا ومجتمعنا وأمّتنا وكنيستنا.

لا يمكننا أن نخاطر ونتجاهل هذه الحقيقة. نحن نعيش في عالم طبيعي واحد، لكن يوجد عالمان متميّزان ونحن نحيا في كليهما. علينا إذاً أن نتعلّم أن نطرح أسئلة كهذه:

- هل هذه الحالة الصعبة "مجرّد صدفة"؟
- هل مزاجي السيّئ "مجرّد صدفة"؟

- هل زواجي المتوتّر "مجرّد صدفة"؟
- هل العبادة المشتَركة مُرهِقة، فقط بسبب الطقس والفصول؟
- لماذا تستمرّ روح الأنانيّة والبخل (أو الانقسام والتمرّد، إلخ.) في الكنيسة من جيل إلى جيل؟
- هل يعود النقص الدائم في الفرح والحماس إلى شخصيّة الفرد فحسب؟
- هل التعصّب والتمييز والتطهير العرقي "مجرّد صدف"؟
- هل الحالة الصحيّة السيّئة "مجرّد صدفة"؟
- هل الحروب "مجرّد صدفة"؟
- هل المجاعات "مجرّد صدفة"؟
- هل الركود المالي "مجرّد صدفة"؟
- هل الاكتئاب "مجرّد صدفة"؟

لا يمكننا أن نخاطر ونتجاهل هذه الحقيقة. نحن نعيش في عالم طبيعي واحد، لكن يوجد عالمان متميّزان ونحن نحيا في كليهما.

ب. حياة يسوع وخدمته أدركا باستمرار وجود عالَمين

تميّزت حياة يسوع بالعيش في استعداد وتيّقظ للتعامل مع كِلا العالمين. بدا وكأنّه التقى بأرواح نجسة عند كلّ منعطف. وعرف يسوع أنّ ما كان غالباً يبدو مشكلة من العالم الطبيعي، كان في الواقع ذات طبيعة روحيّة. كما وقد فهم قوّة الكلمة المسموعة في الشفاء والبركة واللعنة.

لوقا ٤: ٤٠ – ٤١ وَعِنْدَ غُرُوبِ الشَّمْسِ جَمِيعُ الَّذِينَ كَانَ عِنْدَهُمْ سُقَمَاءُ بِأَمْرَاضٍ مُخْتَلِفَةٍ قَدَّمُوهُمْ إِلَيْهِ فَوَضَعَ يَدَيْهِ عَلَى كُلِّ وَاحِدٍ مِنْهُمْ وَشَفَاهُمْ. وَكَانَتْ شَيَاطِينُ أَيْضاً تَخْرُجُ مِنْ كَثِيرِينَ وَهِيَ تَصْرُخُ وَتَقُولُ: «أَنْتَ الْمَسِيحُ ابْنُ اللهِ!» فَانْتَهَرَهُمْ وَلَمْ يَدَعْهُمْ يَتَكَلَّمُونَ لأَنَّهُمْ عَرَفُوهُ أَنَّهُ الْمَسِيحُ.

لوقا ٨: ٢٤ فَتَقَدَّمُوا وَأَيْقَظُوهُ قَائِلِينَ: «يَا مُعَلِّمُ يَا مُعَلِّمُ إِنَّنَا نَهْلِكُ!». فَقَامَ وَانْتَهَرَ الرِّيحَ وَتَمَوُّجَ الْمَاءِ فَانْتَهَيَا وَصَارَ هُدُوءٌ.

وبالطبع لقد التقى يسوع بالشيطان شخصيّاً في معركة دامت أربعين يوماً في التجربة في البريّة (متّى ٤). التقى بعدها بشخص فيه روح نجس في أوّل عظة له في المجمع في كفرناحوم (مرقس ١). أطلق يسوع المأسورين بقيود الشيطان خلال خدمته على الأرض، وأعلن أنّ عمله هذا جزءٌ من حلول ملكوت الله على الأرض (لوقا ١١). إذاً أحد الأسباب الهامّة التي جاء يسوع لأجلها إلى الأرض هو تدمير أعمال إبليس بموته وقيامته (عبرانيّين ٢).

ج. هذا العالم ساحة معركة

أحد أجزاء العيش بحريّة هو استرجاع قدرتنا على تمييز ما هو من العالم الروحي وما هو من العالم الطبيعي. علينا أن نُنمّي تقديراً للتداخل الحاصل بين هذين العالمين. نحن نحيا في عالم روحيّ بامتياز يحتوي على قوىً روحيّة، ونحيا في ساحة المعركة، والحرب تدور بشكل رئيسي وأوّلي في العالم الروحي أو السماويّات. نحن نحيا أيضاً في وسط معركة كونيّة بدأت في السماويّات لكن لها تأثيرات كبيرة وواسعة في العالم الطبيعي.

أفسس ٦: ١٢(بستاني وفانديك) فَإِنَّ مُصَارَعَتَنَا لَيْسَتْ مَعَ دَمٍ وَلَحْمٍ، بَلْ مَعَ الرُّؤَسَاءِ، مَعَ السَّلاَطِينِ، مَعَ وُلاَةِ الْعَالَمِ، عَلَى ظُلْمَةِ هَذَا الدَّهْرِ، مَعَ أَجْنَادِ الشَّرِّ الرُّوحِيَّةِ فِي السَّمَاوِيَّاتِ.

أفسس ٦: ١٢ (الحياة) فَإِنَّ حَرْبَنَا لَيْسَتْ ضِدَّ ذَوِي اللَّحْمِ وَالدَّمِ، بَلْ ضِدُّ الرِّئَاسَاتِ، ضِدُّ السُّلْطَاتِ، ضِدُّ أَسْيَادِ الْعَالَمِ حُكَّامِ هَذَا الظَّلاَمِ، ضِدُّ قِوَى الشَّرِّ الرُّوحِيَّةِ فِي الأَمَاكِنِ السَّمَاوِيَّةِ.

لا يمكننا أن نخاطر ونتجاهل هذه المعركة.

يوحنا ١٠: ١٠ اَلسَّارِقُ لاَ يَأْتِي إِلاَّ لِيَسْرِقَ وَيَذْبَحَ وَيُهْلِكَ وَأَمَّا أَنَا فَقَدْ أَتَيْتُ لِتَكُونَ لَهُمْ حَيَاةٌ وَلِيَكُونَ لَهُمْ أَفْضَلُ.

١ يوحنا ٣: ٨ مَنْ يَفْعَلُ الْخَطِيَّةَ فَهُوَ مِنْ إِبْلِيسَ، لأَنَّ إِبْلِيسَ مِنَ الْبَدْءِ يُخْطِئُ. لأَجْلِ هَذَا أُظْهِرَ ابْنُ اللهِ لِكَيْ يَنْقُضَ أَعْمَالَ إِبْلِيسَ.

٢ كورنثوس ٢: ١٠ – ١١ وَالَّذِي تُسَامِحُونَهُ بِشَيْءٍ فَأَنَا أَيْضاً (أسامحه). لأَنِّي أَنَا مَا سَامَحْتُ بِهِ – إِنْ كُنْتُ قَدْ سَامَحْتُ بِشَيْءٍ – فَمِنْ أَجْلِكُمْ بِحَضْرَةِ الْمَسِيحِ، لِئَلاَّ يَطْمَعَ فِينَا الشَّيْطَانُ، لأَنَّنَا لاَ نَجْهَلُ أَفْكَارَهُ.

د. على المسيحيّين أن يعيشوا على ضوء حقيقة العالم الرّوحي

علينا كمسيحيّين أن نعيش بحكمة وجرأة على ضوء حقيقة العالم الروحي. الكتاب يعلن بوضوح أنّه علينا كمسيحيين أن نعيش الحياة والخدمة التي عاشها يسوع كمثال أمامنا (يوحنا ١٧: ١٨، ٢٠: ٢٠؛ ٢١). لقد علّمنا الرسول بولس أننا في حرب روحيّة (أفسس ٦: ١٢).

المسيحيّون...

١. قد أُعتقوا من سلطان الظلمة.

كولوسي ١: ١٣ – ١٤ الَّذِي أَنْقَذَنَا مِنْ سُلْطَانِ الظُّلْمَةِ وَنَقَلَنَا إِلَى مَلَكُوتِ ابْنِ مَحَبَّتِهِ، الَّذِي لَنَا فِيهِ الْفِدَاءُ، بِدَمِهِ غُفْرَانُ الْخَطَايَا.

٢. لهم الوعد بالحصول على قوّة عظيمة لأنّ الله ساكن فيهم.

١ يوحنا ٤: ٤ أَنْتُمْ مِنَ اللهِ أَيُّهَا الأَوْلاَدُ، وَقَدْ غَلَبْتُمُوهُمْ لأَنَّ الَّذِي فِيكُمْ أَعْظَمُ مِنَ الَّذِي فِي الْعَالَمِ.

٣. نالوا السّلطان بيسوع المسيح على الأرواح النجسة وتأثيرها.

لوقا ١٠: ١٧ – ١٩ فَرَجَعَ السَّبْعُونَ بِفَرَحٍ قَائِلِينَ: «يَا رَبُّ حَتَّى الشَّيَاطِينُ تَخْضَعُ لَنَا بِاسْمِكَ». فَقَالَ لَهُمْ: «رَأَيْتُ الشَّيْطَانَ سَاقِطاً مِثْلَ الْبَرْقِ مِنَ السَّمَاءِ. هَا أَنَا أُعْطِيكُمْ سُلْطَاناً لِتَدُوسُوا الْحَيَّاتِ وَالْعَقَارِبَ وَكُلَّ قُوَّةِ الْعَدُوِّ وَلاَ يَضُرُّكُمْ شَيْءٌ».

أفسس ٢: ٦ وَأَقَامَنَا مَعَهُ، وَأَجْلَسَنَا مَعَهُ فِي السَّمَاوِيَّاتِ فِي الْمَسِيحِ يَسُوعَ.

هـ. الفكر الغربيّ مُقاوم لنظرة الكتاب المقدّس ونظرة يسوع للعالم

- ثمّة اعتماد مفرط على الحواسّ الخمس وعلى التأثيرات المُعيقة التي تنشرها النزعتان الإنسانيّة والعقلانيّة.
- ثمّة رفض لكلمة شياطين أو قوى روحيّة مُسيطِرة بحجّة أنّها مفاهيم "بدائيّة".
- ثمّة تأثير واسع للطروحات الثقافيّة على فكر الناس ونظرتهم للعالم.

هذا سبب رئيسيّ لضعف الكنيسة في الغرب اليوم ممّا يجعلها تعيش بطريقة تُرضي الناس، وتُفكّر وتضع استراتيجيّاتها بحسب مقاييس هذا العالم الطبيعي.

المنطق البشري

حين تعيش في وسط ثقافة أو فكر معيّن، يصعب عليك أحياناً أن ترى جميع خصائصه فلا تُدرك بالتالي مدى تأثير فكر معيّن في نظرتك إلى الحياة وتفكيرك. في ما يلي ستجد تشخيصاً تمّ تصميمه لمساعدتك على معرفة مدى تأثُّرك بالمنطق الغربيّ أو بمبادئ عصر التنوير التي تمنعك من رؤية العالم الروحي بحسب النظرة الكتابية. ضع إشارة حول كلّ ما ينطبق عليك:

- ☐ أُحبّ النظر إلى الأمور بطريقة منطقيّة وأجد صعوبة في قبول ما لم يُبرهن اختباريّاً و/أو ما يبدو غير عقلاني.
- ☐ أعتبر أنّ الذين يؤمنون بوجود الملائكة والشياطين والبركات واللعنات ويعيشون وفقاً لذلك هم أشخاص "متطرّفون".
- ☐ أبحث أولاً عن الأسباب المنطقيّة والطبيعيّة التي أدّت إلى المشكلة قبل أن أطلب الحكمة والفهم من الروح القدس.
- ☐ لقد رفعت من أهميّة فكري وتحليلي وقدرتي العقليّة واعتمدت عليهم لأنجح في الحياة.
- ☐ غالباً ما أجد أنّ النظر بـ"عين الإيمان" أمر صعب. سرعان ما يُصيبني اليأس لأنّني لا أثق كفاية بأنّ قوّة **الله** تصنع تغييراً.
- ☐ إنّ عائلتي تضع أهميّة كبيرة على التفكير المنطقي الواضح، وعلى إيجاد أسباب ملموسة وثابتة ومُبرهَنة قبل التفكير بشيء أو الإيمان به.
- ☐ أظن أنّي أفهم أنّ قسماً كبيراً من المعركة هو ذات طبيعة "روحيّة"، لكنني أشعر بارتياح أكبر حين أجد حلاً بنفسي بدلاً من الطلب من **الله** أن يُريني الوضع من منظوره.
- ☐ أجد صعوبة في التصديق بأنّ العالم الروحي غير المنظور هو حقيقي وله تأثير في الحياة اليوميّة.
- ☐ يبدو أنّني لا أقدر أن أفهم بالكامل مسألة "العالم الروحي" وتوابعها لذلك لا أعير الأمر الكثير من الأهميّة.
- ☐ أظنّ أنّ فكرة الشياطين والملائكة بدائيّة وخرافيّة و/أو غير ممكنة نوعاً ما.
- ☐ كلّ ما أحتاج إليه بالفعل هو "فهم كلمة **الله**" وعيشها. العالم الروحي ليس مسؤوليّتي.

تخيّل كنيسة أو عائلة أو مجتمع حيث:

- لا أحد يشعر بالاستياء من أحد آخر.
- لا أحد يَختبئ من الآخرين بسبب الخوف من الرفض.
- لا أحد يهرب من التحديّات التي يضعها **الله** في حياته بسبب الخوف من الفشل.
- لا أحد يُخبّئ مواهبه بسبب شعوره بأنّه أدنى من المستوى المطلوب وتافه.
- لا أحد يخاف من العدو.
- لا أحد يُذَلّ بعبادة الأصنام كالمال والجنس والقوّة.
- لا أحد يقع في فخّ الخوف من الناس.
- لا أحد يحجب الموارد التي لديه عن الآخرين.
- لا أحد عالق في السلبيّة واللامبالاة.
- الجميع واقفون بقوّة روحيّة وسلطان، يعيشون حياة حقيقيّة وملتزمة بمساعدة الآخرين على النجاح.

هذا هدف خدمة يسوع بيننا اليوم!

و. نحن نحيا في كِلا العالمين في نفس الوقت بواسطة الروح القدس

لقد أمّن لنا **الله** كلّ ما نحتاج إليه للعيش بقوّة في كِلا العالَمين. قُدْرَتَهُ الإِلَهِيَّةَ قَدْ وَهَبَتْ لَنَا كُلَّ مَا هُوَ لِلْحَيَاةِ وَالتَّقْوَى (٢ بطرس ١: ٣). إنّ أساس هذا الواقع موجود بالطبع في خلاصنا بيسوع المسيح. لكنّ **الله** قد أعطانا أيضاً علاقة مع الروح القدس تسمح لنا بالعيش في قدرته الإلهيّة في العالم الطبيعي.

بدون قوّة الروح القدس لن نكون قادرين على اتّباع يسوع المسيح بالكامل في حياتنا اليوميّة. لن نقدر أن نعيش حياة الطاعة لكلّ ما يطلبه **الله** منّا أو أن نعيش منتصرين على الشيطان ومخطّطاته. بدون قوّة الروح القدس، لن نتمكّن من إتمام مَهمّة يسوع المسيح وخدمته. الامتلاء من الروح القدس يعطينا القدرة على العيش بحرّيّة والرجوع إلى **الله** وتصميمه لنا واتّباع مثال حياة يسوع وخدمته.

١. الحصول على قوّة جديدة من الروح القدس أمر ضروري وهو وصيّة للمؤمن.

- لكي نعيش حياة تهدم الحصون، من **الضروري جدّاً** أن نمتلئ من روح **الله**. كذلك أيضاً، لكي نعيش بطاعة **الله**، **يأمرنا** الكتاب المقدّس بأن نمتلئ من روح **الله**.
- أفسس ٥: ١٨ **تأمرنا** بأن نحيا باستمرار حياة ممتلئة من الروح القدس.

  أفسس ٥: ١٨ وَلاَ تَسْكَرُوا بِالْخَمْرِ الَّذِي فِيهِ الْخَلاَعَةُ، بَلِ امْتَلِئُوا بِالرُّوحِ.

- علينا أن نحيا في ملء الرّوح القدس باستمرار، وأن نسعى دائماً إلى أن يزداد هذا الملء في حياتنا.

٢. علينا أن نحيا بانفتاح وجهوزيّة للحصول على حصّة إضافيّة من ملء الرّوح القدس

- جميعنا ننال الرّوح القدس عند الخلاص.

- في بعض الأحيان، حين نريد **مقاومة تجربة معيّنة** في حياتنا لكي نحيا في قداسة أو نريد **فرصة لنخدم الله**، نحتاج إلى قوّة مميّزة وكبيرة من الرّوح القدس تتخطّى قياس الملء الذي فينا باستمرار. مثالاً على ذلك، عاش الرسول بولس في حالة ملء من الرّوح القدس منذ يوم الخمسين ولكنّه نال أيضاً **حصّة ملء إضافيّة عدّة مرّات** وكذلك المؤمنون الآخرون.

أعمال الرسل ٤: ٨ حِينَئِذٍ امْتَلأَ بُطْرُسُ مِنَ الرُّوحِ الْقُدُسِ وَقَالَ لَهُمْ: «يَا رُؤَسَاءَ الشَّعْبِ وَشُيُوخَ إِسْرَائِيلَ».

يمكننا أن نصف هذا الملء كقوّة جديدة أو مسحة.

٣. لا يجب أن تسعى للحصول على أيّ مظاهر بل يجب أن تسعى لمعونة الرّوح القدس الذي يساعدك لكي:

- تختبر أعماقاً جديدة في علاقتك الحميمة مع **الله** وطرقه.
- تفيض بمحبّة **الله** وسلامه وثمر الرّوح عبر الاقتراب منه أكثر فأكثر.
- تنتصر على الخطيئة باختبار قوّة قيامة يسوع بطريقة أكثر اكتمالاً في حياتك.
- تزداد جرأة في شهادتك باختبار قوّة قيامة يسوع بطريقة أكثر اكتمالاً في حياتك.
- تعيش فعليّاً حياة يسوع المسيح وخدمته.
- تشهد بطريقة فوق طبيعيّة لتحمّل المزيد من ثمر الرّوح باختبار قوّة قيامة يسوع بطريقة أكثر اكتمالاً في حياتك.

في جميع هذه الأمور، من الهامّ جدّاً أن تفهم أنّ ملء الرّوح القدس يأتي من علاقة مع **الله** وأسلوب حياة قريب منه.

٤. ليكن عندك توقّعات كتابيّة

يمكن أن تختلف طريقة الامتلاء بالرّوح القدس باختلاف الأفراد والحالات. لكن الرّوح القدس يظهر بتعابير وإطلاقات متميّزة خلال مسيرك مع **الله** في هذه الحياة، وسيؤثّر ذلك فيك وبالتالي يصنع تغييرات متميّزة في حياتك.

- سيظهر ملء الرّوح القدس في الغالب في حياتك، في مزيج من طرق مختلفة.
- يأتي الامتلاء من الرّوح القدس في العديد من المرّات في فترة معاناة حين تسلّم نفسك **لله**.
- قد يتضمّن ذلك اختباراً روحيّاً، عاطفيّاً و/أو جسديّاً متميّزاً. ويُخبرنا الكتاب المقدّس كيف عاش شعب **الله** اختبارات فوق طبيعيّة حين بدأوا يتنبّأون عند الامتلاء بالرّوح القدس، ونالوا جرأة للتكلّم والشهادة، وصاروا يتكلّمون بلغات غير معروفة وأمور كثيرة غيرها.

يتضمّن الامتلاء بالرّوح القدس عادةً إطلاقاً تدريجيّاً وثابتاً من خلال القراءة المثابرة لكلمة **الله** والصلاة والطاعة. يقدّم اللاهوتيّ "واين غروديم" مثالاً لتفسير الامتلاء بالرّوح القدس من خلال مقارنة ما بين نفخ بالون وملء كوب بالسائل[٢]. لا يستطيع السائل أن يوسّع حجم الكوب، لكن بإمكان ارتفاع كميّة الهواء أن تزيد حجم البالون. وكذلك بالنسبة إلى حياتنا: بينما نمتلئ أكثر فأكثر من روح **الله**، تزداد قدرتنا على عيش الحياة فوق الطبيعيّة واختبار قوّة **الله**.

كان د. ل. مودي (مبشّر استخدمه **الله** في الثمانينات) شخصاً اختبر عملاً متميّزاً للرّوح القدس بعد أن نال الخلاص وقد سمّى ذلك **معموديّة الروح القدس**. يُخبر قائلاً:

كنت ذات يوم في مدينة نيويورك – ويا له من يوم – لا يمكنني أن أصفه ونادراً ما أذكره. إنه اختبار رهيب جدّاً بالكاد أستطيع إخباره. عاش بولس اختباراً لم يُخبر عنه لمدّة أربعة عشر عاماً، وأنا يمكنني فقط أن أقول إنّ **الله** أعلن نفسه لي وقد

2. Wayne Grudem, *Systematic Theology; An Introduction to Biblical Doctrine*, (Leicester: Inter-Varsity Press and Grand Rapids: Zondervan Publishing House, 1994), p. 782.

اختبرت محبّته بطريقة مذهلة لدرجة أنّي طلبت منه أن يكفّ يده. عدت لأبشّر من بعدها وعظاتي لم تكن مختلفة، لم أتكلّم عن حقائق جديدة ولكن جاء المئات إلى الربّ. لن أقبل أن أعود إلى المكان الذي كنت فيه قبل هذا الاختبار المبارك ولو أعطيتموني العالم أجمع.

٥. جهّز نفسك للامتلاء بالرّوح القدس

إنّ الامتلاء بالرّوح القدس مشابه لطريقة الحصول على الخلاص من الربّ لمغفرة خطاياك والحياة الأبديّة إذ أنّك تطلب وتنال. يمكنك أيضاً أن تنال الرّوح القدس بوضع الأيدي الذي يقوم به الآخرون، كما ويمكننا أيضاً نيل ملءٍ من الرّوح القدس بطريقة عفويّة بحسب حكمة الربّ وحريّة تصرّفه.

أعمال ١٩: ٢، ٦ سَأَلَهُمْ: «هَلْ قَبِلْتُمُ الرُّوحَ الْقُدُسَ لَمَّا آمَنْتُمْ؟» قَالُوا لَهُ: «وَلاَ سَمِعْنَا أَنَّهُ يُوجَدُ الرُّوحُ الْقُدُسُ»... وَلَمَّا وَضَعَ بُولُسُ يَدَيْهِ عَلَيْهِمْ حَلَّ الرُّوحُ الْقُدُسُ عَلَيْهِمْ فَطَفِقُوا يَتَكَلَّمُونَ بِلُغَاتٍ وَيَتَنَبَّأُونَ.

الامتلاء بالرّوح القدس هو قبل كلّ شيء عمل **الله**، ولكن ثمّة مسؤوليّات تقع على عاتقنا عندما نعيش حياة مملوءة من الرّوح القدس. في هذا الأمر أيضاً ثمّة تعاون بشريّ – إلهيّ، إذ نرى أنّ عمل **الله** يعتمد على شخص يأخذ المبادرة للقيام بدوره. فكما يمكن لقائد البالون المطّاطيّ أن "يقوّي النار" ليملأ البالون بالمزيد من الهواء ويجعله يرتفع أكثر فأكثر، كذلك أيضاً ثمّة أمور أنت مسؤول عنها لتقوّي النار الروحيّة التي تطلق المزيد من الرّوح القدس في حياتك:

١. إعرفْ قلبك وتبْ عن أيّ خطيئة تعرفها (مزمور ١٣٩: ٢٣ – ٢٤؛ ٢ أخبار الأيام ٧: ١٤).

٢. كرّس نفسك مجدّداً بالكامل للربّ (رومية ١٢: ١).

٣. إعترفْ بحاجتك **الله** واعتمادك عليه.

٤. أطلبْ من الربّ بالإيمان، أن يُطلِق عليك مِلئاً جديداً وقوّةً جديدةً من الرّوح القدس. (أعمال الرسل ٤: ٢٩ – ٣١).

٥. إقبلْ وصدّق بالإيمان أنّ **الله** استجاب لصلاتك وسِر بحسب ذلك، شاكراً **الله** على عمله في حياتك.

لن ترغب في العيش بأيّ شكل من الأشكال بعيداً عن ملء روح **الله** وقوّته. فإنّك فقط بواسطة الرّوح القدس تستطيع أن تعيش حُرّاً وأن تختبر حياة فوق طبيعيّة بالالتزام الكامل من جهة العالم الرّوحي والعالم الطبيعي!

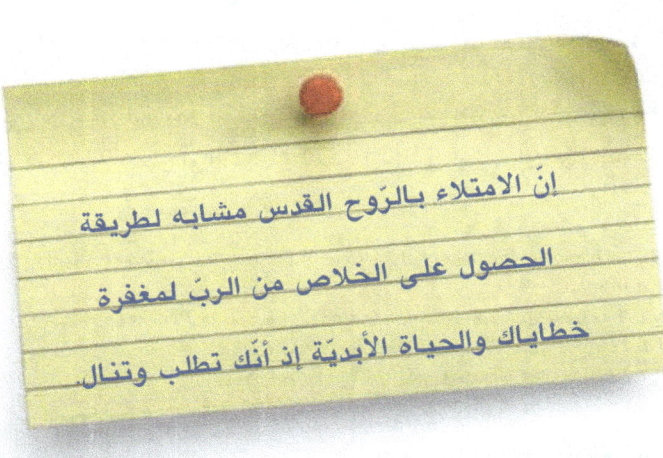

إنّ الامتلاء بالرّوح القدس مشابه لطريقة
الحصول على الخلاص من الربّ لمغفرة
خطاياك والحياة الأبديّة إذ أنّك تطلب وتنال.

الجزء الثالث

فَهم القوّة والسّلطان

العيش بقوّة الله الفائقة حقّ وامتياز مُذهلان لكلّ مؤمن. يسوع هو من وعدنا بذلك والكنيسة الأولى نالت تلك القوّة وعاشت فيها. في الواقع، قال الرّسول بولس إنّ حياته وخدمته للمسيح قد تأيّدتا "فِي الرُّوحِ الْقُدُسِ، فِي مَحَبَّةٍ بِلاَ رِيَاءٍ، فِي كَلاَمِ الْحَقِّ وَفِي قُوَّةِ اللهِ" (٢ كورنثوس ٦: ٦ – ٧).

كلمة "قوّة" هي الترجمة العربيّة للكلمة اليونانيّة "دوناميس" التي تعني التقوّي والقوّة والقدرة على[3]. وتشير هذه الكلمة إلى القوّة الأساسيّة الكامنة في شيء ما بِحُكم طبيعته وإلى قوّة القيام بمعجزات. وقد جاءت لاحقاً كلمة "ديناميت" من هذه الكلمة.

غير أنّ حياة يسوع وخدمته تميّزتا بعنصر أساسيّ آخر حيث يُخبرنا الإنجيل بحسب لوقا عن النّاس الذين تكلّموا عن يسوع بذهول قائلين «مَا هَذِهِ الْكَلِمَةُ! لأَنَّهُ بِسُلْطَانٍ وَقُوَّةٍ يَأْمُرُ الأَرْوَاحَ النَّجِسَةَ فَتَخْرُجُ!» (لوقا ٤: ٣٦). إذاً، مع أنّ يسوع كان **الله** الحقّ، لقد عاش بيننا كإنسانٍ لابساً **قوّة الله** ومتميّزاً في الوقت نفسه **بسلطان الله** أيضاً.

كلمة "سلطان" هي الترجمة العربيّة للكلمة اليونانيّة "**إكسوسيا**". تُترجم هذه الأخيرة أحياناً بكلمة "قوّة" لكنّها تشير في هذه الحالة إلى قوّة السلطان، الحقّ أو الامتياز. يمكن أن تشير أيضاً إلى قوّة الدولة أو إلى قوّة شخص أو وكالة يجب أن يخضع الآخرون لمشيئتها وأوامرها ويطيعونها[4].

---

3. Kittel, G., Friedrich, G., & Bromiley, G. W. (1995, c1985). *Theological dictionary of the New Testament*. Translation of: Theologisches Worterbuch zum Neuen Testament. (187). Grand Rapids, Mich.: W.B. Eerdmans.
4. Arndt, W., Gingrich, F. W., Danker, F. W., & Bauer, W. (1996, c1979). *A Greek-English lexicon of the New Testament and other early Christian literature: A translation and adaptation of the fourth revised and augmented edition of Walter Bauer's Griechisch-deutsches Worterbuch zu den Schrift en des Neuen Testaments und der ubrigen urchristlichen Literatur* (277). Chicago: University of Chicago Press.

أظهر يسوع خلال حياته القوّة (دوناميس) والسّلطان (إكسوسيا) معاً. لقد قاوم كلّ تجارب إبليس وتفوّقت قوّته على قوى مملكة إبليس في كلّ جبهة، أكان في شفاء الناس أو في تحريرهم من الهجمات الشيطانيّة. فحيث حضَرَ يسوع توَجَّبَ على الشيطان أن يهرب!

كان يسوع خاضعاً لله الآب وتحرّك ضمن مشيئته وبحسبها في كلّ ما فعله، وبهذه الطريقة عاش "ممسوحاً" أي بقوّة من الروح القدس.

I. قوّة المسيح وسلطانه

أ. سلطان المسيح هو السّلطان الأعلى

أفسس ١: ١٩ – ٢٢ (وَأُصَلّي لتَعْلَمُوا) مَا هِيَ عَظَمَةُ قُدْرَتِهِ الْفَائِقَةِ نَحْوَنَا نَحْنُ الْمُؤْمِنِينَ، حَسَبَ عَمَلِ شِدَّةِ قُوَّتِهِ الَّذِي عَمِلَهُ فِي الْمَسِيحِ، إِذْ أَقَامَهُ مِنَ الأَمْوَاتِ، وَأَجْلَسَهُ عَنْ يَمِينِهِ فِي السَّمَاوِيَّاتِ، فَوْقَ كُلِّ رِيَاسَةٍ وَسُلْطَانٍ وَقُوَّةٍ وَسِيَادَةٍ، وَكُلِّ اسْمٍ يُسَمَّى لَيْسَ فِي هَذَا الدَّهْرِ فَقَطْ بَلْ فِي الْمُسْتَقْبَلِ أَيْضاً، وَأَخْضَعَ كُلَّ شَيْءٍ تَحْتَ قَدَمَيْهِ، وَإِيَّاهُ جَعَلَ رَأْساً فَوْقَ كُلِّ شَيْءٍ لِلْكَنِيسَةِ...

- صعد يسوع إلى السّماء، بعد أربعين يوماً من قيامته حيّاً من القبر. هناك أكرمه الله وأجلسه عن يمينه وهذه إشارة رمزيّة إلى منحه القوّة والسلطان.

- ما زال يسوع يحتلّ مركز السّلطان ذلك لكنّه ليس إلهاً جالساً في السّماء في مكانٍ بعيدٍ عن الكون بل هو حاضر بقوّة في العالم الروحي.

- يملك يسوع السّلطان الأعلى على كلّ الكائنات الروحيّة في العالم غير المنظور وبما في ذلك إبليس. الشيطان ليس سوى كائنٍ خلقه الله.

- ليس لأحد ولا لشيء قوّة أو سلطان أعظم من قوّة وسلطان يسوع. لقد وضع الله كلّ شيء تحت رجليّ يسوع.

ب. خدم يسوع تحت سلطان الله

كان سلطان يسوع وما زال، أعظم من كلّ الخليقة والكائنات المخلوقة. لقد خدم يسوع بقوّة وسلطان إلَهِيَيْن، وكانت خدمته تحت سلطانٍ مثلنا إذ أنّه لم يعمل يوماً خارج مشورة الله وسلطانه. لم يختر يسوع باستقلاليّة الأمور التي يريد فعلها أو كيفيّة فعلها. في الواقع، إنّه لم ينطق حتى بأيّ كلام إن لم يسمع من أبيه إنّ عليه قوله (يوحنا ٨: ٢٦، ١٢: ٤٩).

كان يسوع خاضعاً لله الآب وتحرّك ضمن مشيئته وبحسبها في كلّ ما فعله، وبهذه الطريقة عاش "ممسوحاً" أي بقوّة من الرّوح القدس. ومع أنّ يسوع كان الله الحقّ وإنساناً كاملاً في الوقت نفسه، عاش كإنسانٍ يخدم تحت سلطان الله الآب.

يوحنا ٥: ٣٠ أَنَا لاَ أَقْدِرُ أَنْ أَفْعَلَ مِنْ نَفْسِي شَيْئاً. كَمَا أَسْمَعُ أَدِينُ وَدَيْنُونَتِي عَادِلَةٌ لأَنِّي لاَ أَطْلُبُ مَشِيئَتِي بَلْ مَشِيئَةَ الآبِ الَّذِي أَرْسَلَنِي.

يوحنا ٧: ١٦ أَجَابَهُمْ يَسُوعُ: «تَعْلِيمِي لَيْسَ لِي (مِنِّي) بَلْ لِلَّذِي (مِنَ الَّذِي) أَرْسَلَنِي».

يوحنا ٨: ٢٦ – ٢٨ إِنَّ لِي أَشْيَاءَ كَثِيرَةً أَتَكَلَّمُ وَأَحْكُمُ بِهَا مِنْ نَحْوِكُمْ لَكِنَّ (لَكِنْ لَنْ أَفْعَلَ لأَنَّ) الَّذِي أَرْسَلَنِي هُوَ حَقٌّ. وَأَنَا مَا سَمِعْتُهُ مِنْهُ فَهَذَا أَقُولُهُ لِلْعَالَمِ... فَقَالَ لَهُمْ يَسُوعُ: «مَتَى رَفَعْتُمُ ابْنَ الإِنْسَانِ فَحِينَئِذٍ تَفْهَمُونَ أَنِّي أَنَا هُوَ وَلَسْتُ أَفْعَلُ شَيْئاً مِنْ نَفْسِي بَلْ أَتَكَلَّمُ بِهَذَا كَمَا عَلَّمَنِي أَبِي».

يوحنا ١٢: ٤٩ - ٥٠ لأَنِّي لَمْ أَتَكَلَّمْ مِنْ نَفْسِي لكِنَّ الآبَ الَّذِي أَرْسَلَنِي هُوَ أَعْطَانِي وَصِيَّةً: مَاذَا أَقُولُ وَبِمَاذَا أَتَكَلَّمُ. وَأَنَا أَعْلَمُ أَنَّ وَصِيَّتَهُ هِيَ حَيَاةٌ أَبَدِيَّةٌ. فَمَا أَتَكَلَّمُ أَنَا بِهِ فَكَمَا قَالَ لِي الآبُ هكَذَا أَتَكَلَّمُ.

إذاً لأنَّ يسوع خدم **تحت** سلطان، تمكّن من الخدمة **بسلطان** عظيم. وإنّه أمر بالغ الأهميّة أن نتعلّم نحن أيضاً أن نحيا ونتحرّك بحسب سلطان **الله** أي بخضوع له وللترتيب الذي وضعه في حياتنا، لكي تعلن قوّة **الله** فينا ومن خلالنا ولكي نتمكّن من العيش في القوّة الإلهيّة كما فعل يسوع.

ج. إتمام خدمة يسوع يتطلّب سلطان يسوع وقوّته

لاختبار "العيش بحريّة" بطريقة فعليّة، ولإتمام خدمة يسوع على الأرض كما أتمّها هو وكما أتمّتها الكنيسة الأولى، علينا أن ننال قوّة **الله** وسلطانه ونعيش بموجبهما. سنكتشف كمؤمنين وأتباع ليسوع المسيح في هذه الحياة أنّنا بحاجة إلى قوّة **الله** الخارقة في حياتنا لنصبح الأشخاص الذين دعانا **الله** لنكونهم ونعيش بالطريقة التي دعانا لنعيشها، ونفعل ما دعانا لفعله.

لذلك «دَعَا تَلاَمِيذَهُ الاثْنَيْ عَشَرَ وَأَعْطَاهُمْ قُوَّةً وَسُلْطَاناً عَلَى جَمِيعِ الشَّيَاطِينِ وَشِفَاءِ أَمْرَاضٍ» (**لوقا ٩: ١**). لذلك أيضاً حين تحضّر يسوع ليصعد إلى السماء بعد القيامة من الموت قال للتلاميذ أن ينتظروا لينالوا الروح القدس الذي سيحلّ ويملأهم بقوّة **الله** الآتية من السماء.

لوقا ٢٤: ٤٩ وَهَا أَنَا أُرْسِلُ إِلَيْكُمْ مَوْعِدَ أَبِي (الرُّوحَ الْقُدُس). فَأَقِيمُوا فِي مَدِينَةِ أُورُشَلِيمَ إِلَى أَنْ تُلْبَسُوا قُوَّةً مِنَ الأَعَالِي.

أعمال الرسل ١: ٨ لكِنَّكُمْ سَتَنَالُونَ قُوَّةً مَتَى حَلَّ الرُّوحُ الْقُدُسُ عَلَيْكُمْ وَتَكُونُونَ لِي شُهُوداً فِي أُورُشَلِيمَ وَفِي كُلِّ الْيَهُودِيَّةِ وَالسَّامِرَةِ وَإِلَى أَقْصَى الأَرْضِ.

لوقا ٤: ٣٦ فَوَقَعَتْ دَهْشَةٌ عَلَى الْجَمِيعِ وَكَانُوا يُخَاطِبُونَ بَعْضُهُمْ بَعْضاً قَائِلِينَ: «مَا هذِهِ الْكَلِمَةُ! لأَنَّهُ بِسُلْطَانٍ وَقُوَّةٍ يَأْمُرُ الأَرْوَاحَ النَّجِسَةَ فَتَخْرُجُ!».

لوقا٩: ١ وَدَعَا تَلاَمِيذَهُ الاثْنَيْ عَشَرَ وَأَعْطَاهُمْ قُوَّةً وَسُلْطَاناً عَلَى جَمِيعِ الشَّيَاطِينِ وَشِفَاءِ أَمْرَاضٍ.

د. التّمييز بين القوّة والسلطان

ثمّة فرق واضح بين سلطان **الله** وقوّة **الله** مع أنّ الاثنين متلازمان ومتّصلان. تمكّن الناس الذين رأوا يسوع مثلاً، أن يميّزوا أنّه عمِل بسلطان وقوّة. كما وأعطى المسيح تلاميذه قوّةً وسلطاناً على جميع الشياطين وعلى الأمراض.

لوقا ٤: ٣٦ فَوَقَعَتْ دَهْشَةٌ عَلَى الْجَمِيعِ وَكَانُوا يُخَاطِبُونَ بَعْضُهُمْ بَعْضاً قَائِلِينَ: «مَا هذِهِ الْكَلِمَةُ! لأَنَّهُ بِسُلْطَانٍ وَقُوَّةٍ يَأْمُرُ الأَرْوَاحَ النَّجِسَةَ فَتَخْرُجُ!».

لوقا ٩: ١ وَدَعَا تَلاَمِيذَهُ الاثْنَيْ عَشَرَ وَأَعْطَاهُمْ قُوَّةً وَسُلْطَاناً عَلَى جَمِيعِ الشَّيَاطِينِ وَشِفَاءِ أَمْرَاضٍ.

١. السّلطان هو **الحقّ** بالحكم.

٢. القوّة هي **القدرة** على الحكم.

كلمة الله واضحة جدّاً. يريد الله أن يمتدّ سلطان المسيح إلينا، نحن تلاميذه.

السّلطان

السّلطان مبنيّ على المركز الذي يتمتّع به الفرد، ما يعطيه بالتالي **الحقّ** بالحُكم ضمن حدود ونطاق السلطان المُعطى له. لنأخذ مثالاً على ذلك، الشرطيّ الذي يتمتّع بسلطانٍ في قسم معيّن بحسب ما توكله وتحدّده السلطات المدنيّة الحاكمة. غير أنّ الشرطيّ هذا، لن يتمتّع بسلطان ليحكم على الناس في قسم أو مجال آخر، ولا يمكنه مثلاً أن يدخل بكلّ بساطة إلى مركز الكتيبة في القاعدة العسكريّة ويبدأ بإصدار الأوامر على الجنود هناك.

كلمة **الله** واضحة جدّاً. يريد **الله** أن يمتدّ سلطان المسيح إلينا، نحن تلاميذه، لكي نتمّم عمله ونوسّعه بإعلان ونشر ملكوته ضمن النطاق والمعايير المُعطاة لنا من **الله**.

القوّة

القوّة هي قدرة الشّخص على استخدام سلطان **الله**. بمعنى آخر، إنّ قوّة **الله** تتعلّق بقدرة الفرد على استخدام السّلطان الذي يملكه كلّ مسيحيّ بحسب الميراث المُعطى له. إذاً إنّ السّلطان مُطلَق بفضل المركز الذي لنا باتّحادنا مع المسيح يسوع بالخلاص، لكن القوّة التي تظهر في المؤمن نسبيّة. وكما سنرى قريباً، تستطيع الخطيئة والحصون أن تحدّ من قوّة **الله** في المؤمن بالمسيح.

تشير كلمة **الله** مثلاً، إلى أنّ الخطايا والحصون مثل عدم الإيمان، الخوف، الكبرياء، الشّعور بالتدنّي والكثير غيرها، تضعف القوّة التي يضعها **الله** في شعبه. وحتّى يسوع لم يتمكّن من إجراء آيات كثيرة في الناصرة بسبب عدم إيمان سكّانها (مرقس ٦: ٦).

II. يسوع يُعطي سلطانه لنا

يخبرنا الكتاب بأنّنا كنّا تحت سيطرة سلطان الظلمة وإبليس وأجناده، عاملين مشيئة الجسد وسالكين حسب نظام هذا الدّهر (راجع أفسس ٢: ١ – ٣). لكنّ يسوع جاء وحرّرنا من سيطرة (قوّة وسلطان) الشيطان ونقلنا إلى ملكوته. حجر الأساس في عمليّة التبادل الخلاصيّة المذهلة هذه، هو أنّ يسوع لم يحرّرنا من سيطرة إبليس ويضعنا في ملكوته فحسب، بل قد نقلنا بالكامل وأجلسنا معه في السماويّات! وهذا يعني أنّ السلطان المُعطى ليسوع من الآب قد أُعطيَ لنا أيضاً!

أفسس ٢: ٤ – ٦ **اللهُ** الَّذِي هُوَ غَنِيٌّ فِي الرَّحْمَةِ، مِنْ أَجْلِ مَحَبَّتِهِ الْكَثِيرَةِ الَّتِي أَحَبَّنَا بِهَا، وَنَحْنُ أَمْوَاتٌ بِالْخَطَايَا أَحْيَانَا مَعَ الْمَسِيحِ – بِالنِّعْمَةِ أَنْتُمْ مُخَلَّصُونَ – وَأَقَامَنَا مَعَهُ، وَأَجْلَسَنَا مَعَهُ فِي السَّمَاوِيَّاتِ فِي الْمَسِيحِ يَسُوعَ.

يسوع هو من يحكم على كلّ السماويّات وهو جالس في مركز السلطان المُطلق ونحن نملك معه ونشارك في سلطانه في السماويّات. هذا واقعنا اليوم وليس حقيقة ستتحقّق في المستقبل فحسب. **الله**... **بَارَكَنَا** (الآن) بِكُلِّ بَرَكَةٍ رُوحِيَّةٍ فِي السَّمَاوِيَّاتِ فِي الْمَسِيحِ (أفسس ١: ٣).

أ. نال التلاميذ الاثنا عشر سلطان يسوع

لوقا ٩: ١ وَدَعَا تَلاَمِيذَهُ الاثْنَيْ عَشَرَ وَأَعْطَاهُمْ قُوَّةً وَسُلْطَاناً عَلَى جَمِيعِ الشَّيَاطِينِ وَشِفَاءِ أَمْرَاضٍ.

ب. نال التلاميذ الاثنان والسّبعون سلطان يسوع

لوقا ١٠: ١، ١٧ – ١٩ وَبَعْدَ ذَلِكَ عَيَّنَ الرَّبُّ سَبْعِينَ آخَرِينَ أَيْضاً وَأَرْسَلَهُمُ اثْنَيْنِ اثْنَيْنِ أَمَامَ وَجْهِهِ إِلَى كُلِّ مَدِينَةٍ وَمَوْضِعٍ حَيْثُ كَانَ هُوَ مُزْمِعاً أَنْ يَأْتِيَ... فَرَجَعَ السَّبْعُونَ بِفَرَحٍ قَائِلِينَ: «يَا رَبُّ حَتَّى الشَّيَاطِينُ تَخْضَعُ لَنَا بِاسْمِكَ». فَقَالَ لَهُمْ: «رَأَيْتُ الشَّيْطَانَ سَاقِطاً مِثْلَ الْبَرْقِ مِنَ السَّمَاءِ. هَا أَنَا أُعْطِيكُمْ سُلْطَاناً لِتَدُوسُوا الْحَيَّاتِ وَالْعَقَارِبَ وَكُلَّ قُوَّةِ الْعَدُوِّ وَلاَ يَضُرُّكُمْ شَيْءٌ.

ج. جميع المؤمنين ينالون سلطان يسوع

إنّ القوّة والسّلطان اللذين نقلهما يسوع إلى تلاميذه لم يكونا لهم فحسب بل لنا نحن أيضاً. قال يسوع لتلاميذه "اَلْحَقَّ الْحَقَّ أَقُولُ لَكُمْ: مَنْ يُؤْمِنُ بِي فَالأَعْمَالُ الَّتِي أَنَا أَعْمَلُهَا يَعْمَلُهَا هُوَ أَيْضاً وَيَعْمَلُ أَعْظَمَ مِنْهَا" (**يوحنا ١٤: ١٢**). **لم يُرد يسوع أن يعلن ملكوت الله على الأرض ويؤسّسه وينهي كلّ العمل بمفرده، ولم يُرد كذلك أن تموت القوّة وينتهي السّلطان مع تلاميذه في القرن الأوّل، ولكنّه يريد حتماً أن يشاركه كلّ مَن يتبعه بالقوّة والسّلطان اللذين يملكهما!**

متى ٢٨: ١٨ – ٢٠ فَتَقَدَّمَ يَسُوعُ وَكَلَّمَهُمْ قَائِلاً: «دُفِعَ إِلَيَّ كُلُّ سُلْطَانٍ فِي السَّمَاءِ وَعَلَى الأَرْضِ فَاذْهَبُوا وَتَلْمِذُوا جَمِيعَ الأُمَمِ وَعَمِّدُوهُمْ بِاسْمِ الآبِ وَالابْنِ وَالرُّوحِ الْقُدُسِ. وَعَلِّمُوهُمْ أَنْ يَحْفَظُوا جَمِيعَ مَا أَوْصَيْتُكُمْ بِهِ. وَهَا أَنَا مَعَكُمْ كُلَّ الأَيَّامِ إِلَى انْقِضَاءِ الدَّهْرِ»

يوحنا ١٧: ١٨، ٢٠ – ٢١ كَمَا أَرْسَلْتَنِي إِلَى الْعَالَمِ أَرْسَلْتُهُمْ أَنَا إِلَى الْعَالَمِ ...«وَلَسْتُ أَسْأَلُ مِنْ أَجْلِ هَؤُلاَءِ فَقَطْ بَلْ أَيْضاً مِنْ أَجْلِ الَّذِينَ يُؤْمِنُونَ بِي بِكَلاَمِهِمْ لِيَكُونَ الْجَمِيعُ وَاحِداً كَمَا أَنَّكَ أَنْتَ أَيُّهَا الآبُ فِيَّ وَأَنَا فِيكَ لِيَكُونُوا هُمْ أَيْضاً وَاحِداً فِينَا لِيُؤْمِنَ الْعَالَمُ أَنَّكَ أَرْسَلْتَنِي.

أفسس ١: ١٩ – ٢٢؛ ٢: ٦ وَمَا هِيَ عَظَمَةُ قُدْرَتِهِ الْفَائِقَةُ نَحْوَنَا نَحْنُ الْمُؤْمِنِينَ، حَسَبَ عَمَلِ شِدَّةِ قُوَّتِهِ الَّذِي عَمِلَهُ فِي الْمَسِيحِ، إِذْ أَقَامَهُ مِنَ الأَمْوَاتِ، وَأَجْلَسَهُ عَنْ يَمِينِهِ فِي السَّمَاوِيَّاتِ، فَوْقَ كُلِّ رِيَاسَةٍ وَسُلْطَانٍ وَقُوَّةٍ وَسِيَادَةٍ، وَكُلِّ اسْمٍ يُسَمَّى لَيْسَ فِي هَذَا الدَّهْرِ فَقَطْ بَلْ فِي الْمُسْتَقْبَلِ أَيْضاً، وَأَخْضَعَ كُلَّ شَيْءٍ تَحْتَ قَدَمَيْهِ، وَإِيَّاهُ جَعَلَ رَأْساً فَوْقَ كُلِّ شَيْءٍ لِلْكَنِيسَةِ؛ وَأَقَامَنَا (**الله**) مَعَهُ (المسيح)، وَأَجْلَسَنَا مَعَهُ فِي السَّمَاوِيَّاتِ فِي الْمَسِيحِ يَسُوعَ.

يعقوب ٥: ١٧ – ١٨ كَانَ إِيلِيَّا إِنْسَاناً تَحْتَ الآلاَمِ مِثْلَنَا، وَصَلَّى صَلاَةً أَنْ لاَ تُمْطِرَ، فَلَمْ تُمْطِرْ عَلَى الأَرْضِ ثَلاَثَ سِنِينَ وَسِتَّةَ أَشْهُرٍ. ثُمَّ صَلَّى أَيْضاً فَأَعْطَتِ السَّمَاءُ مَطَراً وَأَخْرَجَتِ الأَرْضُ ثَمَرَهَا.

III. ننال هذا السّلطان عندما نحصل على الخلاص

أ. عندما ننال الخلاص نجلس مع المسيح

يسوع هو مَن يحكم على كلّ السماويّات وهو جالس في مركز السلطان المُطلَق، ونحن نملك معه (**أفسس ١: ٢٠ – ٢١، ٢: ٦**). نحن نشارك في سلطان يسوع نفسه في السماويّات. ونحن الآن "نُعلن حكمة **الله** المتنوّعة" للرؤساء والسّلاطين في السماويّات (**أفسس ٣: ١٠**)؛ **هذا يعني أنّ لنا الحقّ والمسؤوليّة بتعزيز سلطان الله كما تُفوّض الحكومة العميل الفدرالي ليعزّز قوانين البلد وحدوده.**

كولوسي ٢: ٩ – ١٠ فَإِنَّهُ فِيهِ يَحِلُّ كُلُّ مِلْءِ اللاَّهُوتِ جَسَدِيّاً. وَأَنْتُمْ مَمْلُوؤُونَ فِيهِ، الَّذِي هُوَ رَأْسُ كُلِّ رِيَاسَةٍ وَسُلْطَانٍ.

كولوسي ٢: ١٣ – ١٥ وَإِذْ كُنْتُمْ أَمْوَاتاً فِي الْخَطَايَا وَغَلَفِ جَسَدِكُمْ، أَحْيَاكُمْ مَعَهُ (مَعَ الْمَسِيحِ)، مُسَامِحاً لَكُمْ بِجَمِيعِ الْخَطَايَا، إِذْ مَحَا الصَّكَّ الَّذِي عَلَيْنَا فِي الْفَرَائِضِ، الَّذِي كَانَ ضِدّاً لَنَا، وَقَدْ رَفَعَهُ مِنَ الْوَسَطِ مُسَمِّراً إِيَّاهُ بِالصَّلِيبِ، إِذْ جَرَّدَ الرِّيَاسَاتِ وَالسَّلاَطِينَ أَشْهَرَهُمْ جِهَاراً، ظَافِراً بِهِمْ فِيهِ.

غير المؤمن	المؤمن
يسوع المسيح أفسس ١: ٢٢	**يسوع المسيح** أفسس ١: ٢٢
	المؤمنون أفسس ٢: ٦
الشيطان أفسس ٢: ٢	**الشيطان** أفسس ٢: ٢
الأرواح لوقا ١٣: ١١	**الأرواح** لوقا ١٣: ١١
البشر تكوين ١: ٢٦	**البشر** تكوين ١: ٢٦
الحيوانات مزمور ٨: ٦ – ٨	**الحيوانات** مزمور ٨: ٦ – ٨

يمثّل هذا الجدول، التراتبيّة الروحيّة للسّلطان في العالم. لاحظوا أنّه حين يُصبح الإنسان مسيحيّاً، يتغيّر مركزه في سلّم السلطة ليُصبح تحت يسوع المسيح مباشرةً.

"العيش بحريّة" يعني التحرّر من قوّة الشيطان وسلطانه والانطلاق للعيش والتصرّف بحسب قوّة **الله** وسلطانه. كيف لنا ذلك؟ لنا ذلك بفضل المكانة المميّزة التي ننالها بيسوع المسيح وعلاقتنا الشخصيّة معه. علينا كمؤمنين أن نبدأ بفهم قوّة يسوع المسيح وسلطانه وبنيلهما شخصياً وبشكل مستمرّ، فهذه القوّة وهذا السلطان هما لنا وفينا.

ثمّة طريقة واحدة لنيل سلطان **الله** وقوّته والتمكّن من العيش فيهما وذلك من خلال الدّخول في علاقة فِداء خلاصيّة وشخصيّة مع يسوع المسيح. بطريقة أخرى، إنّ نيل الخلاص من خطاياك بيسوع المسيح ومن خلاله يسمحان لك بالدّخول إلى دائرة سلطانه.

هل قمت بعمليّة التبادل الروحيّة بقبول يسوع المسيح في حياتك ونيل المغفرة على خطاياك التي تفصلك عن **الله**؟ خذ بعض الوقت للعودة إلى الفصل الأوّل من هذا الكتاب، لمراجعة الحقائق الأساسيّة التي ستساعدك لتتأكّد من أنّ لك علاقة خلاصيّة مع **الله** بيسوع المسيح. لا يمكننا أبداً أن نسأم من هذه الحقائق مهما قرأناها!

٢ بطرس ١: ١٢ – ١٥ لِذَلِكَ لاَ أُهْمِلُ أَنْ أُذَكِّرَكُمْ دَائِماً بِهَذِهِ الأُمُورِ، وَإِنْ كُنْتُمْ عَالِمِينَ وَمُثَبَّتِينَ فِي الْحَقِّ الْحَاضِرِ. وَلَكِنِّي أَحْسِبُهُ حَقّاً مَا دُمْتُ فِي هَذَا الْمَسْكَنِ أَنْ أُنْهِضَكُمْ بِالتَّذْكِرَةِ، عَالِماً أَنَّ خَلْعَ مَسْكَنِي قَرِيبٌ كَمَا أَعْلَنَ لِي رَبُّنَا يَسُوعُ الْمَسِيحُ أَيْضاً. فَأَجْتَهِدُ أَيْضاً أَنْ تَكُونُوا بَعْدَ خُرُوجِي تَتَذَكَّرُونَ كُلَّ حِينٍ بِهَذِهِ الأُمُورِ.

إن صلّيت بإيمان صادق لقبول عمل يسوع المسيح في حياتك، كن أكيداً أنّ عمليّة التبادل الروحيّة قد تمّت فـ**الله** يُسرّ بإعطاء المغفرة والحياة الأبديّة لكلٍّ منّا.

رومية ١٠: ١٣ لأَنَّ كُلَّ مَنْ يَدْعُو بِاسْمِ الرَّبِّ يَخْلُصُ.

٢ كورنثوس ٥: ١٧ إِذاً إِنْ كَانَ أَحَدٌ فِي الْمَسِيحِ فَهُوَ خَلِيقَةٌ جَدِيدَةٌ. الأَشْيَاءُ الْعَتِيقَةُ قَدْ مَضَتْ. هُوَذَا الْكُلُّ قَدْ صَارَ جَدِيداً.

ب. عندما ننال الخلاص يكون لنا ملء المسيح

١. يسوع المسيح ساكن فيك

يستخدم الرسول بولس عبارة "في المسيح" في كتاباته ٨٦ مرّة على الأقل، فإنّ جوهر طبيعتنا الجديدة في المسيح (٢ كورنثوس ٥: ٢١) موجود في حقيقة سُكنى المسيح فينا. إنّه يسكن فينا بروحه وهذا ليس مجرّد مفهوم لاهوتيّ أو رمز غامض، بل إنّه حقيقة! وبفضل سُكنى يسوع المسيح فينا، لنا هويّة جديدة وطبيعة جديدة وهذا يأتي من **الله** وبقوّته. كلّ ما يملكه المسيح يصبح لنا عند الخلاص.

غلاطية ٢: ٢٠ مَعَ الْمَسِيحِ صُلِبْتُ، فَأَحْيَا لاَ أَنَا بَلِ الْمَسِيحُ يَحْيَا فِيَّ. فَمَا أَحْيَاهُ الآنَ فِي الْجَسَدِ فَإِنَّمَا أَحْيَاهُ فِي الإِيمَانِ، إِيمَانِ ابْنِ **اللهِ**، الَّذِي أَحَبَّنِي وَأَسْلَمَ نَفْسَهُ لأَجْلِي.

كولوسي ١: ٢٧ الَّذِينَ أَرَادَ **اللهُ** أَنْ يُعَرِّفَهُمْ مَا هُوَ غِنَى مَجْدِ هذَا السِّرِّ فِي الأُمَمِ، الَّذِي هُوَ الْمَسِيحُ فِيكُمْ رَجَاءُ الْمَجْدِ.

٢. أنت مكتمل في المسيح

يعلن الكتاب المقدّس أنّ "في المسيح" لنا كلّ بركة روحيّة في **السماويّات** (أفسس ١: ٣). ويعلن كذلك أنّ المؤمن بالمسيح ينال ملء **الله** في المسيح وبواسطته، تماماً كما كان للمسيح ملء **الله** عندما تجسّد.

كولوسي ٢: ٩ - ١٠ فَإِنَّهُ فِيهِ يَحِلُّ كُلُّ مِلْءِ اللاَّهُوتِ جَسَدِيًّا. وَأَنْتُمْ مَمْلُوؤُونَ فِيهِ، الَّذِي هُوَ رَأْسُ كُلِّ رِيَاسَةٍ وَسُلْطَانٍ.

الكلمة العربيّة المترجَمة بـ "ملء" تأتي من الكلمة اليونانيّة "پليروما" التي تعني "كامل: مليء، لا ينقصه شيء، مثالي، مكتمل، تامّ."[5] المسيح فينا يمنحنا كلّ مورد إلهيّ وبركة وميراث نحتاج إليه لنحيا مثله!

٣. مجد يسوع المسيح ساكن فيك

نرى أنّ مجد **الله** قد ظهر عدّة مرّات في الكتاب المقدّس. لقد ظهر مثلاً في حادثة جبل سيناء عندما شهد شعب **الله** القوى الخارقة للهزّات الأرضيّة والبروق (خروج ١٩). وظهر أيضاً حين لم يتمكّن موسى من تحمُّل بهاء حضور **الله** في المسكن (خروج ٤٠)، أو حين لم يتمكّن الكهنة من الوقوف في الهيكل بسبب مجد **الله** الذي ملأ المكان (٢ أخبار الأيّام ٧: ١ - ٢). إشعياء أيضاً قد ارتعب حين رأى القليل من مجد **الله** (إشعياء ٦). ثمّ من يمكنه أن ينسى اللقاء الرّهيب الذي عاشه بطرس ويعقوب ويوحنا على جبل التجلّي حين رأوا هيئة الربّ تتغيّر جزئيّاً في مجده (لوقا ٩). في كلٍّ من هذه اللقاءات، اختبر الأشخاص المعنيّون الرّعدة والذّهول عند ظهور (استعلان) مجد **الله**.

والأجمل من ذلك هو ما يذكره الكتاب المقدّس بوضوح عن أنّ كلّ المسيحيّين لهم هذا المجد عينه في الجسد. ومرّة جديدة، هذا الكلام ليس مجرّد مفهوم لاهوتيّ بل هو حقيقة قويّة جدّاً.

٢ كورنثوس ٤: ٤، ٦، ٧ الَّذِينَ فِيهِمْ إِلهُ هذَا الدَّهْرِ قَدْ أَعْمَى أَذْهَانَ غَيْرِ الْمُؤْمِنِينَ، لِئَلاَّ تُضِيءَ لَهُمْ إِنَارَةُ إِنْجِيلِ مَجْدِ الْمَسِيحِ، الَّذِي هُوَ صُورَةُ **اللهِ**... لأَنَّ **اللهَ** الَّذِي قَالَ أَنْ يُشْرِقَ نُورٌ مِنْ ظُلْمَةٍ، هُوَ الَّذِي أَشْرَقَ فِي قُلُوبِنَا، لإِنَارَةِ مَعْرِفَةِ مَجْدِ **اللهِ** فِي وَجْهِ يَسُوعَ الْمَسِيحِ. وَلكِنْ لَنَا هذَا الْكَنْزُ فِي أَوَانٍ خَزَفِيَّةٍ، لِيَكُونَ فَضْلُ الْقُوَّةِ **للهِ** لاَ مِنَّا.

---

5. Swanson, James: *Dictionary of Biblical Languages with Semantic Domains: Greek (New Testament)* (electronic ed.; Oak Harbor: Logos Research Systems, Inc., 1997).

٤. أنت بأمان وثبات كامل في محبّة الله

لا يُعِدّنا الله للخدمة كما نقوم بشحن آلة كهربائيّة! فنحن أولاده المحبوبون والأعزّاء. هنا أيضاً يعود الفضل لاتّحادنا بيسوع المسيح، فالله يحبّنا بالمحبّة نفسها التي يحبّ بها ابنه يسوع المسيح.

يوحنا ١٧: ٢١ – ٢٣ ... لِيَكُونَ الْجَمِيعُ وَاحِداً كَمَا أَنَّكَ أَنْتَ أَيُّهَا الآبُ فِيَّ وَأَنَا فِيكَ لِيَكُونُوا هُمْ أَيْضاً وَاحِداً فِينَا لِيُؤْمِنَ الْعَالَمُ أَنَّكَ أَرْسَلْتَنِي. وَأَنَا قَدْ أَعْطَيْتُهُمُ الْمَجْدَ الَّذِي أَعْطَيْتَنِي لِيَكُونُوا وَاحِداً كَمَا أَنَّنَا نَحْنُ وَاحِدٌ. أَنَا فِيهِمْ وَأَنْتَ فِيَّ لِيَكُونُوا مُكَمَّلِينَ إِلَى وَاحِدٍ وَلِيَعْلَمَ الْعَالَمُ أَنَّكَ أَرْسَلْتَنِي وَأَحْبَبْتَهُمْ كَمَا أَحْبَبْتَنِي.

عرف الرسول بولس أنّ اختبار النموّ في ملء حياة الله وقوتّه مرتبط (ويزيد) بالثّبات الذي لنا في محبّة الله.

أفسس ٣: ١٨ – ٢٠ وَأَنْتُمْ مُتَأَصِّلُونَ وَمُتَأَسِّسُونَ فِي الْمَحَبَّةِ، حَتَّى تَسْتَطِيعُوا أَنْ تُدْرِكُوا مَعَ جَمِيعِ الْقِدِّيسِينَ مَا هُوَ الْعَرْضُ وَالطُّولُ وَالْعُمْقُ وَالْعُلْوُ، وَتَعْرِفُوا مَحَبَّةَ الْمَسِيحِ الْفَائِقَةَ الْمَعْرِفَةِ، لِكَيْ تَمْتَلِئُوا إِلَى كُلِّ مِلْءِ الله (ملء الحياة والقوّة التي تأتي من الله). وَالْقَادِرُ أَنْ يَفْعَلَ فَوْقَ كُلِّ شَيْءٍ أَكْثَرَ جِدّاً مِمَّا نَطْلُبُ أَوْ نَفْتَكِرُ، بِحَسَبِ الْقُوَّةِ الَّتِي تَعْمَلُ فِينَا.

لا يستطيع الله أن يحبّنا أكثر مما يحبّنا اليوم، لكن يمكننا أن نسير نحو إعلان واختبار أعظم وأعظم لمحبّته.

ج. عندما ننال الخلاص ندخل في حرب

عندما أقامنا الله وأجلسنا مع المسيح في السماويّات، نلنا كمسيحيّين السّلطان والمسؤوليّة في الحرب الكونيّة التي تدور بين ملكوت الله ومملكة إبليس. علينا أن نتذكّر أنَّ هاتين المملكتين ليستا متوازيتين بالقوّة، فالحرب التي تحدث في السماويات منذ أن تمرّد لوسيفر (المدعو الآن إبليس) هي حربٌ بين قوى الشيطان وقوى أعظم منها، لأنّ الله ما زال مَن يُمسك بزمام الأمور.[٦]

كما قلنا سابقاً، ما زالت الحروب الروحيّة تحصل حولنا الآن، ونحن نختبر ذلك في العالم الطبيعي. لكي ننتصر ونحقّق خطّة الله لنا على هذه الأرض، علينا أن نتعلّم كيفيّة استخدام الأسلحة الروحيّة القادرة والتي يعطينا إيّاها الله وأن نستعمل السّلطان الذي لنا ونحارب في السماويّات. علينا أن نستردّ الأرض التي سرقها العدوّ في حياة الناس وفي العالم وهكذا نسلب مملكة إبليس على الأرض. هذا عملنا على الأرض: إكمال خدمة يسوع وإعلان ملكوته، فحياة يسوع وخدمته هما مثالنا للعيش في هذه الحياة وكيفيّة عمل وتقدّم الكنيسة اليوم.

- علينا أن نستخدم أسلحتنا ونستعمل سلطاننا ونحارب في السماويّات.
- لنا سلطان المسيح، إذاً لا يستطيع العدوّ أن يقف ضدّنا في مواجهة مباشرة بقوّة سلطانه.
- الأسلحة المتوفّرة لإبليس هي الكذب، العمل بالسرّ، الخداع، الإرعاب والتخويف. لا يمكنه أن يصمد بوجه قوّة أولاد الله الذين يقفون بالحقّ والقداسة والسّلطان الذي لهم في المسيح.

إنَّ الكتاب المقدس ومَهمّة يسوع المسيح والأيّام التي نعيش فيها، تدعونا للانتباه لهذا الجانب من الحياة والخدمة المسيحيّة. لا يمكننا أن نخاطر ونتجاهل أو نستهين بهذا الميدان في الحياة المسيحيّة.

نحن في حرب ولا يمكننا تجاهل أعدائنا. لقد أعطانا الله أسلحة لها قوّة سماويّة لنغلبهم (٢ كورنثوس ١٠: ٤). كما فعل يسوع، علينا نحن أيضاً أن **ننتهر ونطرد بقوّة**، قوّات إبليس المسؤولة عن الهجمات الروحيّة والحصون والخطايا والتجارب التي نواجهها في حياتنا اليوميّة.

---

٦. للمزيد من المعلومات حول الحرب الروحيّة بين ملكوت الله ومملكة إبليس، راجع كتاب «العيش بحريّة: استعادة تصميم الله لحياتك» لمايك ريتشز، ص. ٧ – ٨
Living Free: Recovering God's Design for Your Life by Mike Riches, Sycamore Publications: Gig Harbor, WA, page 7-8

الخاتمة

هدف سلسلة الدروس هذه، هو تزويدك بالحقائق اللازمة "للعيش بحريّة" حقيقيّة. هذا يتضمّن استعادة السّلطان الروحي الذي صمّمه **الله** في الأصل لشعبه، ويتضمّن أيضاً تعلّم كيفيّة استخدام السلطان الذي أعطاك إيّاه **الله** بيسوع المسيح، بطريقة فعليّة وقويّة لمواجهة هجمات الأرواح الشرّيرة والأذيّات التي تريد أن تسبّبها لك. يمكنك أن تنتهرها وتقاومها كما فعل يسوع وكما فعل الرُسل. لقد شجّعنا يسوع بالحقّ قائلاً: "**الذي فيكم (يسوع المسيح بالروح القدس) أعظم من الذي في العالم (الشيطان وأجناده)**!"

يمكنك أن تكون أكيداً أنّ عمليّة التبادل الروحيّة قد تمّت، إن قبلت يسوع المسيح ربّاً ومخلّصاً شخصيّاً لك. أنت الآن جالس معه في السماويّات وتشارك في قوّته وسلطانه. لديك علاقة معه ويمكنك إذاً أن تسمع صوته يرشدك كيف وأين يريدك أن تستخدم ذلك السلطان من خلال كلمته المكتوبة التي هي الكتاب المقدّس، والكلام الذي يعلنه لك في أوقات الصلاة.

إن كنت مؤمناً وتابعاً ليسوع المسيح، أنتَ وارثٌ معه. لديك إذاً سلطان وقوّة يسوع المسيح في داخلك. بعد فهم ذلك، يأتي الوقت الآن للمطالبة بما سرقه العدوّ منك شخصيّاً. إنّه الوقت لاستخدام السّلطان المُعطى لك من **الله** على عدوّ النفوس ولمتابعة عمل **الله الخلاصي في حياتك!**

إستخدم سلطانك

هل تجد في حياتك أموراً لا تتوافق مع قيم ملكوت **الله** ومع القصد الذي يريده لحياتنا أي حياة الملء والفيض؟ غالباً ما تكون مجالات الإحباط والمقاومة أو التناقض هذه حِيَلاً أو أعمالاً من العدوّ. قد تكون تجارب أو مخاوف أو أفكاراً عن **الله** أو عن نفسك أو عن الآخرين لا تتناسب مع حقيقة كلمة **الله**. قد تتضمّن أمراضاً غير منطقيّة ومستمرّة أو كوابيسَ يعيشها أولادك أو ظروفاً أخرى صعبة أو غير مريحة قد قبلتها ببساطة، ظانّاً أنّه لا بدّ من أن تسير الحياة على هذا النحو.

لنا وعد في يعقوب ٤: ٧ بأننا إن "**قاومنا**" إبليس فسوف يهرب منّا. لكنَّ العدد لا **يقول** إننا إذا "تجاهلنا" إبليس فسيهرب! أُكسر إذاً أيّ سلبيّة أو منطق بشري يبقيانك أسيراً ويمنعانك من قبول (واستخدام) الموارد التي أعدّها **الله** لك. إبدأ باستعمال السّلطان والقوّة اللذين لك في يسوع المسيح!

ملاحظات

الجزء الرابع

الحصون وطريقة بنائها

I. فهم الحصون

مثل أيّ شخص لم يمضِ على نيله الخلاص أكثر من خمس دقائق، يستمرّ الشخص المسيحي بارتكاب الخطيئة. فمَن منّا لا يفهم المعاناة الصّعبة التي عبَّر عنها الرسول بولس؟

فَإِنِّي أَعْلَمُ أَنَّهُ لَيْسَ سَاكِنٌ فِيَّ أَيْ فِي جَسَدِي شَيْءٌ صَالِحٌ. لأَنَّ الإِرَادَةَ حَاضِرَةٌ عِنْدِي وَأَمَّا أَنْ أَفْعَلَ الْحُسْنَى فَلَسْتُ أَجِدُ. لأَنِّي لَسْتُ أَفْعَلُ الصَّالِحَ الَّذِي أُرِيدُهُ بَلِ الشَّرَّ الَّذِي لَسْتُ أُرِيدُهُ فَإِيَّاهُ أَفْعَلُ. فَإِنْ كُنْتُ مَا لَسْتُ أُرِيدُهُ إِيَّاهُ أَفْعَلُ فَلَسْتُ بَعْدُ أَفْعَلُهُ أَنَا بَلِ الْخَطِيَّةُ السَّاكِنَةُ فِيَّ.
إِذاً أَجِدُ النَّامُوسَ لِي حِينَمَا أُرِيدُ أَنْ أَفْعَلَ الْحُسْنَى أَنَّ الشَّرَّ حَاضِرٌ عِنْدِي. فَإِنِّي أُسَرُّ بِنَامُوسِ الله بِحَسَبِ الإِنْسَانِ الْبَاطِنِ. وَلَكِنِّي أَرَى نَامُوساً آخَرَ فِي أَعْضَائِي يُحَارِبُ نَامُوسَ ذِهْنِي وَيَسْبِينِي إِلَى نَامُوسِ الْخَطِيَّةِ الْكَائِنِ فِي أَعْضَائِي. وَيْحِي أَنَا الإِنْسَانُ الشَّقِيُّ! مَنْ يُنْقِذُنِي مِنْ جَسَدِ هَذَا الْمَوْتِ؟ أَشْكُرُ الله (أَنَّ الإجابة هي) بِيَسُوعَ الْمَسِيحِ رَبِّنَا! (رومية ٧: ١٨ – ٢٥)

إذاً، لو كان الإيمان بيسوع المسيح "يحرّرنا"، فلماذا يستمرّ المؤمنون الصادقون الذين يحبّون **الله** بالصّراع مع الخطايا المُكبِّلة، الأفكار غير النقيّة، الكبرياء، الاكتئاب، الخوف، الغضب ومواقف وتصرّفات أخرى لا ترضي **الله**؟ أيمكن أن يكون المؤمن أسيراً للخطيئة بطرق لا تزول فوريّاً عند نيل الخلاص؟ الإختبار يُخبرنا بأنَّ الإجابة هي نعم!

راح بولس في رسالته إلى المسيحيين في كورنثوس يصف بالتدقيق، كيف تصبح أذهاننا (وبالتالي حياتنا) أسيرة للخطيئة وكيف يمكننا أن نتحرّر بيسوع المسيح:

٢ كورنثوس ١٠: ٣ – ٥ (بستاني وفانديك) لأَنَّنَا وَإِنْ كُنَّا نَسْلُكُ فِي الْجَسَدِ، لَسْنَا حَسَبَ الْجَسَدِ نُحَارِبُ. إِذْ أَسْلِحَةُ مُحَارَبَتِنَا لَيْسَتْ جَسَدِيَّةً، بَلْ قَادِرَةٌ بِاللهِ عَلَى هَدْمِ حُصُونٍ. هَادِمِينَ ظُنُوناً وَكُلَّ عُلْوٍ يَرْتَفِعُ ضِدَّ مَعْرِفَةِ اللهِ، وَمُسْتَأْسِرِينَ كُلَّ فِكْرٍ إِلَى طَاعَةِ الْمَسِيحِ.

٢ كورنثوس ١٠: ٣ – ٥ (الحياة) مَعَ أَنَّنَا نَعِيشُ فِي الْجَسَدِ، فَإِنَّنَا لاَ نُحَارِبُ وَفْقاً لِلْجَسَدِ. فَإِنَّ الأَسْلِحَةَ الَّتِي نُحَارِبُ بِهَا لَيْسَتْ جَسَدِيَّةً، بَلْ قَادِرَةٌ بِاللهِ عَلَى هَدْمِ الْحُصُونِ (القلاع): بِهَا نَهْدِمُ النَّظَرِيَّاتِ وَكُلَّ مَا يَعْلُو مُرْتَفِعاً لِمُقَاوَمَةِ مَعْرِفَةِ اللهِ، وَنَأْسِرُ كُلَّ فِكْرٍ إِلَى طَاعَةِ الْمَسِيحِ.

يقول الكتاب المقدّس في هذا المقطع، إنّنا قد نُصبح مأسورين لفكرٍ خاطئ، وبالتالي نُكبَّل هناك بواسطة **الحصون**.

أ. ما هو الحصن؟

إيضاح عمليّ: كارنونتوم

- باستخدام الرادار، تمكّن العلماء من رؤية عمق أحد المعسكرات الرومانيّة الذي يعود للقرن الأوّل. هذا المعسكر يُدعى "كارنونتوم"، وقد كان أحد الحصون الأكثر إستراتيجيّة للإمبراطوريّة في شمال جبال الألب.
- أظهَر التحليل الالكترونيّ، وجود شبكة مكثّفة من المطاعم والحانات والحمّامات الساخنة وقاعات الاجتماع. وفي أوجّ نمو "الكارنونتوم" في نهاية القرن الثاني ب. م.، شكّل ذلك الحصن مسكناً لحوالي ٥٠,٠٠٠ شخص.

ب. ما هو الحصن الروحيّ؟

(بالاستناد إلى ٢ كورنثوس ١٠: ٣ – ٥):

- "**الحصون**" هي أفكار ومعتقدات وفلسفات ومواقف وقيَم تتعارض مع الحقيقة في كلمة **الله**. قد تتعلّق هذه الحقيقة بـ**الله**، بنظرة **الله** إلى البشر (بخاصّة "أنت")، بيسوع المسيح (ما فعله من أجلك وكيف يحيا من أجلك)، بهويّتك ومركزك (مَن وماذا أنت)، بما تملك، بكيفيّة عيش الحياة و/أو بما يعطيك الشبع الحقيقيّ والحريّة الحقيقيّة في الحياة، وما الذي يؤدّي إلى العبوديّة والخراب والدّمار.
- "**الحصون**" هي قوىً فكريّة متجذّرة و"مرتفعة" ضدّ معرفة **الله**. إنّها فلسفات وتيّارات فكريّة وآراء عالميّة مليئة بالكبرياء، تتحدّى وتتعارض مع شخص الآب وصفاته ووصاياه وكلمته ومحبّته.
- إنّها جزء من إستراتيجيّة الشيطان لخداع الأفراد والأزواج والعائلات والكنائس والمجتمعات والثقافات والمؤسّسات والمنظّمات وحتّى الأمم بكاملها، وجعلهم يقيّمون ويؤمنون بما لا يتفّق مع حقّ كلمة **الله**. فإنّ الشيطان يحاول، منذ البداية، أن يجعلنا ننكر حقّ كلام **الله**!
- الحصن هو **قاعدة العمليّات** حيث يبدأ أجناد إبليس عملهم. فإنّ مملكة الظلمة تستغلّ حصوناً كهذه لتتجذّر وتتقدّم في حياة الناس وحياة من حولهم.

- كلَّما ابتعدنا، ولو بدرجة صغيرة، عن الحقيقة في كلمة **الله**، أو تعارضنا معها في أيّ مسألة من مسائل الحياة، نُعطي الفرصة لإبليس ليؤسّس حصنه أي قاعدة عمليّاته في حياتنا.
- الكبرياء والاستقلاليّة عن **الله** والاكتفاء الذاتي، هي من خصائص الأمور التي ترتفع ضدّ **الله**.
- الحقيقة هي أكثر من مجرّد معرفة الكتاب! فإنَّ الحقيقة تُحدّد حرفيّاً مسار حياتنا. يقول يسوع في يوحنا ٨: ٣١ – ٣٢ «إِنَّكُمْ إِنْ ثَبَتُّمْ فِي كَلاَمِي فَبِالْحَقِيقَةِ تَكُونُونَ تلاَمِيذِي وَتَعْرِفُونَ الْحَقَّ وَالْحَقُّ يُحَرِّرُكُمْ».

ج. كيف يتمّ بناء الحصن؟

تُبنى الحصون حين نسمح للعدوّ بالحصول على "مكان" أو "فرصة" في حياتنا من خلال الخطيئة.

الكلمة اليونانيّة "توبوس" تترجم بـ "مكان"، "فرصة" أو "مَوطِئ قدم" في الترجمات المذكورة أدناه. إنّها كلمة ذات تعريف واسع يتضمَّن أساساً "الإقليم، الأرض: وفي أقدم استخدام واضح في المفرد إنّها تعني، **مكاناً محدّداً**، ثم إقليم أرض محدَّد، منطقة أو أرض؛ مقاطعة، بلدة، مكان للسّكن."[٧]

قد تحمل كلمة "**توبوس**" فكرة "السلطة القضائيّة" أيضاً، وينال العدو هذه السلطة القضائيّة بسبب خطيئتنا الشخصيّة أو بسبب ردٍّ خاطئ من جهتنا، على تصرّفات خاطئة قام بها الآخرون نحونا (راجع أفسس ٤: ٢٦ – ٢٧ أدناه). إنَّ فكرنا هامّ جدّاً، إذ أنّه أوّل خطّ دفاع ضدَّ مخطّطات العدو (١ بطرس ٥: ٨).

أفسس ٤: ٢٦ – ٢٧ (بستاني وفاندايك) اِغْضَبُوا وَلاَ تُخْطِئُوا. لاَ تَغْرُبِ الشَّمْسُ عَلَى غَيْظِكُمْ وَلاَ تُعْطُوا إِبْلِيسَ مَكَاناً.

أفسس ٤: ٢٦ – ٢٧ (الحياة) إِنْ غَضِبْتُمْ، فَلاَ تُخْطِئُوا؛ لاَ تَدَعُوا الشَّمْسَ تَغِيبُ وَأَنْتُمْ غَاضِبُونَ، وَلاَ تُتِيحُوا فُرْصَةً لإِبْلِيسَ!

خطّة الشيطان لبناء الحصن

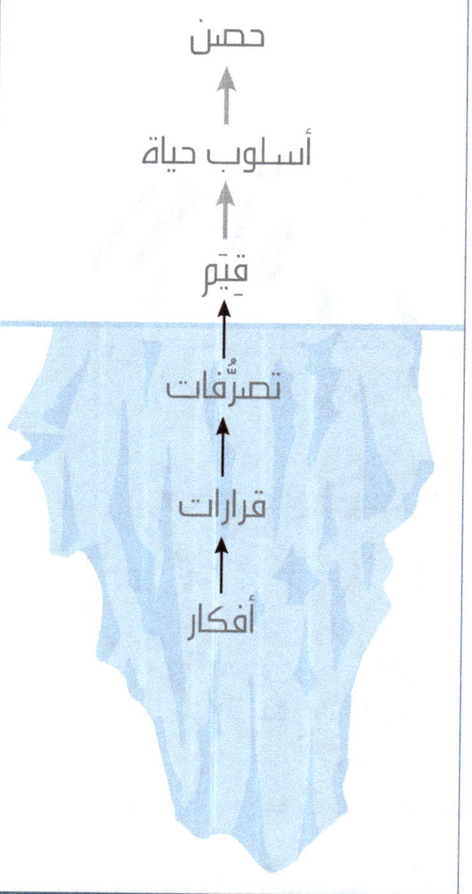

إن تمكنّت من تصوّر الرسم البياني أعلاه كجبل جليديّ، تستطيع أن ترى أنَّ السلوك البشري يمثّل بالفعل "قمّة الجبل الجليدي" فقط. ثمّة أمور نراها مثل القيود التي نتمنّى بشوق التخلّص منها والخطايا المكبِّلة التي نتوق أن نراها تقع، لكن هذه الأمور متجذّرة في مكان أعمق وأوسع وأدنى من "سطح الماء" في حياتنا، فإنّها تبدأ في عمق أفكارنا.

د. كيفيّة تطوّر بناء الحصون

- مع أنَّ المؤمنين الذين يتبعون يسوع المسيح ينتمون إلى **الله**، يمكنهم أن يُعطوا إبليس مكاناً أو سلطاناً قضائيّاً في حياتهم من خلال الخطايا التي لم يعترفوا بها ولم يتوبوا عنها.
- يبدأ إبليس ببناء حصونه في أفكارنا، لذلك يقول بولس إنَّ التغيير يبدأ فينا كمؤمنين، بتجديد أذهاننا.

رومية ١٢: ٢ وَلاَ تُشَاكِلُوا هَذَا الدَّهْرَ بَلْ تَغَيَّرُوا عَنْ شَكْلِكُمْ بِتَجْدِيدِ أَذْهَانِكُمْ لِتَخْتَبِرُوا مَا هِيَ إِرَادَةُ **اللهِ** الصَّالِحَةُ الْمَرْضِيَّةُ الْكَامِلَةُ.

- أنت تأخذ قراراتك في ذهنك ثمّ تتطوّر قراراتك لتُصبح تصرّفاتك، وسوف تشكّل بالتّالي قِيَمك في الحياة. بعدها تبدأ القيم بتحديد شخصيّتك وبالتالي تصبح أسلوب حياتك.

---

7. Gerhard Kittel et al., *Theological Dictionary of the New Testament* (Grand Rapids, MI: W.B. Eerdmans, 1995), 1184.

- في نهاية الأمر، قد تخرج أفكارك ويخرج أسلوب حياتك عن الاتّفاق مع حقّ كلمة **الله**. في تلك النقطة، قد تجد نفسك في درجات مختلفة من العبوديّة بينما يستمرّ إبليس ببناء حصنه (أو حصونه) في حياتك من خلال المكان (أو الأمكنة) والحقّ أو السّلطان القضائي الذي أعطيته إيّاه.

هـ. الأمور التي تتشكّل من خلالها الحصون

يعرض الجدول أدناه أعداداً كتابيّة تُظهر صلةً مباشرة بين الخطيئة ومملكة إبليس. سنتكلّم لاحقاً عن الدور الذي تحتلّه طبيعة الجسد الخاطئة في كلٍّ هذا، لكن سنكتفي الآن بالقول إنَّه يوجد في أنفسنا مَيلاً كبيراً وكافياً نحو الخطيئة. نحن ونحن وحدنا مسؤولون عن خطيئتنا. حين نقف أمام الربّ لنعطي حساباً لطريقة عيشنا على هذه الأرض، لن يقف بجانبنا أمام كرسيّ المسيح أيُّ واحد من أجناد إبليس لينال اللوم على خطايانا. إنّها مسؤوليّتنا وسنتحمّلها وحدنا.

بعد هذا التوضيح ينبغي القول إنَّ مملكة إبليس تتدخَّل بشكل فاعل عبر التجارب والجهود الكبيرة التي تبذلها لجذب الناس وإيقاعهم في الخطيئة. يبحث أجناد إبليس عن الفرصة أو الخطيئة التي يمكنهم من خلالها أن يقوموا بحيلهم الشريرة عليك! خذ بعض الوقت لتقرأ محتويات الجدول أدناه، ولتنتبه أيضاً للأعداد الكتابيّة الأخرى التي تُظهر هذه الحقائق:

المرجع الكتابي	الباب الذي يستغلّه الشيطان لبناء الحصن
أفسس ٤: ٢٦ – ٢٧ : لاَ تُتِيحُوا فُرْصَةً لإِبْلِيسَ	**الغضب**
٢ تيموثاوس ٢: ٢٤ – ٢٦	**كلّ ما يتعارض مع حقّ الله**
عبرانيين ٢: ١٤ – ١٥ ... لِكَيْ يُبِيدَ بِالْمَوْتِ ذَاكَ الَّذِي لَهُ سُلْطَانُ الْمَوْتِ، أَيْ إِبْلِيسَ، وَيُعْتِقَ أُولئِكَ الَّذِينَ خَوْفاً مِنَ الْمَوْتِ كَانُوا جَمِيعاً كُلَّ حَيَاتِهِمْ تَحْتَ الْعُبُودِيَّةِ. **٢ تيموثاوس ١: ٧** لأَنَّ **الله** لَمْ يُعْطِنَا رُوحَ الْفَشَلِ، بَلْ رُوحَ الْقُوَّةِ وَالْمَحَبَّةِ وَالنُّصْحِ.	**الخوف**
متّى ١٦: ٢٣	**المساعي المؤقّتة المركّزة على الإنسان**
لوقا ٩: ٥٤ – ٥٦	**الدينونة المستندة على البرّ الذاتي**
أعمال ٥: ٣ فَقَالَ بُطْرُسُ: "يَا حَنَانِيَّا لِمَاذَا مَلأَ الشَّيْطَانُ قَلْبَكَ لِتَكْذِبَ عَلَى الرُّوحِ الْقُدُسِ...؟"	**الرِّياء، الطمع والكذب**
يعقوب ٣: ١٤ – ١٥ وَلكِنْ إِنْ كَانَ لَكُمْ غَيْرَةٌ مُرَّةٌ وَتَحَزُّبٌ فِي قُلُوبِكُمْ... لَيْسَتْ هذِهِ الْحِكْمَةُ نَازِلَةً مِنْ فَوْقُ، بَلْ هِيَ أَرْضِيَّةٌ نَفْسَانِيَّةٌ شَيْطَانِيَّةٌ.	**الغيرة المرَّة، التحزّب الأناني**
يوحنا ٨: ٤٣ – ٤٥	**الكذب**
٢ كورنثوس ٢: ١٠ – ١١	**عدم المغفرة**
أفسس ٢: ١ – ٢	**العيش بحسب العالم**
١ كورنثوس ١٠: ٢٠ – ٢١	**الزِّنى**
١ تيموثاوس ٥: ١٣ – ١٥ وَمَعَ ذلِكَ أَيْضاً يَتَعَلَّمْنَ أَنْ يَكُنَّ بَطَّالاَتٍ... بَلْ مِهْذَارَاتٌ أَيْضاً، وَفُضُولِيَّاتٌ... فَإِنَّ بَعْضَهُنَّ قَدِ انْحَرَفْنَ وَرَاءَ الشَّيْطَانِ.	**البطالة، الكسل، الثرثرة، الفضوليّة**
١ تيموثاوس ٦: ٩	**الشّهوات، حبّ المادّة**
١ تيموثاوس ١: ١٩ – ٢٠	**رفض صوت الضمير الصّالح**
١ كورنثوس ٥: ١ – ٥	**الفساد الجنسي، عدم التوبة**
٢ تيموثاوس ٣: ٥؛ ٢ كورنثوس ١١: ١٣ – ١٥؛ أعمال الرسل ٥: ١ –٣	**الديانة المزيّفة، روح التديّن، الروحانيّة الزائفة، المراكز، السعي وراء المدح**

II. فهم طريقة تكوين الإنسان وطريقة بناء الحصون في حياته

أ. الكائنات البشريّة تتكوّن من ثلاثة أجزاء

الإنسان مكوّن من ثلاثة أجزاء هي: الجسد والنفس والروح.

١ تسالونيكي ٥: ٢٣ وَإِلَهُ السَّلاَمِ نَفْسُهُ يُقَدِّسُكُمْ بِالتَّمَامِ. وَلْتُحْفَظْ رُوحُكُمْ وَنَفْسُكُمْ وَجَسَدُكُمْ كَامِلَةً بِلاَ لَوْمٍ عِنْدَ مَجِيءِ رَبِّنَا يَسُوعَ الْمَسِيحِ.

عبرانيين ٤: ١٢ لأَنَّ كَلِمَةَ اللهِ حَيَّةٌ وَفَعَّالَةٌ وَأَمْضَى مِنْ كُلِّ سَيْفٍ ذِي حَدَّيْنِ، وَخَارِقَةٌ إِلَى مَفْرَقِ النَّفْسِ وَالرُّوحِ وَالْمَفَاصِلِ وَالْمِخَاخِ، وَمُمَيِّزَةٌ أَفْكَارَ الْقَلْبِ وَنِيَّاتِهِ.

هذا التمييز ضروريّ لنفهم أنّه عندما نعرف أنّ جنود الشّر تستطيع أن تؤثّر على الكائنات البشريّة، وأيّ تأثير لهم قد يكون على الإنسان المؤمن؟

الرسم التالي يبيِّن العناصر الكتابيّة الثلاثة التي تؤلّف الإنسان وما يميِّز كلّ منها:

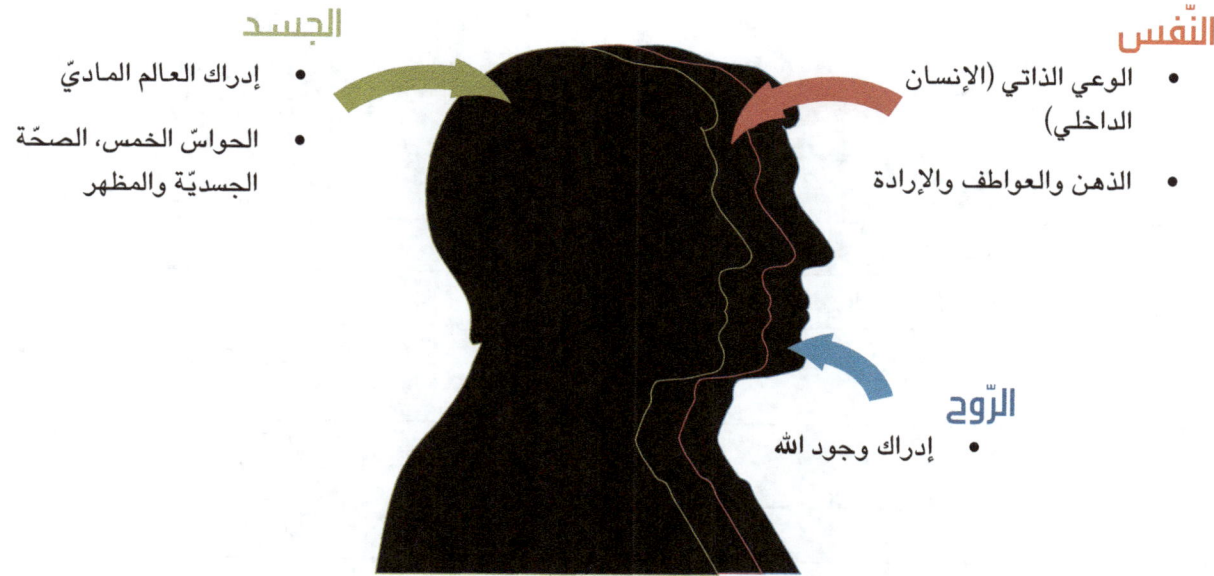

النّفس
• الوعي الذاتي (الإنسان الداخلي)
• الذهن والعواطف والإرادة
الجسد
• إدراك العالم الماديّ
• الحواسّ الخمس، الصحّة الجسديّة والمظهر
الرّوح
• إدراك وجود الله

ب. البشر وسهولة التأثّر بعمل الشيطان

إنَّ الرّوح البشريّة ميتة من جهة الله والمحفِّزات التي يستخدمها (مثلاً: عمله، كلمته، حضوره وصوته). ولكن حين يختبر المرء الولادة الجديدة، تحيا الرّوح البشريّة التي في داخله وتخلص بالإيمان بيسوع المسيح.

أفسس ٢: ١، ٦ وَأَنْتُمْ إِذْ كُنْتُمْ أَمْوَاتاً بِالذُّنُوبِ وَالْخَطَايَا، الَّتِي سَلَكْتُمْ فِيهَا قَبْلاً حَسَبَ دَهْرِ هَذَا الْعَالَمِ، ... وَنَحْنُ أَمْوَاتٌ بِالْخَطَايَا أَحْيَانَا مَعَ الْمَسِيحِ – بِالنِّعْمَةِ أَنْتُمْ مُخَلَّصُونَ.

تيطس ٣: ٥ لاَ بِأَعْمَالٍ فِي بِرٍّ عَمِلْنَاهَا نَحْنُ، بَلْ بِمُقْتَضَى رَحْمَتِهِ –خَلَّصَنَا بِغَسْلِ الْمِيلاَدِ الثَّانِي وَتَجْدِيدِ الرُّوحِ الْقُدُسِ.

إنَّ الرّوح البشريّة هي أوّل ما يستهدفه العدوّ لبناء حصونه، فالذهن والعواطف والإرادة أراضٍ أساسيّة، وتشكّل أيضاً الميدان الأساسيّ الذي يسعى العدّو لإضعافه.

إنَّ الجسد البشري ضعيف في وجه الهجمات الشيطانيّة ممّا يؤدّي إلى الأمراض الجسديّة القصيرة أو الطويلة المدى. أحياناً تكون المشاكل الصحيّة من أصل جسديّ فقط، لأنّنا نعيش في أجسام زائلة. لكن يوجد الكثير من الإثباتات الكتابيّة والعمليّة التي تُظهِر أنَّ المرض الجسدي قد يكون من أعمال الشيطان.

فهم الجبهات الثلاث التي يحارب عليها المؤمن

جبهات الحرب الثلاث هي: العالم، الجسد ومملكة إبليس.

١. العالم

بحسب المفردات الكتابيّة، "العالم" ليس الأرض والهواء والمياه والفضاء، بل إنَّه نظام أو ترتيب. جاء في الكتاب المقدّس أنَّ إبليس هو رئيس نظام أو ترتيب هذا العالم، وبالتالي العالم بجوهره مُعادٍ لله.

"العالم" نظام أو ترتيب يتبعه الناس في عالمنا، ونرى ذلك في الفلسفات والقيَم والآراء العالميّة التي يعيش الناس بحسبها. إنَّ نظام العالم وترتيبه يتعارض مع الله على كلِّ جبهة. نرى تلك القيَم في البرامج الترفيهيَّة في العالم، في فلسفات العالم للحياة، في الدوافع والأهداف وكيفيّة عيش الحياة وهدفها.

يوحنا ١٢: ٣١ اَلآنَ دَيْنُونَةُ هَذَا الْعَالَمِ. اَلآنَ يُطْرَحُ رَئِيسُ هَذَا الْعَالَمِ خَارِجاً.

يعقوب ٤: ٤ أَيُّهَا الزُّنَاةُ وَالزَّوَانِي، أَمَا تَعْلَمُونَ أَنَّ مَحَبَّةَ الْعَالَمِ عَدَاوَةٌ لله؟ فَمَنْ أَرَادَ أَنْ يَكُونَ مُحِبّاً لِلْعَالَمِ فَقَدْ صَارَ عَدُوّاً لله.

٢. الجسد

قد يشير "الجسد" في المصطلحات الكتابيّة إلى الطبيعة البشريّة الخاطئة (تلك هي الحال في العهد الجديد بشكل خاصّ) وهذه الطبيعة تتمرّد على الله وطرقه. تماماً كما يُعادي نظام العالم الله، هكذا أيضاً الجسد الإنسانيّ. يستخدم الشيطان نظام هذا العالم بشهواته وكبريائه الإنسانيّ ليوقع جسدنا ويجعله يتمرّد على قيم الله وحقّه بمواقف وتصرّفات خاطئة.

رومية ٨: ٥ – ٧ فَإِنَّ الَّذِينَ هُمْ حَسَبَ الْجَسَدِ فَبِمَا لِلْجَسَدِ يَهْتَمُّونَ وَلَكِنَّ الَّذِينَ حَسَبَ الرُّوحِ فَبِمَا لِلرُّوحِ. لأَنَّ اهْتِمَامَ الْجَسَدِ هُوَ مَوْتٌ وَلَكِنَّ اهْتِمَامَ الرُّوحِ هُوَ حَيَاةٌ وَسَلاَمٌ. لأَنَّ اهْتِمَامَ الْجَسَدِ هُوَ عَدَاوَةٌ لله إِذْ لَيْسَ هُوَ خَاضِعاً لِنَامُوسِ الله لأَنَّهُ أَيْضاً لاَ يَسْتَطِيعُ.

غلاطية ٥: ١٦ – ١٧ وَإِنَّمَا أَقُولُ: اسْلُكُوا بِالرُّوحِ (فليقود الروح القدس حياتكم) فَلاَ تُكَمِّلُوا شَهْوَةَ الْجَسَدِ. لأَنَّ الْجَسَدَ (يريد أن يفعل الشّر) يَشْتَهِي ضِدَّ الرُّوحِ وَالرُّوحُ ضِدَّ الْجَسَدِ، وَهَذَانِ يُقَاوِمُ أَحَدُهُمَا الآخَرَ، حَتَّى تَفْعَلُونَ مَا لاَ تُرِيدُونَ.

٣. مملكة إبليس

إنَّ الشيطان وأجناده الشّريرة ملتزمون بمقاومة الله وكلّ خليقته وبما في ذلك الإنسان، وتسعى مملكة إبليس وأجنادها لتجربة شعب الله وإغرائه وقهره وتعذيبه. يريد الشيطان أن يجرَّ الناس للتجديف على اسم الله عبر تصرّفاتهم الشريرة ليحطّمهم وبالتالي يقودهم للموت. أمّا يسوع فقد كان ملتزماً بتحرير الناس من أعمال إبليس بقوّة وبدون توقف.

لوقا ٦: ١٧ – ١٩ وَنَزَلَ مَعَهُمْ وَوَقَفَ فِي مَوْضِعٍ سَهْلٍ هُوَ وَجَمْعٌ مِنْ تَلاَمِيذِهِ وَجُمْهُورٌ كَثِيرٌ مِنَ الشَّعْبِ مِنْ جَمِيعِ الْيَهُودِيَّةِ وَأُورُشَلِيمَ وَسَاحِلِ صُورَ وَصَيْدَاءَ الَّذِينَ جَاءُوا لِيَسْمَعُوهُ وَيُشْفَوْا مِنْ أَمْرَاضِهِمْ وَالْمُعَذَّبُونَ مِنْ أَرْوَاحٍ نَجِسَةٍ. وَكَانُوا يَبْرَأُونَ. وَكُلُّ الْجَمْعِ طَلَبُوا أَنْ يَلْمِسُوهُ لأَنَّ قُوَّةً كَانَتْ تَخْرُجُ مِنْهُ وَتَشْفِي الْجَمِيعَ.

أفسس ٢: ١ – ٣ يلخِّص لنا تداخل هذه الجبهات الحربيّة الثلاث في حياة الفرد، قبل أن يأتي للمسيح بالخلاص:

أفسس ٢: ١– ٣ وَأَنْتُمْ إِذْ كُنْتُمْ أَمْوَاتاً بِالذُّنُوبِ وَالْخَطَايَا، الَّتِي سَلَكْتُمْ فِيهَا قَبْلاً حَسَبَ دَهْرِ هَذَا الْعَالَمِ، حَسَبَ رَئِيسِ سُلْطَانِ الْهَوَاءِ، الرُّوحِ الَّذِي يَعْمَلُ الآنَ فِي أَبْنَاءِ الْمَعْصِيَةِ، الَّذِينَ نَحْنُ أَيْضاً جَمِيعاً تَصَرَّفْنَا قَبْلاً بَيْنَهُمْ فِي شَهَوَاتِ جَسَدِنَا، عَامِلِينَ مَشِيئَاتِ الْجَسَدِ وَالأَفْكَارِ، وَكُنَّا بِالطَّبِيعَةِ أَبْنَاءَ الْغَضَبِ كَالْبَاقِينَ أَيْضاً.

يقول بولس الرسول بوضوح إنَّ حربنا الأساسيّة ليست ضدَّ دم أم لحم، بل ضدَّ الأرواح الشّريرة التي ستسعى لاستخدام جسدنا ونظام العالم ضدّنا، بهدف شنِّ هجوماتها وزرع النزاع:

أفسس ٦: ١٢ فَإِنَّ مُصَارَعَتَنَا لَيْسَتْ مَعَ دَمٍ وَلَحْمٍ، بَلْ مَعَ الرُّؤَسَاءِ، مَعَ السَّلاَطِينِ، مَعَ وُلاَةِ الْعَالَمِ، عَلَى ظُلْمَةِ هَذَا الدَّهْرِ، مَعَ أَجْنَادِ الشَّرِّ الرُّوحِيَّةِ فِي السَّمَاوِيَّاتِ.

الحبل المثلوث

تخيّل أنَّ هذا الصراع مع عدوّ النفوس يشبه حبلاً مثلوثاً. ولكي نقطع هذا "الحبل المثلوث" الذي يربطنا، علينا كمسيحيّين أن نتحرّك ضدَّ الحبال الثلاثة جميعها ولا نترك أيّاً منها مربوطاً:

الحبل الأوَّل: العالم

إفضح أكاذيب العالم ونظامه وارفضها باستخدام الحقّ.

الحبل الثاني: الجسد

أمِت الطبيعة الخاطئة عبر تطبيق الحقّ في حياتك من خلال طاعة كلمة **الله** وشخصه وروحه.

الحبل الثالث: مملكة إبليس

خذ السّلطان المباشَر على إبليس وأجناده، لكي تحصل على حريّة حقيقيّة وتتحرّر من حصونه وتختبر فعليّاً "العيش بحريّة".

ج. الجذور والثمر

يمكن أحياناً تشبيه ظهور الحصون الروحيّة في حياتنا بظهور الثمر الرَّديء على الشجرة – فالثمر كالحصون، لها جذور قويّة متأسّسة في تراب حياتنا. إن حاولنا التخلّص فقط من التصرّفات التي تظهر على السطح في حياتنا، ولو اعترفنا بها وحاولنا بكلّ قوّتنا أن نعيش بطريقة مختلفة، يبقى ذلك غير كافٍ، كما لو أنّنا نقطع الأغصان ونبعد "الثمر" غير المرغوب فيه. فإنَّ هذا "الثمر" سيعود فينمو ثانية، وغالباً ما يحدث ذلك بسرعة كبيرة على الرغم من بذل أفضل جهودنا. ولكي نتخلّص من الثمر مرّة واحدة وأخيرة، علينا أن نتعامل مع "جذور" ذلك الثمر.

إنَّ الإيضاح المرسوم أدناه يمثّل الجهود البشريّة التي نبذلها للتخلّص من الخطايا المكبّلة والتصرّفات والمواقف التي لا ترضي **الله**، والتي تمنعنا من السير بحسب تصميم **الله** لحياتنا، ومن التقدّم لنصبح أكثر فأكثر على شبه يسوع المسيح.

الثمر

- الحصون الظاهرة أو "توبوس" التي تنمو من الصميم الأساسي للحصن
- الطريقة التي تظهر بها الحصون في حياة الإنسان

جذع الشجرة

- الصميم الأساسي للحصن

الجذور

- منبع نموّ الحصن في حياة الإنسان
- قد تكون **الظلم، النقص في المحبّة، مشاكل متوارثة، الصدمات، الروابط النفسيّة، اللعنات**

إنّ "جذور" الحصن (أي الأسباب لا الأعراض) تكون عادةً نتيجة لهذا النّوع من المشاكل في حياتنا:

- الظّلم على أنواعه
- النقص في المحبّة
- الصدمات
- أنماط خطايا الأجيال أو الخطايا المتوارثة
- الروابط النفسيّة
- اللعنات

سوف نتعمّق بما يلي في جذور الخطايا التي تنبع من الظلم والصدمات والنقص في المحبّة. (في الجزء السادس من هذا الكتاب سنتعمّق بجذور خطايا الأجيال والروابط النفسيّة واللعنات).

III. الحصون الناتجة من الظلم والصّدمات

أ. تعريف الظلم

أفضل تعريف "للظّلم" هو أنّه الأذيَّة أو الصدمة اللذان يأتيان بشكل رفضٍ غير مبرَّرٍ، وبشكل تخلٍّ و/أو معاناة. إنَّ الشخص المعنيّ بذلك لم يفعل شيئاً ليستحقّ المعاملة التي تلقَّاها، ولا يمكنه فعل شيء حيال الأمر. بمعنى آخر، لقد حصَلَت تلك الظروف في الماضي ولا يمكن تغييرها أبداً.

ب. أنواع الظلم والصدمات

للأسف الشّديد قد يأخذ الظّلم أشكالاً عديدة وكذلك الصدمات. نذكر أدناه لائحة مختصرة:

- الحوادث/ الإصابات/ المرض/ الموت
- الخيانات/ الطّلاق/ الإنفصال

- تخلّي الأهل عن الأولاد
- التوقّعات المبالَغ فيها
- التفضيل بين أفراد العائلة
- الإعتداء والإساءات الكلاميّة/ العاطفيّة/ الجسديّة/ الجنسيّة/ الروحيّة
- تعاطي المخدّرات والكحول والإباحيّة في المنزل
- التربية القاسية والعنيفة أو المليئة بالتّهديد
- ردّ الفعل على المرض أو الإعاقة
- الحياة العائليّة غير الآمنة وغير المستقرّة – تغيير المنزل/ المدرسة/ المدينة/ الكنيسة
- التمييز العنصريّ أو الجبر بالتّرهيب
- عدم التعبير عن المحبّة/ التعرُّض للإهمال/ المحبّة المشروطة
- خسارة العمل بطريقة مفاجئة

IV. الحصون والخطايا النّاتجة من النّقص في المحبّة

أ. تسكيت أكاذيب العدوّ

محبّة **الله** المذهلة لك

- إنّ سلاح الشيطان الأوّل ضدّك هو أن يجعلك تصدّق أنّ **الله** لا يحبّك.
- الحقيقة هي أنّ **الله** يحبّك بمحبّة أبديّة، مستمرَّة، وغير مشروطة.
- يوحنا ١٧: ٢١ – ٢٣ يُعلن بوضوح، أنّ **الله** يحبّ شعبه بالمحبّة نفسها التي يحبّ بها ابنه يسوع المسيح.
- أساس عيشنا بحريّة هو أن نعرف في أعماقنا، مَن نحن في المسيح، وكيف ينظر **الله** إلينا بمحبّته العظيمة!

رومية ٥: ٨ وَلَكِنَّ اللهَ بَيَّنَ مَحَبَّتَهُ لَنَا لأَنَّهُ وَنَحْنُ بَعْدُ خُطَاةٌ مَاتَ الْمَسِيحُ لأَجْلِنَا.

رومية ٨: ٣٥ – ٣٧ مَنْ سَيَفْصِلُنَا عَنْ مَحَبَّةِ الْمَسِيحِ؟ أَشِدَّةٌ أَمْ ضِيقٌ أَمِ اضْطِهَادٌ أَمْ جُوعٌ أَمْ عُرْيٌ أَمْ خَطَرٌ أَمْ سَيْفٌ؟ كَمَا هُوَ مَكْتُوبٌ «إِنَّنَا مِنْ أَجْلِكَ نُمَاتُ كُلَّ النَّهَارِ. قَدْ حُسِبْنَا مِثْلَ غَنَمٍ لِلذَّبْحِ». وَلَكِنَّنَا فِي هَذِهِ جَمِيعِهَا يَعْظُمُ انْتِصَارُنَا بِالَّذِي أَحَبَّنَا.

ب. السير في قوّة الله عبر اختبار محبّته

- لكي تختبر الامتلاء بقوّة **الله**، عليك أوّلاً أن تقبل محبّته العظيمة لك وتختبرها.

أفسس ٣ : ١٨ – ٢١ وَأَنْتُمْ مُتَأَصِّلُونَ وَمُتَأَسِّسُونَ فِي الْمَحَبَّةِ، حَتَّى تَسْتَطِيعُوا أَنْ تُدْرِكُوا مَعَ جَمِيعِ الْقِدِّيسِينَ مَا هُوَ الْعَرْضُ وَالطُّولُ وَالْعُمْقُ وَالْعُلْوُ، وَتَعْرِفُوا مَحَبَّةَ الْمَسِيحِ الْفَائِقَةَ الْمَعْرِفَةِ، لِكَيْ تَمْتَلِئُوا إِلَى كُلِّ مِلْءِ اللهِ. وَالْقَادِرُ أَنْ يَفْعَلَ فَوْقَ كُلِّ شَيْءٍ أَكْثَرَ جِدّاً مِمَّا نَطْلُبُ أَوْ نَفْتَكِرُ، بِحَسَبِ الْقُوَّةِ الَّتِي تَعْمَلُ فِينَا، لَهُ الْمَجْدُ فِي الْكَنِيسَةِ فِي الْمَسِيحِ يَسُوعَ إِلَى جَمِيعِ أَجْيَالِ دَهْرِ الدُّهُورِ. آمِين.

لماذا يظنّ بولس أنّ اختبار محبّة المسيح العظيمة هذه، أمرٌ فائق الأهميّة؟ لماذا كانت هذه صَلاته في كلّ حين لأجل المؤمنين في أفسس؟ لأنّ المحبّة تشكّل أساساً وركيزةً لشخص كلّ واحد منّا:

- **الله** محبّة.
- نحن مخلوقون على صورة **الله**.
- لا يستطيع **الله** أن يحبّنا أكثر ممّا يحبّنا اليوم، لكن يمكننا أن نرى محبّته ونختبرها أكثر فأكثر.
- يرنّم **الله** فرحاً مبتهجاً بشعبه بسبب محبّته لكلٍّ واحد منّا!

صفنيا ٣: ١٧ ... الرَّبُّ إِلَهُكِ... يَبْتَهِجُ بِكِ بِتَرَنُّمٍ.

ج. محبّة الله الفائقة الطبيعة تنتهر العدوّ

أفسس ٢: ٤ اَللهُ الَّذِي هُوَ غَنِيٌّ فِي الرَّحْمَةِ، مِنْ أَجْلِ مَحَبَّتِهِ الْكَثِيرَةِ الَّتِي أَحَبَّنَا بِهَا...

زكريا ٣: ١ – ٤ وَأَرَانِي يَهُوشَعَ الْكَاهِنَ الْعَظِيمَ قَائِماً قُدَّامَ مَلاَكِ الرَّبِّ وَالشَّيْطَانُ قَائِمٌ عَنْ يَمِينِهِ لِيُقَاوِمَهُ. فَقَالَ الرَّبُّ لِلشَّيْطَانِ: "لِيَنْتَهِرْكَ الرَّبُّ يَا شَيْطَانُ. لِيَنْتَهِرْكَ الرَّبُّ الَّذِي اخْتَارَ أُورُشَلِيمَ. أَفَلَيْسَ هَذَا شُعْلَةً مُنْتَشَلَةً مِنَ النَّارِ؟". وَكَانَ يَهُوشَعُ لاَبِساً ثِيَاباً قَذِرَةً وَوَاقِفاً قُدَّامَ الْمَلاَكِ. فَقَالَ لِلْوَاقِفِينَ قُدَّامَهُ: "انْزِعُوا عَنْهُ الثِّيَابَ الْقَذِرَةَ". وَقَالَ لَهُ: "انْظُرْ. قَدْ أَذْهَبْتُ عَنْكَ إِثْمَكَ وَأُلْبِسُكَ ثِيَاباً مُزَخْرَفَةً".

د. كيف تنتقل المحبّة بشرياً

خلقنا **الله** جميعاً بحاجة كاملة، بنسبة مئة في المئة، إلى محبّة "من نوعيّة محبّة **الله**". هذا النوع من المحبّة يأتي من **الله** نفسه. إنّ اللغة التي كُتب بها العهد الجديد، أي اليونانيّة، تحتوي على أربع كلمات أساسيّة لوصف المحبّة استُخدِمَت في الكتاب المقدّس:

- "**ستورج**": المحبّة أو التقدير للأشياء، كالزهور، الحُليّ، الرياضة، الحيوانات الأليفة أو الطبيعة.
- "**إيروس**": النوع الجنسيّ والحسيّ من "المحبّة".
- "**فيليو**": المحبّة التي يعبَّر عنها بالصداقة المليئة بالعاطفة، وهي تظهر في عبارة "المحبّة الأخويّة"، كمحبّة أقرب أفراد العائلة أو أفضل الأصدقاء.
- "**أغابيه**": المحبّة التي تنبع من **الله**. إنها تحيا لخير الآخرين ومصلحتهم؛ إنّها تخرج من ملء إرادة الإنسان وليست ضحيّة للعواطف المتغيّرة. نجد وصفاً جزئيّاً لهذه المحبّة في **١ كورنثوس ١٣**.

سنتكلّم في هذا الجزء عن المحبّة "**أغابيه**". إنّها المحبّة التي تثبّت فينا الحسّ بالقيمة والثمن والأهميّة والأمان. لقد خلق **الله** البشر بسبب هذه المحبّة، وبهدف أن يختبروا حياة مليئة بهذا النّوع من المحبّة. نحن نعلم طبعاً أنّ تصميم **الله** الأصلي لاختبار محبّته، محبّة "**أغابيه**"، قد ضاع حين ارتكب آدم وحواء الخطيئة في جنّة عدن، ولكن التعبير عن هذه المحبّة بطرق ملموسة يبقى جزءاً من تصميم **الله** الأصليّ للبشريّة:

- **اللمس – الصحيّ/ غير الصحي**
- **الإهتمام المركّز**
  - الوقت المخصّص
  - التواصل البصري
  - الإصغاء
  - القيام بأمور معاً
- **كلام البركة:**
  - على المواهب والقدرات التي يتمتّع بها الشّخص
  - على ذات الشّخص وأعماق قلبه
  - على مستقبل الشّخص

هـ. مصطلحات أساسيّة تصف الخطايا الناتجة من عدم إشباع حاجتنا للمحبّة

- الرفض: كلّ ما يقلّ عن نسبة مئة في المئة من الرضى والتأكيد والتواصل الصحيّ
- التخلّي: حين يغيب الأهل (ليس بالضرورة بسبب خطأهم الشخصيّ)
- الخيانة: حين لا يحترم الوالدين الوفاء ويخونا الثقة
- عدم التعبير عن المحبّة: حين يمنع الأهل محبّتهم عن أولادهم أو لا يعبّرون عنها. غالباً ما يكون ذلك بسبب النقص الذي لدى الأهل في قيمة النفس والمهارات التواصليّة
- الإعتداء: • الجسدي • الكلامي • العاطفي • الجنسي
- التحكّم: حين يأخذ الأهل القرارات عن أولادهم بشكل زائد عن اللزوم، ويقومون أيضاً بالضّغط عليهم و/أو تهديدهم
- الخنق: العاطفة المُبالغ فيها والمحتاجة والمتطلّبة
- الإهمال: نقص الانتباه والاهتمام
- المحبّة المشروطة: حين تُحجَب المحبّة والقبول إلى أن يظهر التصرّف المقبول (بحسب توقّعات الأهل)
- القبول المشروط بالأداء: التوقّعات الخاطئة وحاجة الأهل إلى نجاح الأولاد أو إلى براعة الأداء
- السّيطرة: استخدام الخوف والترهيب للتحكّم بالآخرين
- الإخجال: حين يستخدم الأهل الشعور بالذّنب والعارّ والإحراج لابتزاز الأولاد وجعلهم يطيعون

و. الرّدود الخاطئة على الظلم والنقص في المحبّة/ الحرمان

١. حين يُحرَم الإنسان من المحبّة، تضعف لديه أساسات الاكتمال ويتهدّد نموّه الصحيّ نحو الشخص الذي يريده الله أن يكونه.

- حين تُنزَع المحبّة، يبقى للإنسان شعور "الرفض".
- إن أزلنا المحبّة ستأخذ معها الشعور بالأهميّة والأمان.
- بقدر ما يختبر الإنسان النقص في المحبّة أو التعرّض للظلم سيخسر من أهميّته الشخصيّة وقيمته كإنسان.
- إنَّ ردودنا وآليات التكيُّف التي نستخدمها للتعويض عن النقص في المحبّة والظلم الذي تعرّضنا له، ستؤثّر على الطريقة التي نرى بها أنفسنا والآخرين، وستؤثّر في شخصيّاتنا.

٢. إنَّ النقص في المحبّة والظلم قد يُنتجان ردود فعل خاطئة ويدفعان الإنسان إلى طرق تفكير وتصرّف غير ناضجة وغير مرضيّة لله.

- هذا مبدأ أساسيّ جداً بخاصّة خلال سنوات النموّ في الحياة.
- يكتسب الإنسان أنماطاً غير صحيحة للوصول لتلك المحبّة والأهميّة و/أو طرق حماية ذاتيّة ليخفّف عن نفسه الأذى أو الرّفض و/أو أنماطاً غير صحيحة، لمحاوَلة تثبيت الشّعور بالقيمة والأمان.

٣. كلّما عاش الإنسان فترات أطول في دائرة "ردود الفعل الخاطئة" ردّاً على الحرمان من المحبّة والحقّ في حياته، كلّما أصبحت هذه الردود جزءاً من هويّته.

- يصبح من الأصعب عليه رؤية المشاكل لأنّه طوّر مهاراته جيّداً في التحمّل بهدف التّعامل مع الضّرر العاطفي والعلائقي والروحي في حياته.

- في أحيان كثيرة، يمكن للآخرين تمييز هذه "النواحي المعتمة" ومعرفتها بسهولة، ويمكننا رؤيتها أيضاً بإعلان من الرّوح القدس (فنحن آخر مَن يرى أنفسنا على حقيقتها: مَن نحن وما نحن عليه بالفعل).

- غالباً وعادةً ما يأتي ردّ فعل الناس على شكل خطايا **خامدة** أو **عدوانية** واضحة. لا يأتي ردّ الفعل خامداً أو عدوانياً بالكامل (غالباً ما يكون مزيجاً من الاثنين) غير أنّنا نجد دائماً جانباً مُسيطِراً.

إنّ الرسم التالي يُظهر بعض الردود الخاطئة التي تظهر نتيجة للنقص في المحبّة والحقّ في حياتنا:

ملاحظة: إنّ الردّ الأخطر على الجانب الخامد يظهر **بالانتحار**، في حين أن الردّ الأخطر على الجانب العدواني يظهر **بالقتل**.

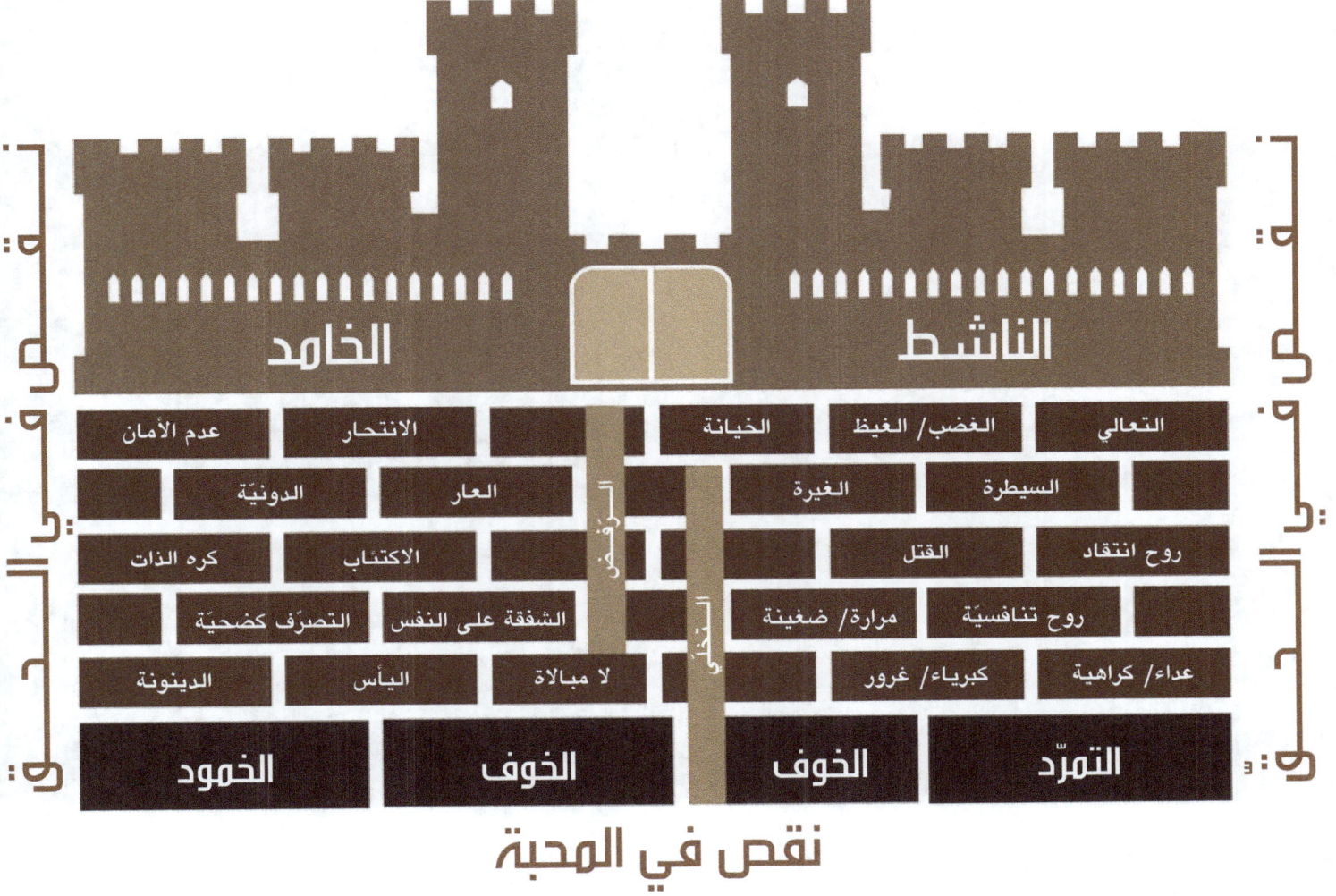

نقص في المحبة

ستجد في الملحق في آخر الكتاب وصفاً ملخّصاً للحصون. إنّه الملحق "أ" وعنوانه "لائحة الحصون ووصفها".

الخاتمة

حين ترتفع الحصون في حياتنا توقفنا عن تحقيق وعيش كامل تصميم **الله** الأصلي لحياتنا. إنّها تمنعنا من قبول رحمة **الله** ونعمته ومشاركتهما مع الآخرين. إنّها تعيقنا عن عيش حياة مليئة بمحبّة **الله** وقوّته وعن إتمام خدمة ملكوته التي دعانا لها على هذه الأرض.

لكن يمكننا أن نشكر **الله** الذي بعنايته وحكمته الأبديّتين، أعطانا إرشادات واضحة وأسلحة إلهيّة قويّة، ليمكّننا من العيش أحراراً في حقّه ومحبّته الإلهية (**أغابيه**). في الجزء التالي سنحدّد وندرس الحقائق الكتابيّة التي تعطينا القوّة لتفكيك الحصون والتي تحرّرنا للعيش في ملء حياة **الله** وقوّته!

الجزء الخامس

تفكيك الحصون

I. الوصول إلى جذور الحصن

لا تظهر الحصون فجأة من لا شيء. كما تعلّمنا في الجزء السابق، إنّ ظهور الحصون الروحيّة في حياتنا، قد يكون أحياناً كظهور الثمر الرَّديء على الشجرة، ثمر له جذور قويّة في عمق تراب حياتنا. يساعدنا الرسم التالي (الذي سبق وقدّمناه في الجزء الرابع) على إظهار المبادئ الروحيّة المتعلّقة بجذور الحصون وثمارها في حياتنا وسيساعدنا أيضاً لنفهم كيف نفكّك الحصون في حياتنا.

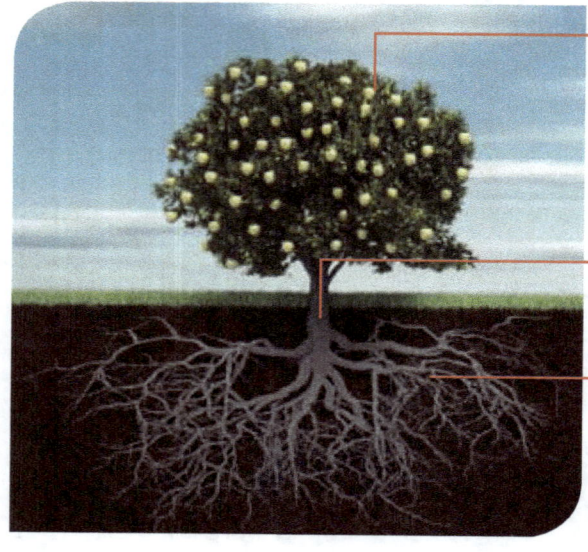

الثمر

- الحصون الظاهرة أو "توبوس" التي تنمو من الصميم الأساسي للحصن
- الطريقة التي تظهر بها الحصون في حياة الإنسان

جذع الشجرة

- الصميم الأساسي للحصن

الجذور

- منبع نموّ الحصن في حياة الإنسان
- قد تكون **الظلم، النقص في المحبّة، مشاكل متوارثة، الصدمات، الروابط النفسيّة، اللعنات**

إن أردنا فعلاً التخلّص من "الثمر الرديء" في حياتنا، لنصبح بالتالي الشخص الذي خلقنا **الله** لنكونه وننمو أكثر فأكثر إلى شَبَه صورة يسوع المسيح، علينا أن نعمل أكثر من نزع الثمر الرديء فقط. علينا أن نحدّد جذع الشجرة ونقلعه بالكامل هو والجذور. سنجد أنَّنا ما إن نتعامل روحيّاً مع الجذع والجذور، نستطيع عندئذٍ قطع الأغصان والثمار الرَّدية بسهولة أكبر.

أ. نحن نحارب بأسلحة روحيّة قويّة

- نحن نعيش في عالم من لحم ودم لكنّ حربنا هي في الأساس روحيّة ويجب خوضها بأسلحة روحيّة.
- نحن لا نحارب ضدّ لحم ودم لكن ضدّ الأجناد الشريرة (قوّات الظلمة). إنَّ الأجناد الشيطانيّة التي تنظّم وتطبّق مخطّطات إبليس ليست من العالم الطبيعي.

نحن نعيش في عالم
من لحم ودم لكنّ
حربنا هي في الأساس
روحيّة ويجب خوضها
بأسلحة روحيّة.

تذكّر:

أفسس ٦: ١٢ فَإِنَّ مُصَارَعَتَنَا لَيْسَتْ مَعَ دَم وَلَحْم، بَلْ مَعَ الرُّؤَسَاءِ، مَعَ السَّلاَطِينِ، مَعَ وُلاَةِ الْعَالَمِ، عَلَى ظُلْمَةِ هَذَا الدَّهْرِ، مَعَ أَجْنَادِ الشَّرِّ الرُّوحِيَّةِ فِي السَّمَاوِيَّاتِ.

ب. تمييز الجذور الروحيّة

١. الظلم

"الظلم" هو الأذيَّة التي تأتي على طريقنا بشكل رفضٍ غير مبرَّرٍ، تخلٍّ و/أو معاناة. لم نفعل شيئاً لنستحقّ المعاملة التي تلقّيناها ولا يمكن فعل شيء حيال الأمر. بمعنى آخر، لقد حصلت تلك الظروف في الماضي ولا يمكن تغييرها أبداً.

٢. النقص في المحبّة

حين لا ننال محبّة، من نوعيّة محبّة **الله**، من الناس وبخاصّة من أشخاص لهم سلطان في حياتنا ومن والدَينا، نختبر نسبة من "النقص في المحبّة" أو "الحرمان من المحبّة". يستخدم العدوّ هذه الحالات والجروح ليعزّز فكرته بأنّنا من الأساس غير محبوبين، غير مستحقّين أن نُحَبّ وبدون أهميّة.

٢. الخطايا التي تظهر بسبب الظلم والنقص في المحبّة

إن لم ننَل الأهميّة والأمان والقيمة من **الله** ومن أشخاص مُحبّين، كما صمّم **الله** لنا، سنسعى غالباً إذاً للحصول عليها بطرق غير شرعيّة وخاطئة (وأحياناً مدمّرة للذّات). حين نتصرّف بهذه الطريقة نحن نُعطي للعدوّ ما يُدعى "توبوس" أي مكاناً ليدخل في حياتنا ويؤسّس قاعدةً لعمليّاته. قد تصبح ردود الفعل هذه شديدة التعمّق فينا لدرجة أن تصبح أسلوب حياة. وقد يُخطئ بعض الناس الظنّ مُفتكرين أنَّ ردود الفعل هذه تشكّل جزءاً من شخصيّتهم.

الردود الخاطئة على الظلم والنقص في المحبّة قد تتضمّن (لكنّها لا تقتصر فقط على):

أ. الغضب
ب. الخوف
ج. التحكّم
د. المرارة
هـ. التمرّد
و. فقدان القيمة
ز. الطموح الأناني
ح. التصرّف كضحيّة
ط. الانعزال
ي. كره النفس
ك. اللاأخلاقية والفجور

II. القبول الشخصي لعطيّة التوبة

إنَّ الموقف الأساسي للتخلّص من جذور الحصون وتدميرها هو **التوبة**. التوبة ليست التأمّل الذّاتي العقيم أو الحزن الذي لا يمجّد **الله**. إنّ التوبة هديّة مُذهلة وممتازة، يعطيها **الله**، وهي تفتح الباب للمغفرة والحياة ومعرفة الحقّ.

ملاحظة: ستجد قسماً ملخّصاً يتكلّم عن التّوبة في المحلق. إنّه الملحق "ب" وعنوانه: القبول الشخصي لقوّة الصليب.

أعمال الرسل ٥: ٢٩ - ٣١ ... هَذَا رَفَّعَهُ **اللهُ** بِيَمِينِهِ رَئِيساً وَمُخَلِّصاً **لِيُعْطِيَ** إِسْرَائِيلَ **التَّوْبَةَ** وَغُفْرَانَ الْخَطَايَا.

أعمال الرسل ١١: ١٨ ... فَلَمَّا سَمِعُوا ذَلِكَ سَكَتُوا وَكَانُوا يُمَجِّدُونَ اللهَ قَائِلِينَ: «**إِذاً أَعْطَى اللهُ الأُمَمَ أَيْضاً التَّوْبَةَ** لِلْحَيَاةِ!».

٢ تيموثاوس ٢: ٢٥ ... مُؤَدِّباً بِالْوَدَاعَةِ الْمُقَاوِمِينَ، عَسَى أَنْ **يُعْطِيَهُمُ اللهُ تَوْبَةً** لِمَعْرِفَةِ الْحَقِّ.»

رومية ٢: ٤ أَمْ تَسْتَهِينُ بِغِنَى لُطْفِهِ وَإِمْهَالِهِ وَطُولِ أَنَاتِهِ غَيْرَ عَالِمٍ أَنَّ **لُطْفَ اللهِ إِنَّمَا يَقْتَادُكَ إِلَى التَّوْبَةِ**؟

أ. فهم التّوبة الحقيقيّة

- إنَّ الكلمة اليونانيّة المترجَمة بـ "توبة" في الأعداد السابقة هي كلمة "ميتانويا" وهي تعني حرفياً "تغييراً في الرأي". إنَّ التوبة الحقيقيّة مليئة بتغييرات جذريّة لأنّها تحوّلنا **عن شيء نحو شيء مختلف**.
- إنَّ التوبة تغيّر حياة الإنسان وقيَمه ومواقفه وتصرّفاته. التوبة الحقيقيّة بحسب الكتاب المقدّس، تتضمّن كيان الشخص بكامله: الفكر والإرادة والعواطف. يؤدّي ذلك إلى أفكار واعتقادات جديدة، إلى كلمات وتصرّفات جديدة وفي النهاية إلى عواطف جديدة.
- **لا يكفي أن نحزن على الخطيئة فحسب**؛ بل على الإنسان أن يغيّر قيَمه ونظام تفكيره وأسلوب حياته ليتمكّن من القيام بتغييرات محدّدة ويتحوّل عن الخطيئة. من الهامّ ألاّ ننسى أنّ التوبة عمليّة مستمرّة.
- يُظهر الكتاب المقدس بوضوح أنّه من الخطر ألاّ نستبدل الخطيئة التي نعترف بها بالتصرّف الصّالح. فالعدوّ سيحاول أن يعود ويحتلّ الفراغ الباقي بعد الاعتراف الذي لم يترافق مع توبة صادقة.

متى ١٢: ٤٣ - ٤٥ إِذَا خَرَجَ الرُّوحُ النَّجِسُ مِنَ الإِنْسَانِ يَجْتَازُ فِي أَمَاكِنَ لَيْسَ فِيهَا مَاءٌ يَطْلُبُ رَاحَةً وَلاَ يَجِدُ. ثُمَّ يَقُولُ: أَرْجِعُ إِلَى بَيْتِي الَّذِي خَرَجْتُ مِنْهُ. فَيَأْتِي وَيَجِدُهُ فَارِغاً مَكْنُوساً مُزَيَّناً. ثُمَّ يَذْهَبُ وَيَأْخُذُ مَعَهُ سَبْعَةَ أَرْوَاحٍ أُخَرَ أَشَرَّ مِنْهُ فَتَدْخُلُ وَتَسْكُنُ هُنَاكَ فَتَصِيرُ أَوَاخِرُ ذَلِكَ الإِنْسَانِ أَشَرَّ مِنْ أَوَائِلِهِ. هَكَذَا يَكُونُ أَيْضاً لِهَذَا الْجِيلِ الشِّرِّيرِ.

ب. تطبيق التّوبة

يتكلّم الكتاب المقدّس عن التّوبة كعطيّة أو هديّة من **الله**. لكنّ كلمة **توبة** تولّد عادة ردود فعل سلبيّة أو حتّى قاسية. في الكثير من الأحيان وللأسف تكون التوبة مُهمَلة، مُتجاهَلة، يُخاف منها أو يُساء فهمها.

لكن في الحقيقة، التّوبة عطيّة جميلة من نعمة **الله** للبشريّة. إنّها العتبة التي ندخل عبرها إلى القوّة والفرح في حياة متغيّرة. إنّها المفتاح الذي يفتح الباب للمستقبل الثمين الذي أعدّه **الله** لنا. إنّها دليلنا نحو التعويض والتجديد، وحين نقبل (ونعيش في) حالة التوبة نختبر الخلاص والحياة والحريّة.

يصف لنا الرسول يعقوب الموقف القلبي الضروري لاختبار ملء الحياة والحريّة التي تولّدها التوبة (راجع يعقوب ٤: ٦ - ١٠). يتّصف ذلك بالتواضع، بإخضاع القلب والحياة، بالاعتراف واستبدال الخطيئة بأعمال البرّ وممارسة سلطانك في المسيح من خلال المقاومة العمليّة للخطيّة.

حالة التّوبة هذه تتعلّق بكاملها بمواقف القلب:

١. قلب متواضع

كُن متواضعاً:

يعقوب ٤: ٦ وَلَكِنَّهُ يُعْطِي نِعْمَةً أَعْظَمَ. لِذَلِكَ يَقُولُ: «يُقَاوِمُ اللهُ الْمُسْتَكْبِرِينَ، وَأَمَّا الْمُتَوَاضِعُونَ فَيُعْطِيهِمْ نِعْمَةً».

يعقوب ٤: ١٠ اِتَّضِعُوا قُدَّامَ الرَّبِّ (واعترفوا بأنَّ اتّكالكم عليه) فَيَرْفَعَكُمْ (ويعطيكم كرامة).

٢. قلب خاضع

إخضع لله:

يعقوب ٤: ٧ – ٩ فَاخْضَعُوا للهِ. قَاوِمُوا إِبْلِيسَ فَيَهْرُبَ مِنْكُمْ. اقْتَرِبُوا إِلَى اللهِ فَيَقْتَرِبَ إِلَيْكُمْ. نَقُّوا أَيْدِيَكُمْ أَيُّهَا الْخُطَاةُ، وَطَهِّرُوا قُلُوبَكُمْ يَا ذَوِي الرَّأْيَيْنِ. اكْتَئِبُوا وَنُوحُوا وَابْكُوا...

٣. قلب اعتراف وتوبة

اعترف بالخطيئة:

يعقوب ٤: ٨ ب – ٩ نَقُّوا أَيْدِيَكُمْ أَيُّهَا الْخُطَاةُ، وَطَهِّرُوا قُلُوبَكُمْ يَا ذَوِي الرَّأْيَيْنِ. اكْتَئِبُوا وَنُوحُوا وَابْكُوا...

٤. قلب مقاومة هجوميّ

"قاوموا إبليس": لاحظ أنَّ هذا العدد في يعقوب لا يقول تجاهلوا إبليس فيهرب منكم، بل يقول أن نقاومه. يُخبرنا إنجيل متّى عن يسوع في التجربة في البريّة إنّه انتهر إبليس وكنتيجة لذلك تركه إبليس (متى ٤: ١٠ – ١١).

يعقوب ٤: ٧ فَاخْضَعُوا للهِ. قَاوِمُوا إِبْلِيسَ...

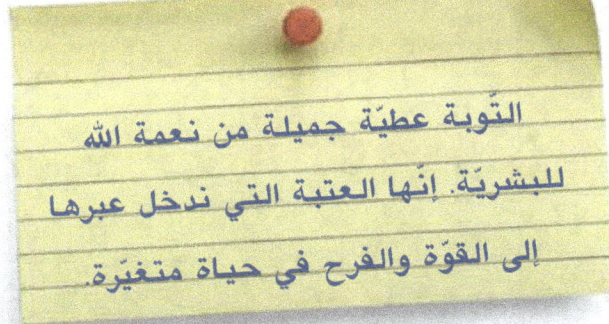

التّوبة عطيّة جميلة من نعمة الله للبشريّة. إنّها العتبة التي ندخل عبرها إلى القوّة والفرح في حياة متغيّرة.

٥. الوعد: سوف يهرب

يعقوب ٤: ٧ ... قَاوِمُوا إِبْلِيسَ فَيَهْرُبَ مِنْكُمْ.

ج. ممارسة سلطان المسيح في انتهار العدوّ

إنَّ التّوبة كما ذكرنا سابقاً هي عمليّة تبادل روحيّة. تتمّ عمليّة التبادل الروحيّة في كلّ مرّة نتكلّم ونُعلن الحقّ بسلطان يسوع المسيح. وفي سعيك للحريّة، يمكنك أيضاً بينما تستعيد الأرض التي أخذها العدوّ في حياتك أن تقوم بعمليّة تبادل روحيّة من خلال مقاومة العدوّ. انتهرْه، استخدم سلطانك عليه وتذكّر ما جاء في الكتاب: كلمة الله تعِدُنا بأنّه سيهرب. لقد هرب الشيطان حين انتهره يسوع، وأجناد إبليس ستهرب أيضاً عندما تنتهرها (لوقا ١٠: ١٧، ١٩؛ يعقوب ٤: ٧).

أظهر لنا يسوع عدّة مرّات كيف ننال سلطان الله ونعيش فيه. لقد رأينا أنّ قوّة الله لم تسكن في حياته فحسب، بل كان له الإذن والحقّ باستخدامها أيضاً. لكنّه لم يحتفظ بذلك السلطان لنفسه بل أعطاه إلى التلاميذ الاثني عشر، ثمّ إلى الاثنين وسبعين تلميذاً الآخرين.

لوقا ٩: ١ وَدَعَا تَلَامِيذَهُ الاِثْنَيْ عَشَرَ وَأَعْطَاهُمْ قُوَّةً وَسُلْطَاناً عَلَى جَمِيعِ الشَّيَاطِينِ وَشِفَاءِ أَمْرَاضٍ.

لوقا ١٠: ١٧ – ١٩ فَرَجَعَ السَّبْعُونَ بِفَرَحٍ قَائِلِينَ: «يَا رَبُّ حَتَّى الشَّيَاطِينُ تَخْضَعُ لَنَا بِاسْمِكَ». فَقَالَ لَهُمْ: «رَأَيْتُ الشَّيْطَانَ سَاقِطاً مِثْلَ الْبَرْقِ مِنَ السَّمَاءِ. هَا أَنَا أُعْطِيكُمْ سُلْطَاناً لِتَدُوسُوا الْحَيَّاتِ وَالْعَقَارِبَ وَكُلَّ قُوَّةِ الْعَدُوِّ وَلاَ يَضُرُّكُمْ شَيْءٌ.

إنّها مسؤوليّة كلّ تلميذ ليسوع المسيح أن يحيا ويسير في الحقّ. علينا أن نتعلّم كيف نستخدم الأسلحة الروحيّة القويّة التي يعطينا إيّاها **الله**، أن نمارس سلطاننا ونحارب في السماويّات لنأخذ أرض العدوّ ونسلب ما أخذته مملكة إبليس على الأرض، متذكّرين أنّ:

أ. هذا عملنا على الأرض أي مشاركة خدمة يسوع وملكوته بدءاً بحياتنا ودوائر تأثيرنا.

ب. حياة يسوع وخدمته هما مثالنا في طريقة عيش الحياة وطريقة عمل الكنيسة اليوم.

ج. من الضّروري أن نكون جاهزين لممارسة سلطان المسيح أينما يظهر عمل العدوّ في حياتنا وخارجها، حتّى حينما يكون الأمر غير متوقّع.

د. إستخدام «المبادئ الأربعة»

تشكّل النقاط التالية نموذجاً من شأنه أن يساعدنا لنتذكّر ونقبل بطريقة شخصيّة الحقائق التي درسناها والتي تسمح لنا باختبار حريّة **الله عبر عمليّات التبادل الروحيّة** بحكم **التعاون البشري الإلهي**.

١. تُبْ ونَلْ (تُبْ ونَلْ المغفرة من الربّ)

تواضع وضع نفسك أمام **الله** بتوبة ونلْ مغفرته من خلال موت المسيح وقيامته. قد تتضمّن هذه النقطة المغفرة للآخرين أو طلب المغفرة منهم.

٢ أخبار الأيّام ٧: ١٤ ... فَإِذَا تَوَاضَعَ شَعْبِي الَّذِينَ دُعِيَ اسْمِي عَلَيْهِمْ وَصَلُّوا وَطَلَبُوا وَجْهِي وَرَجَعُوا عَنْ طُرُقِهِمِ الرَّدِيئَةِ فَإِنِّي أَسْمَعُ مِنَ السَّمَاءِ وَأَغْفِرُ خَطِيَّتَهُمْ وَأُبْرِئُ أَرْضَهُمْ.

أعمال الرسل ٣: ١٩ فَتُوبُوا وَارْجِعُوا لِتُمْحَى خَطَايَاكُمْ لِكَيْ تَأْتِيَ أَوْقَاتُ الْفَرَجِ مِنْ وَجْهِ الرَّبِّ.

٢. إنتهرْ وارفضْ (إنتهرْ أجناد الشَّر الروحيّة وارفضْ الأكاذيب التي تتعارض مع حقّ كلمة الله)

قاوم أجناد الشَّر الروحية بانتهارها من الحصون في حياتك مُستخدِماً السّلطان والقوّة التي لنا بموت يسوع المسيح وقيامته. بسلطان **الله**، أرفضْ كلّ الأكاذيب التي صدّقتها عن نفسك، عن **الله** أو عن الآخرين.

متى ٤: ١٠ حِينَئِذٍ قَالَ لَهُ يَسُوعُ: «اذْهَبْ يَا شَيْطَانُ! لأَنَّهُ مَكْتُوبٌ: لِلرَّبِّ إِلَهِكَ تَسْجُدُ وَإِيَّاهُ وَحْدَهُ تَعْبُدُ».

لوقا ١٠: ١٧، ١٩ – ٢٠ فَرَجَعَ السَّبْعُونَ بِفَرَحٍ قَائِلِينَ: «يَا رَبُّ حَتَّى الشَّيَاطِينُ تَخْضَعُ لَنَا بِاسْمِكَ». «هَا أَنَا أُعْطِيكُمْ سُلْطَاناً لِتَدُوسُوا الْحَيَّاتِ وَالْعَقَارِبَ وَكُلَّ قُوَّةِ الْعَدُوِّ وَلاَ يَضُرُّكُمْ شَيْءٌ. وَلَكِنْ لاَ تَفْرَحُوا بِهَذَا أَنَّ الأَرْوَاحَ تَخْضَعُ لَكُمْ بَلِ افْرَحُوا بِالْحَرِيِّ أَنَّ أَسْمَاءَكُمْ كُتِبَتْ فِي السَّمَاوَاتِ».

٣. إستبدلْ وجدِّد (إعترفْ بالتزامك بالسير في الحقّ وجدّد ذهنك في الحقّ)

إقتربْ إلى **الله** غاسلاً يديك من السلوك بالخطيئة ومنقيّاً ذهنك من الازدواجيّة في ولائك **لله**. إستبدلْ تلك الأمور بالطاعة والولاء **لله** وحده. أطلبْ من **الله** أن يجدّد قلبك وفكرك وعواطفك وإرادتك بقوّة الروح القدس.

أفسس ٤: ٢٢ – ٢٤ أَنْ تَخْلَعُوا مِنْ جِهَةِ التَّصَرُّفِ السَّابِقِ الإِنْسَانَ الْعَتِيقَ الْفَاسِدَ بِحَسَبِ شَهَوَاتِ الْغُرُورِ، وَتَتَجَدَّدُوا بِرُوحِ ذِهْنِكُمْ، وَتَلْبَسُوا الإِنْسَانَ الْجَدِيدَ الْمَخْلُوقَ بِحَسَبِ **اللهِ** فِي الْبِرِّ وَقَدَاسَةِ الْحَقِّ.

٤. إستقبلْ وافرحْ (إستقبلْ عمل ملء الرّوح القدس)

أطلبْ واستقبلْ بالإيمان عمل ملء الروح القدس وقوّته لكي تمشي في طرقه. إفرح بفيض النّعمة والسّلام الذي لك في الروح القدس!

تيطس ٣: ٤ – ٦ وَلكِنْ حِينَ ظَهَرَ لُطْفُ مُخَلِّصِنَا **اللهِ** وَإِحْسَانُهُ – لاَ بِأَعْمَال فِي بِرٍّ عَمِلْنَاهَا نَحْنُ، بَلْ بِمُقْتَضَى رَحْمَتِهِ –خَلَّصَنَا بِغَسْلِ الْمِيلاَدِ الثَّانِي وَتَجْدِيدِ الرُّوحِ الْقُدُسِ، الَّذِي سَكَبَهُ بِغِنًى عَلَيْنَا بِيَسُوعَ الْمَسِيحِ مُخَلِّصِنَا.

III. الغفران هو المفتاح

أ. الغفران عمليّة تبادل روحيّة وسلاح قويّ من الله

كالتوبة كذلك الغفران أيضاً، سلاح قويّ في يديّ المؤمن الذي يتبع يسوع. والغفران **عمليّة تبادل روحيّة** لأنّه مثال آخر على "التعاون الإنساني الإلهي" الذي يحدث حين نبادر بعمل وننال إجابة لا يستطيع أحدٌ إلاّ **الله** وحده أن يحقّقها. يوصينا **الله** بأن نغفر تماماً كما نلنا الغفران لأنفسنا، فأيّ عدم غفران نداريه في قلوبنا سيكون نقطة دخول أخرى للعدوّ إلى حياتنا.

ملاحظة: يوجد فقرة ملخّصة وتمرين على الغفران في الملحق. إنّه الملحق "ج" وعنوانه: قوّة الغفران.

- تماماً كما نتوب عن خطايانا علينا أن نغفر للآخرين الذين يخطئون إلينا.
- لقد غفر لنا **الله** كلّ ديوننا لذلك نحن أيضاً لنا شرف (ومسؤوليّة) إعفاء الآخرين.

متّى ٦: ٩ – ١٥ فَصَلُّوا أَنْتُمْ هكَذَا: أَبَانَا الَّذِي فِي السَّمَاوَاتِ، لِيَتَقَدَّسِ اسْمُكَ. لِيَأْتِ مَلَكُوتُكَ. لِتَكُنْ مَشِيئَتُكَ كَمَا فِي السَّمَاءِ كَذلِكَ عَلَى الأَرْضِ. خُبْزَنَا كَفَافَنَا أَعْطِنَا الْيَوْمَ. وَاغْفِرْ لَنَا ذُنُوبَنَا كَمَا نَغْفِرُ نَحْنُ أَيْضاً لِلْمُذْنِبِينَ إِلَيْنَا. وَلاَ تُدْخِلْنَا فِي تَجْرِبَةٍ لكِنْ نَجِّنَا مِنَ الشِّرِّيرِ. لأَنَّ لَكَ الْمُلْكَ وَالْقُوَّةَ وَالْمَجْدَ إِلَى الأَبَدِ. آمِينَ. فَإِنَّهُ إِنْ غَفَرْتُمْ لِلنَّاسِ زَلاَّتِهِمْ يَغْفِرْ لَكُمْ أَيْضاً أَبُوكُمُ السَّمَاوِيُّ. وَإِنْ لَمْ تَغْفِرُوا لِلنَّاسِ زَلاَّتِهِمْ لاَ يَغْفِرْ لَكُمْ أَبُوكُمْ أَيْضاً زَلاَّتِكُمْ.

يوصينا الله بأن نغفر تماماً كما نلنا الغفران لأنفسنا، فأيّ عدم غفران نداريه في قلوبنا سيكون نقطة دخول أخرى للعدوّ إلى حياتنا.

متّى ١٨: ٢١، ٢٢ حِينَئِذٍ تَقَدَّمَ إِلَيْهِ بُطْرُسُ وَقَالَ: «يَا رَبُّ، كَمْ مَرَّةً يُخْطِئُ إِلَيَّ أَخِي وَأَنَا أَغْفِرُ لَهُ؟ هَلْ إِلَى سَبْعِ مَرَّاتٍ؟» قَالَ لَهُ يَسُوعُ: «لاَ أَقُولُ لَكَ إِلَى سَبْعِ مَرَّاتٍ، بَلْ إِلَى سَبْعِينَ مَرَّةً سَبْعَ مَرَّاتٍ.»

كولوسي ٣: ١٣ مُحْتَمِلِينَ بَعْضُكُمْ بَعْضاً، وَمُسَامِحِينَ بَعْضُكُمْ بَعْضاً إِنْ كَانَ لأَحَدٍ عَلَى أَحَدٍ شَكْوَى. كَمَا غَفَرَ لَكُمُ الْمَسِيحُ هكَذَا أَنْتُمْ أَيْضاً.

ب. فهم الغفران

إنّ الغفران يُطلِق فيض قوّة **الله** ومحبّته في حياتنا. إنّه يحرّرنا. إنّه هامّ جداً لدرجة أنّ يسوع أمر به بنفسه! كما هي حال جميع وصايا **الله**، إنّ المسؤولية التي لنا لنغفر للذين يسبّبون لنا الأذيّة أو الإساءة، تعمل لخيرنا وتجعل حياتنا تفيض.

لأنّ الغفران أمر بالغ الأهميّة، من الهامّ جداً أن نوضّح ما هو الغفران، وبالتالي ما ليس هو.

الغفران:

- ليس الموافقة على أعمال الظلم أو تبريرها.
- ليس القول إنّ الإساءة، الأذيّة أو الظلم أمور مقبولة.
- ليس التظاهر بأنّنا لم نشعر بالأذيّة أو الجرح أو الضرر.

لكي نغفر بطريقة حقيقيّة، علينا أن نعرّف الظلم أو النقص في المحبّة باسمه الفعليّ. عندها فقط يمكننا أن نغفر بصدق. يشبه الأمر الإعفاء من الدَّين حين نحسب مجموع حساب المَدين ثمّ نسجّل في أسفله "مدفوع بالكامل". نعترف بأنّ الإساءة ضدّنا قد حدثت، لكنّنا نطلق المُسيء إلينا ونعفي عن دَيْنه. هذا ما فعله يسوع لنا.

الهامّ في هذه المرحلة هو أن نحوّل هذه العمليّة إلى الله. كما غفر يسوع للذين ظلموه ثمّ وضع نفسه بين يَدَيّ الآب كذلك علينا أن نفعل. هو قادر على تحويل ديننا إلى الخير لذلك علينا أن نسلّمه إليه.

١ بطرس ٢: ٢٢ – ٢٣ الَّذِي لَمْ يَفْعَلْ خَطِيَّةً، وَلاَ وُجِدَ فِي فَمِهِ مَكْرٌ، الَّذِي إِذْ شُتِمَ لَمْ يَكُنْ يَشْتِمُ عِوَضاً وَإِذْ تَأَلَّمَ لَمْ يَكُنْ يُهَدِّدُ بَلْ كَانَ يُسَلِّمُ لِمَنْ يَقْضِي بِعَدْلٍ.

ج. الغفران هو العلاج لمرارة الظلم والنقص في المحبّة

أحد الأفخاخ الأساسيّة التي استخدمها العدوّ ضدّ البشريّة منذ البداية، هو توليد الظلم والنقص في المحبّة في داخلنا، واقتناصنا في دوّامة من الردود على الخطيئة، الغضب وعدم الغفران (راجع تكوين ٤: ٧؛ ٢ كورنثوس ٢: ١١؛ أفسس ٤: ٢٦ – ٢٧؛ ١ بطرس ٥: ٨). هذه الدوّامة فخٌّ قد يقع فيه كلٌّ منّا. قد لا تنتقم بعدوانيّة من إنسان لم تغفر له، لكن بإمكانك أن تبقى في دوّامة من الإساءة والاستياء والمرارة. إنَّ العلاج الوحيد هو: الغفران الأكيد والهائل!

- يمكنك أن تتدخّل وتوقف الدوّامة في أيّ مرحلة منها لكن من الأسهل فعل ذلك مباشرة بعد حدوث أيّ انتهاك أو ظلم نحوك، قبل أن تتجذّر الجراح وتنال المرارة فرصةً لتفرخ (عبرانيّين ١٢: ١٥).
- قد يكون عليك أن تغفر في قلبك أكثر من مرّة إن كان جرح الإساءة نفسها يحاول باستمرار أن يخرج إلى السّطح لكن لا تدع العدوّ يأخذ موطئ قدم.
- قد تواجه أحياناً حادثة معيّنة مؤلمة جدّاً تحتاج لتتعامل معها بتكرار، لتصل إلى الغفران. إن كان هذا ما يتطلّبه الأمر – لا تتوقّف!

إذاً كيف نبدأ بالخروج من الإساءات التي تعرّضنا لها والعيش في حريّة الغفران؟ يمثّل الرسم التالي دوّامة عدم الغفران ويُظهر كيف يستطيع الإنسان إيقاف الدوّامة في أيّ مرحلة، باستخدام الغفران الكتابي:

د. نصبح غير مقيّدين بالإساءة

نعم، يمكننا بالفعل أن نتخلّص من قيود الإساءة ونكسر دوّامتها بواسطة الغفران. فكِّر في أنَّ كلّ عمل غفران يشبه إزالة حجر من مجرى مياه مردوم. حتّى أصغر إساءة أو استياء نغذّيه، يُعطي مكاناً لإبليس وهو يستخدمه ليضع فيه حجر مرارة أو عدم غفران. بعد فترة، تكثر هذه الحجارة وتملأ مجرى مياه قلبنا إلى أن ينقطع في نهاية الأمر مجرى الروح القدس في حياتنا، ما يمنعنا من التواصل بطريقة ملائمة مع الله والناس حولنا بما فيهم أكثر من نحبّ.

لم يكن هذا التصميم الأصلي الذي وضعه الله لنعيش بحسبه. قال يسوع إنَّ تصميمه لشعبه هو أن ... يَصيرَ فِيهِ (في أحشائه) يَنْبُوعَ مَاءٍ يَنْبَعُ إِلَى حَيَاةٍ أَبَدِيَّةٍ (يوحنا ٤: ١٤). الغفران يُعيد لنا الأرض التي سلبها العدوّ باستخدام خطيئة الإساءة، ويعيدنا إلى الله والآخرين.

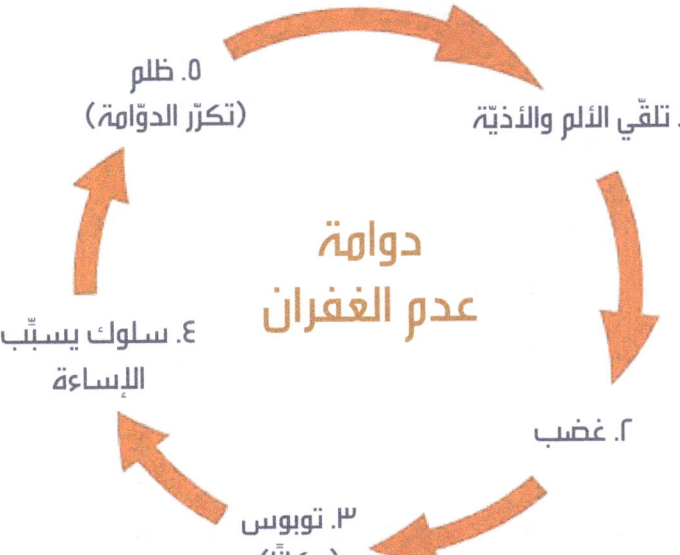

دوامة
عدم الغفران
١. تلقّي الألم والأذيّة
٢. غضب
٣. توبوس
(مكاناً)
٤. سلوك يسبّب
الإساءة
٥. ظلم
(تكرّر الدوّامة)

الغفران قويّ لأنّه:

- يطلق البركات السماويّة
- يكسر التأثيرات الروحيّة المدمّرة
- يحرّرنا لنختبر قوّة الله في حياة تعويض وحريّة
- يساهم بحدوث التحرّر والشّفاء
- يمثّل عمل "الحلّ" للروابط (متى ١٨: ١٨)

يبدأ الغفران عند مستوى الإرادة. واختيار الغفران عمليّة تحويل من الإرادة والفكر؛ في الكثير من الأحيان تتبع العواطف لاحقاً. لكن بينما يعمّق الله عمله في حياتنا، سيؤثّر ذلك في نهاية الأمر في مشاعرنا وينتج أعمال غفران وبركة. يُظهر الرسم التالي كيف يمكننا ممارسة الغفران ويبيّن الحياة والحريّة التي تتبع حين نغفر.

ملاحظة: في الملحق يوجد قصّة مؤثّرة عن "كوري تن بوم" والتحدّي الذي واجهته لتغفر لأحد حرّاس معتقلات الموت الذي كان مسؤولاً عن أعمال ظلم خطيرة نحوها وعن موت شقيقتها، خلال الحرب العالميّة الثانية. نشجّعكم بقوّة أن تقرأوا هذه القصّة. إنّها في الملحق "د" وعنوانها: قصّة غفران "كوري تن بوم".

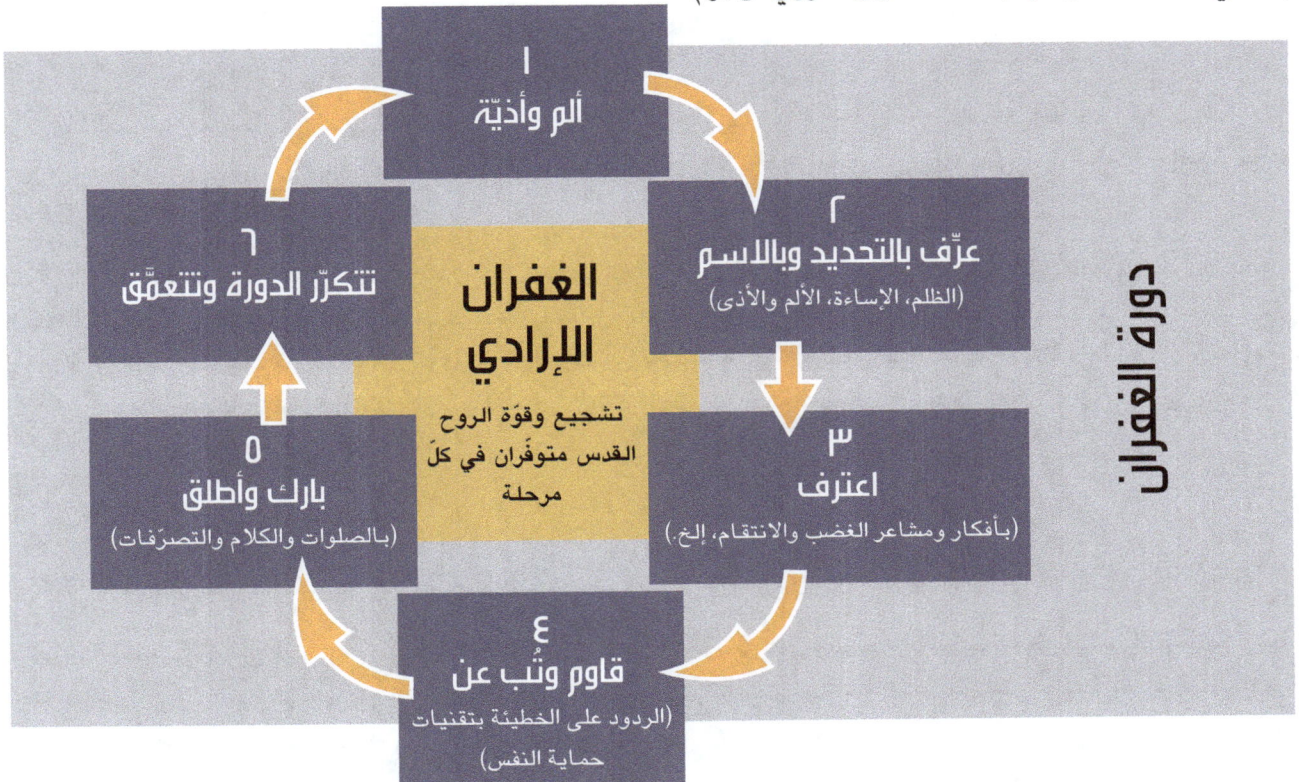

دورة الغفران
الغفران
الإرادي
تشجيع وقوّة الروح
القدس متوفّران في كلّ
مرحلة
١
ألم وأذيّة
٢
عرِّف بالتحديد وبالاسم
(الظلم، الإساءة، الألم والأذى)
٣
اعترف
(بأفكار ومشاعر الغضب والانتقام، إلخ.)
٤
قاوم وتُب عن
(الردود على الخطيئة بتقنيات
حماية النفس)
٥
بارك وأطلق
(بالصلوات والكلام والتصرّفات)
٦
تتكرّر الدورة وتتعمّق

ه. الخروج من عدم الغفران عبر الصلاة

يوجد في ما يلي صلاة مُقترَحة وهي بالطبع ليست وصفة سحريّة، فالهدف هو أن تصلّي من قلبك. إليك كيف يمكنك أن تصلّي حين تبدأ بالخروج من دوّامة عدم الغفران وتبدأ بالعيش في **حريّة الغفران**!

أبي السماوي العزيز، أنا أعترف لك اليوم بالخطيئة التي اقترفها ضدّي ________ (أذكر اسم الشخص والإساءة أمام الربّ). ما فعله لي كان خطأً وأنا أختار اليوم أن أعفي عن الدَّيْن الذي أشعر بأنه يدين لي به. أنا أُطلق ________ من دينونتي الشخصيّة وأضعه بين يديك. أنا أغفر له وأباركه. أختار ألّا أجعله يدفع، ألّا ألتمس موافقته أو أنقذه من مشاكله الخاصّة. أرجوك أن تزيد من إطلاق قوّة روحك القدّوس لتساعدني على تخطّي هذه الإساءة وعلى متابعة حياتي بفرح وطاعة لك.

أنا أتوب عن غضبي ومرارتي (أذكر أيّ ردود فعل خاطئة أخرى نحو الشخص) وأقبل غفرانك يا ربّ. أنا أنتهر أيّ أرواح شرّيرة قد تحاول أن تأخذ مكاناً في حياتي وتقوّي الغضب والمرارة أو الاستياء. أنا أرفض أن أعطيها أيّ مكان في قلبي وأنا آمر قوّة تأثير العدوّ أن تتوقّف الآن وتزول منّي باسم يسوع.

يا رب أنا أطلب منك أن تأتي وتشفيني، أن تعوّض عليّ وتعود فتحييني وتفيض في نفسي بحياتك وسلامك. أختار أن أسير في حريّتك ونعمتك في الأيام القادمة. آمين.

و. التعويض

إنّ التعويض هو أحد المكوّنات البالغة الأهميّة في عمليّة التوبة إذا كانت خطايانا قد سبّبت الأذيّة أو الألم أو الإساءة أو الخسارة لشخص آخر. غالباً ما تكون هذه خطوة أساسيّة في عمليّة التحرّر من تأثير العدوّ (وأحياناً من العبوديّة بحدّ ذاتها) في حياتنا. إن لم نأخذ هذه الخطوة الهامّة نستمرّ في أوقات كثيرة بالتمسّك بمشاعر العار والذّنب والنّدم التي يرميها العدوّ بقوّة نحونا. قد تكون العلاقات مقطوعة أيضاً بيننا وبين النّاس الذين أسأنا إليهم إلى أن نعترف بإساءتنا تجاههم، ونطلب منهم أن يغفروا لنا ونصحّح الخطأ الذي اقترفناه بأفضل ما يمكن.

١. إساءة زَكّا

نرى هذا المبدأ بطريقة حيّة في الكتاب المقدّس في قصّة حياة زَكّا في لوقا ١٩: ١ – ١٠. من اللافت أن نلاحظ أنّ اسم زَكّا يعني في الواقع "بارّ" أو "نقيّ". والجميل أنّ قصّة زَكّا لا تتوقّف عند إظهار قوّة عمل التعويض بل تمضي قدماً لتذهلنا بإظهار كيف يتحقّق **تصميم الله الأصلي**!

يُعرِّف الكتاب المقدّس عن زَكّا في لوقا ١٩: ٢ كـ "رئيس العشّارين". كان اسم "عشّارين" يُطلق على اليهود الذين يجمعون الضرائب في أيّام يسوع. لم يكن أبناء شعبهم يتحمّلونهم بل كانوا مكروهين من المجتمع اليهودي بكامله وبالطبع يوجد مبرّر لذلك. إذ إنّ اليهود أمثالهم قد اعتبروهم خونة لأنّهم يتواطئون مع المسؤولين الرومان ضدّ شعبهم. بالإضافة إلى كلّ ذلك، تميّز العشّارون عامّة بالفساد وكانوا في كلّ الأوقات يطالبون بمبالغ أعلى من قيمة الضرائب المستحقّة، لكي يملأوا بها جيوبهم.

٢. تحوّل زَكّا

لوقا ١٩: ٨ فَوَقَفَ زَكَّا وَقَالَ لِلرَّبِّ: «هَا أَنَا يَا رَبُّ أُعْطِي نِصْفَ أَمْوَالِي لِلْمَسَاكِينِ وَإِنْ كُنْتُ قَدْ وَشَيْتُ بِأَحَدٍ أَرُدُّ أَرْبَعَةَ أَضْعَافٍ».

أظهر زَكّا التحوّل الروحي الذي حصل في حياته من خلال أعمال **التعويض** التي قام بها. ما قد سرقه من الناس أعاده لهم أربعة أضعاف ثمّ أخذ ما بقي له وأعطى نصفه للفقراء. بعمله هذا، أعطى زَكّا أكثر من نسبة **التعويض** التي طلبها **الله** من شعبه. فمن خصائص النّعمة أنّ مقياسها يزيد عن مقياس الناموس!

التعويض يحرّر وتأثيره ينقّي حياتك. إنّ التعويض بكلّ بساطة هو تصحيح الأخطاء التي اقترفناها بحقّ الآخرين. ونرى أنّ الله قد حدّد ذلك بوضوح في العهد القديم ثمّ نرى ذلك لاحقاً في موعظة يسوع على الجبل.

عدد ٥: ٦ – ٧ قُلْ لِبَنِي إِسْرَائِيلَ: إِذَا عَمِلَ رَجُلٌ أَوِ امْرَأَةٌ شَيْئاً مِنْ جَمِيعِ خَطَايَا الإِنْسَانِ وَخَانَ خِيَانَةً بِالرَّبِّ فَقَدْ أَذْنَبَتْ تِلْكَ النَّفْسُ. فَلْتُقِرَّ بِخَطِيَّتِهَا الَّتِي عَمِلَتْ وَتَرُدَّ مَا أَذْنَبَتْ بِهِ بِعَيْنِهِ وَتَزِدْ عَلَيْهِ خُمْسَهُ (عشرين في المئة) وَتَدْفَعْهُ لِلَّذِي أَذْنَبَتْ إِلَيْهِ.

متّى ٥: ٢٣ – ٢٤ فَإِنْ قَدَّمْتَ قُرْبَانَكَ إِلَى الْمَذْبَحِ وَهُنَاكَ تَذَكَّرْتَ أَنَّ لأَخِيكَ شَيْئاً عَلَيْكَ فَاتْرُكْ هُنَاكَ قُرْبَانَكَ قُدَّامَ الْمَذْبَحِ وَاذْهَبْ أَوَّلاً اصْطَلِحْ مَعَ أَخِيكَ وَحِينَئِذٍ تَعَالَ وَقَدِّمْ قُرْبَانَكَ.

٣. خطوات عمليّة للقيام بالتعويض

- حدّد الشخص الذي انتهكت حقّه وكيف. أطلب من الرّوح القدس أن يعلن لك فأنّك قد لا تكون مُدركاً للأمر (راجع المزمور ١٣٩: ٢٣ – ٢٤). قد تودّ أيضاً أن تسأل شخصاً قريباً منك أو قادتك الروحيّين، بشأن نواحٍ قد تجهلها بالنسبة لهذا الأمر.

- حدّد نتائج الانتهاك الذي اقترفته بحقّ الشخص أو الأشخاص. (إسأل نفسك: "كيف تمكّنت أنانيّتي، عدم نضوجي، مواقفي، تصرّفاتي، خمودي السلبي أو إهمالي من التسبّب بالأذيّة والإساءة أو تشويه سمعة ذلك الشخص أو أولئك الناس؟")

- حدّد ماذا يجب أن يتضمّن التعويض وأفضل طريقة لتطبيق ذلك. أطلب من الرّوح القدس أن يقودك في الأمر، فهذا ليس قصاصاً أو ثمناً عليك دفعه بسبب خطاياك بل يجب أن يكون ردّاً مفرّحاً لطاعة قيادة الربّ.

- قد يتضمّن عمل التعويض على الأغلب إعتذاراً شخصيّاً وطلباً للغفران على تصرّفاتك و/أو إساءاتك. من الأفضل أن تفعل ذلك وجهاً لوجه أو على الأقلّ على الهاتف إن لم تكن الزيارة فرصة للانفراد. لا تفعل الأمر كتابةً لأنّ ذلك قد يوثّق الإساءة بدلاً من أن يمحوها.

- أدخل في الحديث بتواضع واحترام. لا تطالب أو تتوقّع حتّى أن يغفر لك الآخر على الفور. قد يتطلّب الأمر بعض الوقت. ولو لم يعفُ لك الدين أو الإساءة، ذلك ليس من مسؤوليّاتك، فدورك هو فقط أن تطلب الغفران وتقدّم التعويض.

قد تتضمّن بعض أعمال التعويض مسائل حسّاسة تجعل من التعويض بذاته سبباً للأذيّة أو للنتائج المزعجة. قد لا يكون الشخص الذي أسأت إليه قادراً أو مستعدّاً لقبول تعويضك، أو حتى للقاء معك شخصيّاً. من الحكمة أن تطلب النصيحة والإرشاد من القادة الروحيّين في حياتك لكي تعبر حالات كهذه. لكن لا تدع المخاوف تمنعك من الوصول إلى الحريّة التي تنتظرك! قد يكون للتعويض أحياناً دورٌ أساسيٌّ في التعامل مع جذور الحصون التي تعيقنا عن التقدّم في علاقة حميمة مع الله، وعن العيش في حريّة قوّته ومحبّته.

الخاتمة

لقد أعطى الله لأولاده المؤمنين الذين يتبعون يسوع المسيح والذين نحن منهم، كلّ الأسلحة والسّلطان والقوّة التي نحتاج إليها لكي نفكّ الحصون الروحيّة ونعيش أحراراً من مخطّطات العدوّ والعبوديّة.

لمراجعة النقاط الهامّة يمكننا القول إنّ تفكيك الحصون والعيش بحريّة يتضمّن:

- إعتماد أسلوب حياة يتميّز بالتواضع والتوبة (بما في ذلك المبادئ الأربعة المذكورة في هذا الفصل)

- تحديد "جذور" الحصون في حياتك واستخدام الأسلحة والموارد الروحيّة (بما في ذلك عمليّات التبادل الروحيّة التي تتمّ بالصلاة) للقضاء عليها، بدلاً من مجرّد "التخلّص من الثمار" أو معالجة العوارض.

- إستخدام السّلطان الذي لنا عند الحاجة لانتهار الأرواح الشّريرة التي تسعى لتقوية جذور الحصون الروحيّة ولإبقائنا مستعبَدين "للثمار" التي تنتجها.
- تدريب أنفسنا باستمرار على العيش "غير مقيّدين بالإساءة"، نعمل على طلب الغفران وتقديمه بسرعة وعلى التعويض عن إساءاتنا بحسب قيادة الرّوح القدس.

حين تعيش بهذه الطريقة وهذا الموقف القلبيّ أمام **الله** وتقطع بقوّة كلّ "توبوس" أو أرض للعدوّ في حياتك، **ستتمكّن** من تفكيك الحصون والتحرّر تدريجياً، إلى أن تختبر محبّة **الله** وتمشي في قوّته وتصميمه الأصليّ لك. ستصبح كالشّخص الذي يشبّهه الكتاب المقدّس بشجرة مغروسة على مجاري المياه، تنمو بقوّة الربّ وتحمل الكثير من الثمر لملكوته!

مزمور ١: ٣ فَيَكُونُ كَشَجَرَةٍ مَغْرُوسَةٍ عِنْدَ مَجَارِي الْمِيَاهِ الَّتِي تُعْطِي ثَمَرَهَا فِي أَوَانِهِ وَوَرَقُهَا لاَ يَذْبُلُ. وَكُلُّ مَا يَصْنَعُهُ يَنْجَحُ.

ملاحظات

ملاحظات

الجزء السادس

الخطايا المتوارثة، الرّوابط النفسيّة واللعنات

قد تبدو المشاكل أحياناً مقاوِمة بشدّة للشفاء والتغيير، ليس فقط لأنّ العدوّ يدعمها روحيّاً، ولكن أيضاً لأنها بطبيعتها "تنتقل من جيل إلى آخر". تماماً كما إذا وقع ظلّ إنسان ما على إنسان آخر فإنّه يغطّيه بسواده. هكذا أيضاً تستطيع خطايا الأجيال التي سبقتنا أن تحمل تأثيرات روحيّة في حياتنا اليوم.

يصعب على المسيحيّين الغربيّين المعاصرين فهم مبدأ الخطيئة المنتقِلة بالوراثة، ربّما لأنّنا نعيش في مجتمع انفراديّ جدّاً، على عكس الثقافات الأخرى التي تضع التركيز على الجماعة. نجد نحن الغربيّون صعوبة أكبر في قبول مسؤوليّة سلوك الآخرين، ونميل أكثر إلى إنكار أنّ تصرّفاتنا قد تحمل تأثيراً روحيّاً عميقاً على الناس من حولنا. غير أنّه يوجد إثباتات كتابيّة وعمليّة تُظهِر أنّ عائلة ما أو جماعة ما قد تعيش بحسب التأثير الروحيّ الذي تحمله الخطيئة والذي قد ينتقل من جيل إلى آخر.

I. الحصون المتوارَثة

أ. الأساس الكتابيّ

- يذكر الكتاب المقدّس بوضوح أنّ البركات واللعنات تنتقل من جيل إلى آخر.
- نرى ذلك بامتياز في قصّة السقوط لأنّ البشريّة بأكملها قد ورثت الطبيعة الساقطة من خلال خطيئة آدم في الجنّة.

رومية ٥: ١٢ مِنْ أَجْلِ ذَلِكَ كَأَنَّمَا بِإِنْسَانٍ وَاحِدٍ دَخَلَتِ الْخَطِيَّةُ إِلَى الْعَالَمِ وَبِالْخَطِيَّةِ الْمَوْتُ وَهَكَذَا اجْتَازَ الْمَوْتُ إِلَى جَمِيعِ النَّاسِ إِذْ أَخْطَأَ الْجَمِيعُ.

- بمعنى آخر يمكنني القول إنّني أعيش تحت تأثير الطريقة التي عاشت بها الأجيال التي سبقتني. والطريقة التي أعيش بها حياتي قد تؤثّر في حياة الأجيال التي ستأتي من بعدي وتؤثّر عليها.

- خطايا الأجيال السابقة قد تكون ضمن الأسباب التي تجعل بعض العائلات أو المجتمعات غير قادرة على كسر الدوّامات التي تعاني منها، كالفقر والحَمْل غير الشرعيّ والجرائم.

- إنَّ الحصون المنتقلة من الأجيال السابقة قد تجعل المرء مهيّأً لبعض التصرّفات أو العواطف التي لا تملك أيّ تفسير منطقي في العالم الطبيعي، لأنّها تأتي من الحصون التي تأسّست في أجيال سابقة.

- يصعب على الناس في المجتمعات الغربيّة فهم هذا المبدأ لأنه يعمل بعكس منظورهم الانفرادي إلى العالم. لكن معظم النّاس في باقي العالم الذين يميلون دائماً إلى التّركيز على الجماعة، يعيشون بسهولة على ضوء هذه الحقيقة.

خروج ٢٠: ٥ - ٦ لا تَسْجُدْ لَهُنَّ وَلا تَعْبُدْهُنَّ لأَنِّي أَنَا الرَّبَّ إِلَهَكَ إِلَهٌ غَيُورٌ أَفْتَقِدُ ذُنُوبَ الآبَاءِ فِي الأَبْنَاءِ فِي الْجِيلِ الثَّالِثِ وَالرَّابِعِ مِنْ مُبْغِضِيَّ وَأَصْنَعُ إِحْسَاناً إِلَى أُلُوفٍ (الأجيال) مِنْ مُحِبِّيَّ وَحَافِظِي وَصَايَايَ.

مزمور ١١٢: ١ - ٢ هَلِّلُويَا. طُوبَى لِلرَّجُلِ الْمُتَّقِي الربَّ الْمَسْرُورِ جِدّاً بِوَصَايَاهُ. نَسْلُهُ يَكُونُ قَوِيّاً فِي الأَرْضِ. جِيلُ الْمُسْتَقِيمِينَ يُبَارَكُ.

يوحنا ٩: ١ - ٢ وَفِيمَا هُوَ مُجْتَازٌ رَأَى إِنْسَاناً أَعْمَى مُنْذُ وِلاَدَتِهِ فَسَأَلَهُ تَلاَمِيذُهُ: «يَا مُعَلِّمُ مَنْ أَخْطَأَ: هَذَا أَمْ أَبَوَاهُ حَتَّى وُلِدَ أَعْمَى؟»

متّى ٢٧: ٢٤ - ٢٥ فَلَمَّا رَأَى بِيلاَطُسُ أَنَّهُ لاَ يَنْفَعُ شَيْئاً بَلْ بِالْحَرِيِّ يَحْدُثُ شَغَبٌ أَخَذَ مَاءً وَغَسَلَ يَدَيْهِ قُدَّامَ الْجَمْعِ قَائِلاً: «إِنِّي بَرِيءٌ مِنْ دَمِ هَذَا الْبَارِّ. أَبْصِرُوا أَنْتُمْ». فَأَجَابَ جَمِيعُ الشَّعْبِ: «دَمُهُ عَلَيْنَا وَعَلَى أَوْلاَدِنَا».

ثمّة أسئلة تُطرَح بشأن الحقائق المتعلّقة بالحصون والخطايا واللعنات المتوارثة. إنّ هذا الكتاب ليس مصمّماً للإجابة على هذه الأسئلة ولكن يمكنك أن تجدها بالتفصيل في كتاب "**العيش بحريّة**": إسترجاع تصميم **الله** الأصلي لحياتك. تمّ إصدار هذا الكتاب في دار نشر Sycamore Publications ويمكن الحصول عليها على الموقع الإلكتروني التالي:
www.sycamorecommission.org

"**العيش بحريّة**" يعني ألاّ نعيش بحسب أنماط خطايا الأجيال التي سبقتنا. يمكننا أن نتحرّر من التفرّعات المستمرّة للخطايا المتوارَثة. بسلطان المسيح وقوّة الرّوح القدس، يمكننا أن نستعيد الـ "**توبوس**" أي **المكان** أو السلطة التي أخذها العدو في حياتنا، بسبب الحصون التي تأسّست في عائلاتنا في الماضي.

ب. التمعّن في نَسَب عائلتك

- حين يتمعّن الناس بصدق وعن قرب في أجيال عائلتهم سيلاحظون وجود أنماط جيّدة وأنماط سيّئة تنتقل من جيل إلى آخر.

- قد تضمّ الأنماط المتكرّرة أنواعاً من الخطايا المكبِّلة، الحصون، المشاكل الصحيّة، أنماط تصرّفات أو اختبارات (مثل الطلاق، الحَمْل خارج إطار الزواج، الإدمان، الاعتداء)، إلخ.

- بعض الأنماط قد تنتقل وتتوارث بحسب الجنس، ذكراً أو أنثى.

- الأنماط المتكرّرة ليست مجرّد صدفة، وغالباً ما يعود السبب لوجود عمل روحيّ خلفها.

كيف نعرف إذا كانت الخطيئة متوارَثة أم لا؟ ثمّة عدّة مؤشّرات مُحتمَلة:

١. الاختبار: المشكلة تقاوِم بعناد رهيب كلّ المحاولات الصادقة التي يقوم بها الفرد للتغيير. يبدو أنَّ لا شيء ينجح على المدى الطويل حتّى الصّلاة والإرشاد الروحيّ والتدخّل الطبيّ.

٢. الملاحظة والبحث: تظهر المشكلة في أفراد آخرين في العائلة بأشكال ودرجات مختلفة وفي تفرّعات أخرى في شجرة العائلة. الأفراد الأكبر سنّاً يؤكّدون أنَّ المشكلة كانت موجودة في الأجيال السابقة.

٣. التمييز: تشعر بأنّ الرّوح القدس يُظهر لك أنّ الأمور ليست كما تبدو في الظاهر. لقد أجاب يسوع يوماً على سؤال مماثل ليؤكّد أنَّ مرض الرجل الأعمى لم يأتِ بسبب خطيئة متوارَثة (يوحنا ٩: ٣).

٤. الإعلان النبوي: يتكلّم الرّوح القدس بوضوح وتأكيد في الصّلاة. قد يتكلّم معك أو مع شخص آخر مُعلناً أنَّ مشكلة الخطيئة هذه هي متوارَثة بطبيعتها. قد يُعلن أو لا يُعلن لك عن المصدر الأساسيّ. أحياناً تكون نقطة دخول الخطيئة في النَسَب العائلي قديمة جداً لدرجة ألاّ تذكرها الأجيال الحاليّة. في هذه الحالة، يجب أن تتصرّف بالإيمان حيال ذلك الإعلان.

الحصون المتوارَثة

إليك ما يلي لائحة (غير كاملة) للعوارض والمشاكل التي قد تنتج عن الحصون والخطايا المتوارَثة:

العرافة/ الشعوذة
خطايا التديّن
الكذب، الغش، السّرقة
الإدمان على نوع من المواد الكيميائيّة أو من التصرّفات
الخطايا الجنسيّة والاعتداء الجنسيّ
الزنى والإباحيّة
الحَمْل خارج إطار الزواج
الإجهاض الطبيعيّ والإجهاض الاختياريّ
العقم والمضاعفات المشابهة
العنف، السّخط، القتل
الاعتداء أو التعنيف الكلاميّ والجسديّ
الاضطرابات المرَضيّة في الأكل
المقامرة
الطلاق
الانتحار
الأمراض والضُّعفات
القلق، نوبات الهلع والخوف
الاكتئاب، الاضطراب العقلي
عدم الثبات الاقتصاديّ، الفقر، الدَيْن

ملاحظاتك على نَسَب عائلتك:

١. ________________________

٢. ________________________

٣. ________________________

٤. ________________________

ج. تفكيك المشاكل المتوارَثة

في حين أنّ الكتاب المقدّس يبيّن بوضوح أنّ كلّ شخص يتحمّل فردياً ذنب خطيئته، فهو يبيّن أيضاً أنّ العائلات والجماعات تتحمّل العواقب الروحيّة على الخطايا الحاصلة في وسطهم. في بعض الأحيان تزول سلطة العدوّ ("توبوس") حين يقوم أحد ممثّلي تلك العائلة أو الجماعة بالاعتراف بالخطايا المُرتكَبة والتوبة عنها.

إذا رأيت بأنّك تعيش تحت ظلال الحصون، الخطايا أو اللعنات المتوارَثة، تشجّع لأنّ **الله** قد أعدّ طريقاً قويّاً وإلهيّاً ليحرّرك من قبضة هذه الأمور على حياتك وحياة عائلتك، كنيستك وخدمتك وعملك، إلخ.

الله يبحث عن أشخاص "يقفون في الثّغر" (حزقيال ٢٢: ٣٠) لعائلاتهم وكنائسهم وجماعاتهم. حين يأخذ الأفراد على عاتقهم وبالإيمان مسؤوليّة التوبة عن ظلال خطايا الأجيال السابقة، يُكرم **الله** هذه الصلوات ويباركها.

لاويّين ٢٦: ٤٠ – ٤٢ لَكِنْ إِنْ أَقَرُّوا بِذُنُوبِهِمْ وَذُنُوبِ آبَائِهِمْ فِي خِيَانَتِهِمِ الَّتِي خَانُونِي بِهَا وَسُلُوكِهِمْ مَعِيَ الَّذِي سَلَكُوا بِالْخِلاَفِ... أَذْكُرُ مِيثَاقِي مَعَ يَعْقُوبَ وَأَذْكُرُ أَيْضاً مِيثَاقِي مَعَ إِسْحَاقَ وَمِيثَاقِي مَعَ إِبْرَاهِيمَ وَأَذْكُرُ الأَرْضَ.

نحميا ١: ٦؛ ٩: ١ – ٢ لِتَكُنْ أُذُنُكَ مُصْغِيَةً وَعَيْنَاكَ مَفْتُوحَتَيْنِ لِتَسْمَعَ صَلاَةَ عَبْدِكَ الَّذِي يُصَلِّي إِلَيْكَ الآنَ نَهَاراً وَلَيْلاً لأَجْلِ بَنِي إِسْرَائِيلَ عَبِيدِكَ وَيَعْتَرِفُ بِخَطَايَا بَنِي إِسْرَائِيلَ الَّتِي أَخْطَأْنَا بِهَا إِلَيْكَ. فَإِنِّي أَنَا وَبَيْتُ أَبِي قَدْ أَخْطَأْنَا. وَفِي الْيَوْمِ الرَّابِعِ وَالْعِشْرِينَ مِنْ هَذَا الشَّهْرِ اجْتَمَعَ بَنُو إِسْرَائِيلَ بِالصَّوْمِ وَعَلَيْهِمْ مُسُوحٌ وَتُرَابٌ. وَانْفَصَلَ نَسْلُ إِسْرَائِيلَ مِنْ جَمِيعِ بَنِي الْغُرَبَاءِ وَوَقَفُوا وَاعْتَرَفُوا بِخَطَايَاهُمْ وَذُنُوبِ آبَائِهِمْ.

دانيال ٩: ٨ – ١١ يَا سَيِّدُ لَنَا خِزْيُ الْوُجُوهِ لِمُلُوكِنَا لِرُؤَسَائِنَا وَلِآبَائِنَا لأَنَّنَا أَخْطَأْنَا إِلَيْكَ. لِلرَّبِّ إِلَهِنَا الْمَرَاحِمُ وَالْمَغْفِرَةُ لأَنَّنَا تَمَرَّدْنَا عَلَيْهِ. وَمَا سَمِعْنَا صَوْتَ الرَّبِّ إِلَهِنَا لِنَسْلُكَ فِي شَرَائِعِهِ الَّتِي جَعَلَهَا أَمَامَنَا عَنْ يَدِ عَبِيدِهِ الأَنْبِيَاءِ. وَكُلُّ إِسْرَائِيلَ قَدْ تَعَدَّى عَلَى شَرِيعَتِكَ وَحَادُوا لِئَلاَّ يَسْمَعُوا صَوْتَكَ فَسَكَبْتَ عَلَيْنَا اللَّعْنَةَ وَالْحَلْفَ الْمَكْتُوبَ فِي شَرِيعَةِ مُوسَى عَبْدِ **الله** لأَنَّنَا أَخْطَأْنَا إِلَيْهِ.

أخذ دانيال على عاتقه مسؤوليّة التوبة عن خطايا أمّة يهوذا. لقد زعزعت صلواته السماوات وجعلت أقوى ملائكة **الله** يأتون بالجواب (دانيال ٩: ١ – ١٩؛ ١٠: ١٢ – ١٤).

وكذلك نحميا أخذ على عاتقه مسؤوليّة التوبة عن خطايا عائلته وجماعته كنائب عن كلّ شعبه (نحميا ١: ٤ – ٧) وفي نهاية الأمر، قاد الجماعة إلى فعل الأمر نفسه (راجع نحميا ٩). وقد تمّ إعادة بناء مدينة أورشليم وعاد التزام الشعب بطاعة **الله** وعبادته.

- قد تنتقل تأثيرات الخطيئة إلى أجيال لاحقة ولكن يمكن لهذه الأجيال، لا بل عليها أن تتحمّل مسؤوليّة خطاياها عندما تجد رابطاً مع الخطايا المتوارَثة، لكي تتحرّر من الحصون واللعنات المُرتبطة بهذه الخطايا.
- لكسر قوّة الخطايا والحصون المتوارَثة في حياتك، طبّق نموذج "المبادئ الأربعة" للصّلاة لكن أذكر في صلاتك الأجيال التي سبقتك أيضاً. حدّد بالاسم الخطيئة أو الحصن الذي وجدت أنّه ذات طبيعة متوارَثة وانتهره واقطعه من حياتك ونَسَب عائلتك.

II. الرّوابط النفسيّة

يوجد روابط نفسيّة أو روابط وثيقة شرعيّة وصحيّة وهي جزءٌ من تصميم **الله** للحياة. بعض الأمثلة على ذلك الزّوج وزوجته، الأهل وأولادهم، قادة الكنيسة والإخوة في الكنيسة أو الآباء الروحيّون وأولادهم الروحيّون. لكن حتّى في العلاقات الصحيحة التي تسير بحسب الكتاب المقدّس، قد تنمو "روابط نفسيّة" أو "روابط وثيقة" خاطئة. يدلّ على ذلك حين تتطوّر في العلاقة ومن خلالها، أمور غير صحيّة وغير مَرْضيّة **لله**. وتظهر هذه الأمور في بعض الحصون التي تسيطر على حياة أحدهم مثل الخوف، الغضب، التّحكّم، العار، الذنب غير الصحيح، التدمير الذاتي، إلخ.

"العيش بحريّة" يعني القطع الكامل لكلّ هذه الحبال الخفيّة، لكن حقيقيّة، والتي تتحكّم بالعلاقة. حين نفعل ذلك، نتمكّن من التواصل مع الآخرين بحريّة، دون أن تُعيقنا أيّ عبوديّة عاطفيّة أو روحيّة غير صحيّة آتية من جذور روحيّة.

أ. فهم الروابط النفسيّة

- قد لا تجد مُصطَلح "رباط نفسي" أو "رباط وثيق" بالتحديد في الكتاب المقدّس لكن هذا المُصطَلح يصف حقيقة موجودة في الكتاب.
- يصف هذا المُصطَلح علاقة خرجت عن الخطوط العريضة الكتابيّة في مجال أو أكثر. نتيجة لذلك، يظهر في العلاقة تأثير غير صحّي.
- غالباً ما تكون هذه الروابط مرتبطة بجذور روحيّة أو بتأثير عمل أجناد إبليس الشريرة، وتُنتج تأثيراً غير صحيّ وغير لائق وغير كتابيّ في حياة الشخص.
- الأعداد الكتابيّة التالية تُظهر هذه الحقيقة. الحادثة في سفر التكوين تتكلّم عن علاقة يعقوب بابنه بنيامين حين كان إخوة يوسف يتفاوضون معه بشأن المؤَن. الحادثة في أعمال الرسل تُظهر كيف تصرّف الرسول بطرس تصرّفاً معيّناً خاطئاً بسبب الخوف من الشيوخ نظرائه الذين أتوا من أورشليم.

تكوين ٤٤: ٣٠ – ٣١ فَالآنَ مَتَى جِئْتُ إِلَى عَبْدِكَ أَبِي وَالْغُلاَمُ لَيْسَ مَعَنَا وَنَفْسُهُ مُرْتَبِطَةٌ بِنَفْسِهِ يَكُونُ مَتَى رَأَى أَنَّ الْغُلاَمَ مَفْقُودٌ أَنَّهُ يَمُوتُ فَيُنْزِلُ عَبِيدُكَ شَيْبَةَ عَبْدِكَ أَبِينَا بِحُزْنٍ إِلَى الْهَاوِيَةِ.

غلاطية ٢: ١١ – ١٣ وَلكِنْ لَمَّا أَتَى بُطْرُسُ إِلَى أَنْطَاكِيَةَ قَاوَمْتُهُ مُواجَهَةً، لأَنَّهُ كَانَ مَلُوماً. لأَنَّهُ قَبْلَمَا أَتَى قَوْمٌ مِنْ عِنْدِ يَعْقُوبَ كَانَ يَأْكُلُ مَعَ الأُمَمِ، وَلكِنْ لَمَّا أَتَوْا كَانَ يُؤَخِّرُ وَيُفْرِزُ نَفْسَهُ، خَائِفاً مِنَ الَّذِينَ هُمْ مِنَ الْخِتَانِ. وَرَاءَى مَعَهُ بَاقِي الْيَهُودِ أَيْضاً، حَتَّى إِنَّ بَرْنَابَا أَيْضاً انْقَادَ إِلَى رِيَائِهِمْ!

ب. أربع ميّزات للروابط النفسيّة غير الصحيّة

١. قد تنمو الروابط النفسيّة من خلال الخطيئة

- الخطايا الجنسيّة: الخيانة، الزّنى، الشذوذ الجنسي، والأعمال الجنسيّة الأخرى التي تخالف قصدَ **الله** في الكتاب المقدّس.
- الخطايا الروحيّة: الشّعوذة، العلاقات التي تسيطر عليها الاختبارات فوق الطبيعيّة، القَسَم والتعهّد المأخوذ في أنظمة ومحافل دينيّة، المخدّرات، منظّمات البدع الروحيّة.

٢. قد تنمو الروابط النفسيّة من خلال وضع الثقة في غير محلّها، الخوف أو الحاجة إلى الحصول على موافقة الغير

الخوف من الناس = الحاجة إلى الحصول على موافقة الناس أكثر من موافقة الله.
يُصبح الأمر خطيراً حين:

- نعتمد على شخص معيّن (أو أشخاص معيّنين) و/أو نخاف منه وممّا يفكّره أكثر ممّا نخاف **الله** وتقييمه.
- يتحكّم فينا رأي الشّخص الآخر وموارده ومسرّته، إلى درجة أن نتوقّف شخصيّاً عن النموّ والتقدّم في القداسة و/أو لا نتمكّن من السير في قصد **الله** الأصليّ لنا.
- نقبل بدون تفكير تأثير الشّخص الآخر (حتّى لو كان من الأهل أو شريك الحياة) بدون التمييز بموضوعيّة إن كان ذلك التأثير يتوافق مع الكتاب المقدّس ويُرضي **الله**. (في هذه الحالة، تجرّنا السلبيّة (الخمود) نحو استنتاجات أو نهايات لا تتوافق مع كلمة **الله**).

٣. قد تنمو الروابط النفسيّة بسبب الاعتداءات والانتهاكات

- قد تكون أعمال الاعتداء أو الانتهاك هذه روحيّة، عاطفيّة، فكريّة، جنسيّة، و/أو جسديّة.
- قد تؤثّر هذه الانتهاكات في فكر الشّخص وعواطفه وإرادته، وتشكّل بالتالي العصَب الأساسيّ للعبوديّة الروحيّة.

٤. لا تساهم الروابط النفسيّة بنموّ الشخص

- تَظهَر مشاكل كالسّيطرة، التحكّم، المصلحة الشخصيّة، العار، إلخ.
- العلاقات غير الصحيّة بحسب مبادئ الكتاب المقدّس تساهم في نموّ حصون متعِبة.
- "الروابط النفسيّة" تسبّب الضياع، القلق، الاضطراب، العار، الذنب و/أو الاستبداد.

ج. تفكيك الروابط النفسيّة واختبار الحريّة

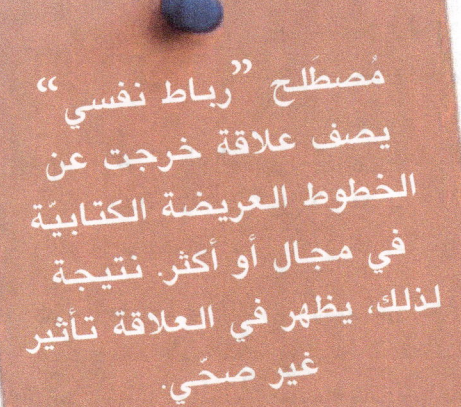

مُصطلح "رباط نفسي" يصف علاقة خرجت عن الخطوط العريضة الكتابيّة في مجال أو أكثر. نتيجة لذلك، يظهر في العلاقة تأثير غير صحّي.

١. **حدّد مصدر وسبب الروابط النفسيّة**

٢. **دمّر قبضة الروابط النفسيّة**

التي سبّبتها الخطيئة الشخصيّة:

- إعترفْ بالخطيئة الشخصيّة
- صلِّ وأعلن بدم يسوع المسيح وسلطانه، انقطاع الروابط النفسيّة التي تسبّب العبوديّة. إستخدم نموذج "المبادئ الأربعة" للصّلاة.

التي سبّبها الاعتداء:

- إغفر للشخص الجاني وباركه.
- إعترف بأيّ ردود شخصيّة خاطئة بما في ذلك المرارة والاستياء والغضب، إلخ.
- صلِّ وأعلن بدم يسوع المسيح وسلطانه، انقطاع الروابط النفسيّة التي تسبّب العبوديّة. إستخدم نموذج "المبادئ الأربعة" للصّلاة.

صلاة نموذجيّة

يا رب، بقوّة وسلطان يسوع المسيح وقوّة دمه المسفوك وقيامته، أنا أقطع الرابط النفسي / القيد الذي يصلني بـ ________ . أنا أعلن نفسي حرّاً لأعيش بطاعة لإرادتك وطرقك أنت وحدك. أنا آمر أيّ تأثير من العدوّ أن يزول من هذه العلاقة، باسم يسوع، وأمنعه من الزيادة من حِدّة الأمر بأيّ طريقة. لن أكون بعد اليوم محكوماً بالأفكار المعذِّبة، المشاعر المجروحة، الذنب، العار، السّيطرة، أو الخوف بسبب هذا الشخص. أنا أُطلق ________ من أيّ قيد تجاهي لا يرضيك، وأنا أُطلق نفسي من أيّ قيد تجاهه لا يرضيك. أنا أغفر لـ ________ وأباركه وأضعه بين يديك. آمين.

III. اللعنات

في إحدى نشرات المنظّمة الإنسانيّة "**طعام للجياع**" (بتاريخ يوليو/ تموز ٢٠٠٢)، ورد مقال على الصفحة الأولى تحت عنوان "التحرّر من تعويذة السّحر" وإليكم مقتطَفاً:

> "قد نعتقد أنّ المتخصّصين بالسّحر واللعنات موجودون فقط في الأفلام السينمائيّة في هوليوود، لكن لسوء الحظ أنّ الإيمان بالقوى الخارقة للطبيعة يظهر بقوّة في حياة الناس في الكثير من الأماكن في العالم.
>
> في منطقة «غورونغوزا» في «الموزمبيق» قوّة السّحر شديدة جدّاً لدرجة أنها ثاني أكبر سبب للوفيّات. حتّى إنّ الأطباء السّحرة قد أسّسوا منظّمة تنظّم عقائدهم.
>
> لأنّ السّحر يشكّل جزءاً مقبولاً من المجتمع، يُصبح من الصّعب مكافحة القوى الشيطانيّة والخوف الذي يسبّبه الأطبّاء السّحرة. ويتعرّض الرعاة الّذين يعلّمون كلمة الله للمضايقات حتّى إنّهم يهدّدون بالموت.»

معظمنا في العالم الغربيّ ينظر إلى اللعنات كجزء من **الفولكلور والقصص الخياليّة وعالم «والت ديزني». نجد في معظم الأحيان أنّ أمم العالم الثالث هي التي تُعطي هذا الأمر حقّه من التصديق**، أمّا بالنسبة إلينا نحن الغربيّين فنميل إلى تصنيفه كتقليد، وعلم قديم وخرافة. نظنّ أنّ الإيمان بوجود اللعنات لا يُعتبَر فكرة تدلّ على الثّقافة والتطوّر.

كم واحداً منّا قد أغلقوا أعينهم عن الحقائق التي يذكرها الكتاب المقدّس عن اللعنات، بينما نعيش مُصابين بها من كلّ جانب، فقط لأنّنا مُخدّرون بنظرة ثقافتنا الغربيّة إلى العالم؟ وخصوصاً بين المسيحيّين نرى أنّ هذه المواضيع تُعتبر بلا معنى، مجرّد مُبالغة أو غامضة بالكامل. بالطبع لا تستطيع اللعنات أن تكون جزءاً من العالم الذي توجد فيه المسيحيّة الصحيحة! (أو ربّما هي تستطيع...)

كم واحداً منّا قد أغلقوا أعينهم عن الحقائق التي يذكرها الكتاب المقدّس عن اللعنات، بينما نعيش مُصابين بها من كلّ جانب، فقط لأنّنا مُخدّرون بنظرة ثقافتنا الغربيّة إلى العالم؟

أ. فهم اللعنات بطريقة كتابيّة وعمليّة

١. ماذا يقول الكتاب المقدّس بشأن اللعنات؟

- يقول الكتاب المقدّس أموراً عديدةً عن اللعنات وأكثر بكثير ممّا سنذكره في هذا الفصل.
- تعطينا كلمة الله وعداً ووصيّةً للتّعامل مع اللعنات. الوعد هو "كَالْعُصْفُورِ لِلْفَرَارِ وَكَالسُّنُونَةِ لِلطَّيَرَانِ كَذلِكَ لَعْنَةٌ بِلاَ سَبَبٍ لاَ تَأْتِي" (**أمثال** ٢٦: ٢).
- الوصيّة التي أعطاها يسوع بشأن اللعنات هي "بَارِكُوا لاَعِنِيكُمْ وَصَلُّوا لأَجْلِ الَّذِينَ يُسِيئُونَ إِلَيْكُمْ" (**لوقا** ٦: ٢٨).

٢. التعريف (ترجمة للتعريف بحسب قاموس "ويبسترز"[٨])

لَعْنَة: إسم

١. دعاء الله أو الآلهة لإرسال الشرّ أو الضّرر على شخص ما أو شيء ما.
٢. قَسَم تجديف؛ تعويذة.
٣. شيء ملعون.
٤. الشرّ أو الضّرر الذي يبدو أنّه قد حصل كاستجابة للعنة ما.

---

8. Webster's New Twentieth Century Dictionary of the English Language, ed. Jean L. McKechnie, (William Collins and World Publishing Company; 1977).

لَعَنَ: فعل

١. نَطَقَ بتمنٍّ شرّير نحو أحدهم؛ أعلَن قوّة الشرّ على أحدهم، تمنّى حلول الأذيّة على أحدهم.
٢. أصاب أحدهم بشرّ؛ وضع أحدهم عرضة للشرّ؛ ضرب أحدهم بلعنة؛ أحضر الشرّ أو الضّرر على أحدهم.

٣. الوصف

آمَن الناس البدائيّون أنّه باستطاعة الإنسان النّطق بلعنة على عدّوه، والآلهة أو الكائنات الأقوى من الإنسان ستلتزم بتحقيقها. بهذه الطريقة يمكن إصابة النّاس بأيّ نوع من الكوارث، الأمراض أو الصّعوبات. ومن المذهل بالفعل رؤية تحقّق البركات ونقيضها اللعنات في بداية تاريخ الكتاب المقدّس. **فَقَالَ** (نوح): «مَلْعُونٌ كَنْعَانُ. عَبْدَ الْعَبِيدِ يَكُونُ لإِخْوَتِهِ». وَقَالَ: «مُبَارَكٌ الرَّبُّ إِلَهُ سَام. وَلْيَكُنْ كَنْعَانُ عَبْداً لَهُ...» (تكوين ٩: ٢٥ –٢٧)، والتاريخ اللاحق قد أثبت تحقّق دعائه... كانت اللعنة توصَف بِكيان، أو قوّة، أو قدرة أو طاقة تَظهَر بالأذيّة ليخاف الناس منها ويتجنّبونها. لم تكن تُعتبر اللعنة مجرّد أمنية تجلب سوء الحظ على الأعداء، بل قوّةً فعّالة قادرة أن تُترجِم الكلام المنطوق بنتائج ملموسة.[٩]

ب. المصادر والأبواب التي تدخل منها اللعنات

١. الخطايا المتوارَثة

- قد تكون اللعنة نتيجة عمل خاطئ، خطايا مكبّلة و/أو اللجوء لأعمال السّحر والعرافة من بين أمور أخرى في الأجيال السّابقة.
- حتّى الكلام الذي نطقت به الأجيال السّابقة قد يلعن الأجيال التالية.

صموئيل الثاني ٣: ٢٨ – ٢٩ فَسَمِعَ دَاوُدُ بَعْدَ ذلِكَ فَقَالَ: «إِنِّي بَرِيءٌ أَنَا وَمَمْلَكَتِي لَدَى الرَّبِّ إِلَى الأَبَدِ مِنْ دَمِ أَبْنَيْرَ بْنِ نَيْرٍ. فَلْيَحِلَّ (اللعنة) عَلَى رَأْسِ يُوآبَ وَعَلَى كُلِّ بَيْتِ أَبِيهِ، وَلاَ يَنْقَطِعُ مِنْ بَيْتِ يُوآبَ ذُو سَيْلٍ وَأَبْرَصُ وَعَاكِزٌ عَلَى الْعُكَّازَةِ وَسَاقِطٌ بِالسَّيْفِ وَمُحْتَاجُ الْخُبْزِ».

حتّى الكلام الذي نطقت به الأجيال السّابقة قد يلعن الأجيال التالية.

صموئيل الثاني ٢١: ١ وَكَانَ جُوعٌ فِي أَيَّامِ دَاوُدَ ثَلاَثَ سِنِينَ، سَنَةً بَعْدَ سَنَةٍ. فَطَلَبَ دَاوُدُ وَجْهَ الرَّبِّ. فَقَالَ الرَّبُّ: «هُوَ لأَجْلِ شَاوُلَ وَلأَجْلِ بَيْتِ الدِّمَاءِ، لأَنَّهُ قَتَلَ الْجِبْعُونِيِّينَ».

يشوع ٦: ٢٦ وَحَلَفَ يَشُوعُ فِي ذلِكَ الْوَقْتِ قَائِلاً: «مَلْعُونٌ قُدَّامَ الرَّبِّ الرَّجُلُ الَّذِي يَقُومُ وَيَبْنِي هذِهِ الْمَدِينَةَ أَرِيحَا. بِبِكْرِهِ يُؤَسِّسُهَا وَبِصَغِيرِهِ يَنْصِبُ أَبْوَابَهَا».

ملوك الأول ١٦: ٣٤ فِي أَيَّامِهِ بَنَى حِيئِيلُ الْبَيْتَئِيلِيُّ أَرِيحَا. بِأَبِيرَامَ بِكْرِهِ وَضَعَ أَسَاسَهَا وَبِسَجُوبَ صَغِيرِهِ نَصَبَ أَبْوَابَهَا، حَسَبَ كَلاَمِ الرَّبِّ الَّذِي تَكَلَّمَ بِهِ عَنْ يَدِ يَشُوعَ بْنِ نُونٍ.

9. Merrill C. Tenney, ed., *The Zondervan Pictorial Encyclopedia of the Bible*, (Grand Rapids; Zondervan , 1975).

٢. الاشتراك في أمور نجسة أو ملعونة

- قد يأخذ العدوّ مكاناً في عائلة أو مجتمع ما من خلال الأغراض أو النشاطات المدنّسة.

- إنّ الاشتراك في الأمور المدنّسة أو الملعونة قد يسبّب اللعنات. إنّه يظهر في معظم الأوقات، في عبادة الأصنام أو استخدام الأغراض المتعلّقة بالسّحر والعرافة.

٢ كورنثوس ٦: ١٧   لِذَلِكَ اخْرُجُوا مِنْ وَسَطِهِمْ وَاعْتَزِلُوا، يَقُولُ الرَّبُّ. وَلاَ تَمَسُّوا نَجِساً فَأَقْبَلَكُمْ.

حزقيال ٤٤: ٢٣   وَيُرُونَ شَعْبِي التَّمْيِيزَ بَيْنَ الْمُقَدَّسِ وَالْمُحَلَّلِ، وَيُعَلِّمُونَهُمُ التَّمْيِيزَ بَيْنَ النَّجِسِ وَالطَّاهِرِ.

- يجب تحديد هذه الأغراض والتخلّي عنها وتدميرها لإزالة المكان الذي يحتلّه العدوّ، واسترجاع حرّيّة فيض حضور الله وقوّته في حياتنا.

أعمال الرسل ١٩: ١٨ – ٢٠   وَكَانَ كَثِيرُونَ مِنَ الَّذِينَ آمَنُوا يَأْتُونَ مُقِرِّينَ وَمُخْبِرِينَ بِأَفْعَالِهِمْ وَكَانَ كَثِيرُونَ مِنَ الَّذِينَ يَسْتَعْمِلُونَ السِّحْرَ يَجْمَعُونَ الْكُتُبَ وَيُحَرِّقُونَهَا أَمَامَ الْجَمِيعِ. وَحَسَبُوا أَثْمَانَهَا فَوَجَدُوهَا خَمْسِينَ أَلْفاً مِنَ الْفِضَّةِ. هَكَذَا كَانَتْ كَلِمَةُ الرَّبِّ تَنْمُو وَتَقْوَى بِشِدَّةٍ.

٣. الانتهاكات للأماكن

- الأماكن الدينيّة المعدّة لإبليس قد تكون ملعونة. وأحياناً إنّ أخذ الأغراض معنا من تلك الأماكن، و/أو سيرنا فيها قد يسبّب لنا المشاكل.

تثنية ٧: ٢٥ – ٢٦   وَتَمَاثِيلَ آلِهَتِهِمْ تُحْرِقُونَ بِالنَّارِ. لاَ تَشْتَهِ فِضَّةً وَلاَ ذَهَباً مِمَّا عَلَيْهَا لِتَأْخُذَ لَكَ لِئَلاَّ تُصَادَ بِهِ لأَنَّهُ رِجْسٌ عِنْدَ الرَّبِّ إِلَهِكَ. وَلاَ تُدْخِلْ رِجْساً إِلَى بَيْتِكَ لِئَلاَّ تَكُونَ مُحَرَّماً مِثْلَهُ. تَسْتَقْبِحُهُ وَتَكْرَهُهُ لأَنَّهُ مُحَرَّمٌ».

٤. الارتباط بالطقوس الشّيطانيّة أو النشاطات المدنّسة

- مثلاً: اللعنات بسبب الاشتراك في ألعاب، موسيقى أو طقوس شيطانيّة. قد يتضمّن ذلك الاشتراك في ألواح الويجا، جلسات استحضار الأرواح، الإسقاط النجمي (الانفصال عن الجسد، الخ)، قراءة الكفّ، عبادة الشّيطان، إلخ.

حزقيال ٨: ٩ – ١٠   وَقَالَ لِي: «ادْخُلْ وَانْظُرِ الرَّجَاسَاتِ الشِّرِّيرَةَ الَّتِي هُمْ عَامِلُوهَا هُنَا». فَدَخَلْتُ وَنَظَرْتُ وَإِذَا كُلُّ شَكْلِ دَبَّابَاتٍ وَحَيَوَانٍ نَجِسٍ، وَكُلُّ أَصْنَامِ بَيْتِ إِسْرَائِيلَ، مَرْسُومَةٌ عَلَى الْحَائِطِ عَلَى دَائِرِهِ.

- اللعنات على الأماكن الماديّة قد تحمل معها تأثيرات روحيّة باقية من عمل الانتهاك والاعتداء الذي حصل في تلك المواقع أو المباني، أي من النشاطات الخاطئة والمؤذية التي تمّت فيها.

٥. اللعنات الكلاميّة

- قد تكون الكلمات تعهّدات مقصودة أو غير مقصودة تعطي "توبوس" أي مكاناً أو سلطة للعدوّ في حياتنا.

- الكلمات تحمل قوّة كبيرة من السماويّات أكانت كلمات بركة أو لعنة.

أمثال ١٨: ٢١   الْمَوْتُ وَالْحَيَاةُ فِي يَدِ اللِّسَانِ وَأَحِبَّاؤُهُ يَأْكُلُونَ ثَمَرَهُ.

- وَصَفَ الرسول يعقوب الكلمات المؤذية باللعنات.

يعقوب ٣: ٧ – ١٠   لأَنَّ كُلَّ طَبْعٍ لِلْوُحُوشِ وَالطُّيُورِ وَالزَّحَّافَاتِ وَالْبَحْرِيَّاتِ يُذَلَّلُ، وَقَدْ تَذَلَّلَ لِلطَّبْعِ الْبَشَرِيِّ. وَأَمَّا اللِّسَانُ فَلاَ يَسْتَطِيعُ أَحَدٌ مِنَ النَّاسِ أَنْ يُذَلِّلَهُ. هُوَ شَرٌّ لاَ يُضْبَطُ، مَمْلُوٌّ سُمّاً مُمِيتاً. بِهِ نُبَارِكُ اللهَ الآبَ، وَبِهِ نَلْعَنُ النَّاسَ الَّذِينَ قَدْ تَكَوَّنُوا عَلَى شِبْهِ اللهِ. مِنَ الْفَمِ الْوَاحِدِ تَخْرُجُ بَرَكَةٌ وَلَعْنَةٌ! لاَ يَصْلُحُ يَا إِخْوَتِي أَنْ تَكُونَ هَذِهِ الأُمُورُ هَكَذَا!

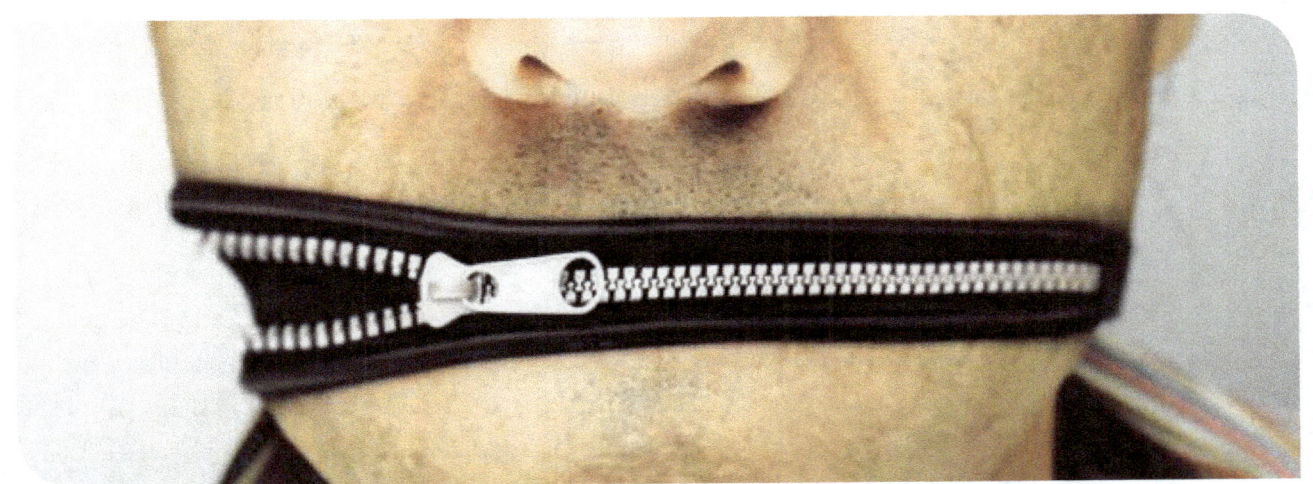

- قد تكون "اللعنات الكلاميّة" لعنات نوجّهها نحن إلى أنفسنا:

  - "أنا غبيّ..."

  - "لن أستطيع أبداً أن أكون مثل..."

  - "سأكون دائماً فقيراً..."

  - ترديد كلمات الأغاني التي تتكلّم عن تدمير الذات.

- قد تكون "اللعنات الكلاميّة" لعنات نوجّهها إلى الغير:

  - "لا يمكنك فعل شيء بطريقة صحيحة!"

  - "غبيّ!" (الكلمات القبيحة)

  - تصنيف الناس (بخاصّة الأولاد) – "إنّها خرقاء بامتياز، دائماً غريبة الأطوار"، أو "إنّه الولد الخجول".

  - التسميات والألقاب

- أمثلة عن الحالات التي قد نقابل فيها لعنات كلاميّة:

  - في كلامنا السلبيّ نحو أنفسنا

  - لعنات من أشخاص لهم سلطان في حياتنا (كلام من الأهل، الأساتذة، المدرّبين، إلخ.)

  - لعنات من الآخرين عبر كلام الغيرة، المجادلات، تشويه السمعة والثرثرة

> الكلمات تحمل قوّة كبيرة من السماويّات أكانت كلمات بركة أو لعنة.

ج. تفكيك اللّعنات واختبار الحريّة

١. فكّك أيّ مكان يحتلّه إبليس

يمكنك القيام بذلك من خلال الاعتراف بأيّ خطيئة (استخدم "المبادئ الأربعة")، و/أو منح الغفران لأيّ شخص أساء إليك أو تكلّم بلعنات عليك.

٢. أَعلن إنعتاقك وتحريرك

الخطوة الأولى: إعترف بخطيئتك (وأيّ خطيئة موروثة في حال وجودها) التي أعطت أيّ "توبوس" أيّ مكان للعدو، وطبّق "المبادئ الأربعة" للتّعامل مع ذلك.

الخطوة الثانية: على أساس وعد **الله** بمغفرة الخطايا، أطلب منه أن يزيل اللعنة التي حلّت على حياتك.

الخطوة الثالثة: إنتهر أيّ نشاط شيطاني وتأثير مرتبط باللعنة، وأمُرْ كلّ أجناد الشرّ الروحيّة المرتبطة باللعنة أن ترحل باسم يسوع.

> **إعلان نموذجي:** "بسلطان يسوع المسيح وبدمه المسفوك وقيامته، آخذ السلطان على لعنة الـ ______________ هذه. أُعلن أنّ لا مكان لها في حياتي وآمرها أن تنقطع وتنكسر الآن!"

٣. أرفض أيّ لعنات غير مبرّرة

قد تكون هذه اللعنات كلاميّة من أشخاص آخرين يعلنونها على حياتك، إمّا من أشخاص تعرفهم، أو أشخاص مشاركين في مملكة إبليس بطريقة معلَنة، وقد يلعنونك من بعيد بسبب شهادتك للمسيح. هذه اللّعنات الكلاميّة لا تأتي عليك بسبب خطيئتك أو أعمالك لذلك ليس عليك أن تعترف بأيّ خطيئة بل أن تنتهر اللعنة فقط.

أمثال ٢٦: ٢ كَالْعُصْفُورِ لِلْفَرَارِ وَكَالسُّنُونَةِ لِلطَّيَرَانِ كَذلِكَ لَعْنَةٌ بِلاَ سَبَبٍ لاَ تَأْتِي.

الخطوة الأولى: تكلّم بصوت مسموع وخذ السّلطان على اللّعنة باسم يسوع وأمُرْها أن تنكسر حالاً.

> **إعلان نموذجي:** "بسلطان يسوع المسيح وبدمه المسفوك وقيامته، آخذ السلطان على لعنة الـ ______________ هذه. أعلن أنّ لا مكان لها في حياتي وآمرها أن تنقطع وتنكسر الآن!"

الخطوة الثانية: إنتهر اللّعنة باسم يسوع وأمُرْ كلّ أجناد الشرّ الروحيّة المرتبطة باللّعنة أن ترحل عنك الآن!

الخطوة الثالثة: بارك لاعنيك واغفر لهم.

١ كورنثوس ٤: ١٢ – ١٣ وَنَتْعَبُ عَامِلِينَ بِأَيْدِينَا. نُشْتَمُ (كلام لعنة) فَنُبَارِكُ. نُضْطَهَدُ فَنَحْتَمِلُ. يُفْتَرَى عَلَيْنَا فَنَعِظُ. صِرْنَا كَأَقْذَارِ الْعَالَمِ وَوَسَخِ كُلِّ شَيْءٍ إِلَى الآنَ.

يُبيِّن الله قوّته بالكلمات التي تبني وتشجّع وتقوّي، ويستخدمها ليسكُب بركته على شعبه حين ندعو اسمه عليهم.

٤. نظّف منزلك وحياتك من أيّ أغراض و/أو نشاطات مدنَّسة

يشوع ٢٤: ١٥ وَأَمَّا أَنَا وَبَيْتِي فَنَعْبُدُ الرَّبَّ!

٥. تصرّف بعكس روح اللّعنة أي بروح الحريّة والقوّة والبركة

رومية ١٢: ١٤ بَارِكُوا عَلَى الَّذِينَ يَضْطَهِدُونَكُمْ. بَارِكُوا وَلاَ تَلْعَنُوا.

- يُرسل **الله** بركته بالفعل حين نتكلّم ونصلّي بحريّة للبركة على حياة الناس.
- يُبيّن **الله** قوّته بالكلمات التي تبني وتشجّع وتقوّي، ويستخدمها ليسكُب بركته على شعبه حين ندعو اسمه عليهم.
- عندما يمتزج كلامنا بكلمة **الله** وطبيعته حين ننطق بالبركات الكلاميّة، نصبح قناة تفيض من خلالها قوّة **الله**، مثل مانعة الصواعق التي تصبح قناة للتيّار الكهربائي. إنّ مانعة الصّواعق تؤمّن طريقاً للبرق وتقوده إلى الأرض بطريقة مركّزة. وهكذا أيضاً، يمكن أن يشكّل كلام البركة الذي نوجّهه للآخرين نقاط جذب لقوّة **الله** لكي تفيض في حياتهم.

يمكننا أخذ اللعنات المُرتبطة بالخطايا المتوارَثة والرّوابط النفسيّة واللعنات نفسها، وكسرها ثمّ استبدالها بنعمة **الله** وبركته وقوّته ومحبّته. هذا جزء من العيش بحريّة ومن الانتصار على مخطّطات إبليس الذي يريد أن يسرق منك القصد المدهش والمصير الرائع اللّذين حضّرهما **الله** لك منذ البداية. هذا جمال العيش بحرّيّة!

غلاطية ٥: ١ فَاثْبُتُوا إِذاً فِي الْحُرِّيَّةِ الَّتِي قَدْ حَرَّرَنَا الْمَسِيحُ بِهَا، وَلاَ تَرْتَبِكُوا أَيْضاً بِنِيرِ عُبُودِيَّةٍ.

ملاحظات

الملحق

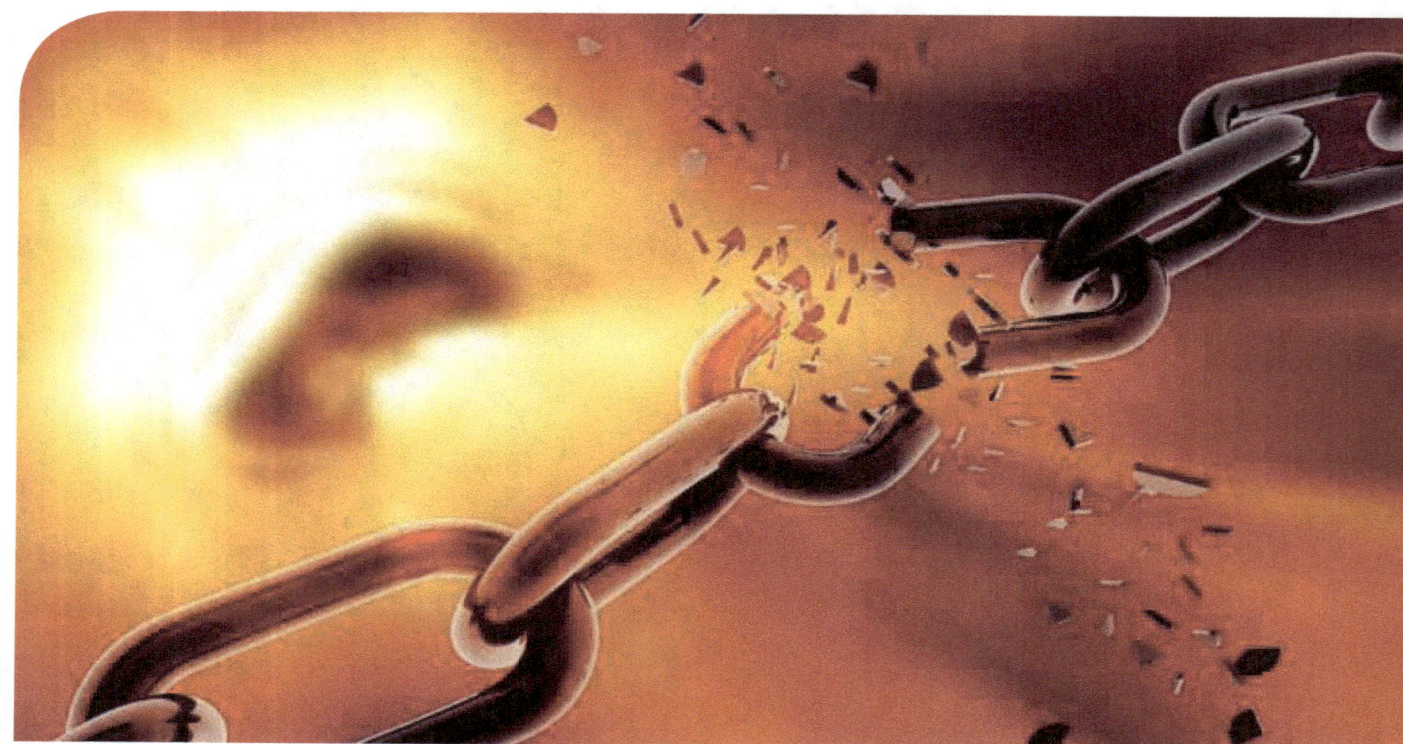

الملحق أ: لائحة الحصون ووصفها

١. حصون الرّدود الخامدة (الانهزاميّة)

أ. اللامبالاة

- إنّه ببساطة حالة انعدام الحركة، الاستسلام وعدم أخذ المبادرة.
- قد تنمو من الرفض والتمرّد كليهما، لكنّها تنجح في وضعنا حيث يريد إبليس أن يضع المسيحيّ.
- قال يسوع إنَّ الناس سيقبلون ملكوت **الله** باندفاع.

ب. التصرَف كضحيَة

- تصرّف خادع يجمع حول الفرد بعض المشاهدين، المتعاطفين والمتحسّرين.
- في معظم الأحيان يُخطئ الناس ويتعاطفون مع هذه الحالة بدلاً من أن يواجهوها.
- أرض خصبة للإساءات.

ج. كره النفس

- خطوة أكثر حدّة من الشفقة على النفس.
- العلاقات الاستغلاليّة وحالات الاعتداء تفتح الباب واسعاً لهذه الروح.
- يعبّر الفرد عن هذا الكره بتصرّفات كالإدمان والفساد الجنسيّ والتجاهل التامّ لحياته وعلاقاته.
- هذا الحصن يسجن الإنسان ويجعله يظنّ أنَّ هدفه وهويّته مرتبطان بشكله وأنَّ جمال الشخص موجود في مظهره الخارجي.

د. الشّعور بالدونيّة

- إنّه الاعتقاد بأنّنا أقلّ قيمة وأهميّة من الآخرين.
- إنّه الاعتقاد والشّعور بأنّنا في درجات أدنى، في رتبة ثانية، تحت المعدّل وغير قادرين على مضاهاة الآخرين.
- في الكثير من الأحيان هذا الحصن يدفع المرء ليرى نفسه كإنسان فاشل.
- أمور عديدة ترتبط بالشّعور بالدونّية مثل الشفقة على النفس، الغيرة، الإفراط بالإنجازات، إلخ.

ه. العار/ الإدانة

- يختلف عن الشعور بالذنب الإيجابي الصحّي الذي يعمل كنظام تحذير بهدف منعنا من الابتعاد عن العيش في الحقّ ومشيئة **الله**.
- إنّه العيش الدائم مع مشاعر العار المؤلمة حزناً على تصرّفاتنا غير اللائقة.
- يمكن ربط هذا الحصن بالأفعال التي ارتكبها الشخص، والاعتداء الذي ارتكبه شخص آخر بحقّه.
- يأتي في الكثير من الأحيان كردٍّ على شيء مخفيّ أو شيء أُبقي سرّاً.

و. عدم الأمان

- إنّه متجذّر في الخوف من ألاّ نكون مقبولين ومحبوبين أو من ألاّ يُثنى على عملنا.
- إنّه التفكير بأنَّ الشّخص الذي خلقنا **الله** لنكونه ليس جيّداً بما فيه الكفاية.
- إنّه يشجّع مختلف المواقف والأفعال غير الصحيّة تجاه النفس وتجاه الغير.
- يجب أن يعود الفرد لرؤية نفسه كما يراه **الله**.

ز. فقدان الأمل

- إنّه يرى الحياة بدون أيّ فرصة للنجاح، للانتصار و/أو لإيجاد حلّ.
- يجعل الفرد يعيش في اليأس.
- إنّه يسكن مع عدم الإيمان والخمود السلبيّ.

ح. الاكتئاب

- قد يكون نتيجة تَكدّس مشاعر النّقص في المحبّة.
- قد يرتبط بخسارة مفجعة مباشرة ومحدّدة أو بحالة مماثلة.
- قد ينبع من الذّنب الذي تُنتجه الخطيئة.
- مجدّداً، يجب تحديد المصدر ومعالجته لا معالجة العوارض.

أمور عديدة ترتبط بالشّعور بالدونَية مثل الشفقة على النفس، الغيرة، الإفراط بالإنجازات، إلخ...

ط. الانتحار

- إنّه مرتبط بحصون/أرواح الموت والتّدمير.
- إنّه يهاجم الأفكار ويدفع نحو محاولات الانتحار.

٢. حصون الرّدود العدائيّة ("سوف أريك!!!")

(ملاحظة: إنّ الذين يعانون من مشاكل التمرّد يواجهون بعض المشاكل مع القادة أو علاقتهم بهم وسيواجهون صعوبات مع احترام السّلطة.)

أ. الانتقاد

- الرّوح المنتقِدة تنظر إلى النّاس والظّروف من وجهة نظر سلبيّة. إنّها غير صبورة، مغتاظة وغير مرنة مع الآخرين بدلاً من أن تتحلّى بالنعمة، اللطف، الرّحمة، الصّبر، الفهم، المحبّة والإحسان.
- هذا الحصن يشير إلى الضّعفات وإلى صفات الآخرين بمنظار يهدف إلى التّحطيم لا البناء.
- يتعرّض الأصدقاء، العائلة، الزملاء، الإخوة في الكنيسة، الظروف والآخرون حول هذا الشخص للانتقاد بهدف التّحطيم لا البناء.

ب. المرارة/ الاستياء/ عدم الغفران

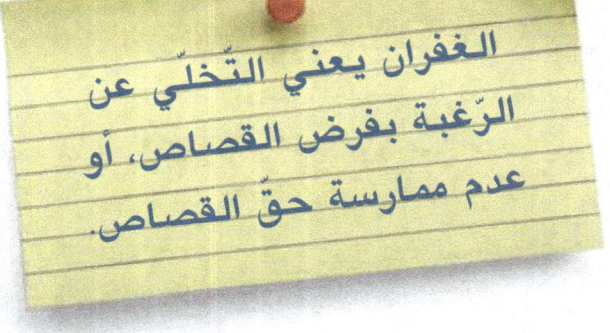

الغفران يعني التّخلّي عن
الرّغبة بفرض القصاص، أو
عدم ممارسة حقّ القصاص.

- هذا الحصن يحمل معه أقصى درجات العداوة والفظاظة والقساوة والنّكاية. يشعر المرء بالغضب والإهانة حين يتعرّض للضرر، للاستغلال أو للإساءة.
- الغفران يعني التّخلّي عن الرّغبة بفرض القصاص، أو عدم ممارسة حقّ القصاص؛ التخلّي عن أيّ مطالبة بدفع الثمن؛ أن نسامح، نحذف ونُطلق.

ج. العدائيَة/ الكره

- مراعاة عدم اللطف، الخصام، النفور والمقت الشديد، الكراهية المعادية.
- هذا الحصن أيضاً يرتبط بمشاكل في الغفران.

د. الفوقيّة/تمجيد النفس/الانتفاخ:(تتضمّن وترتبط بالكبرياء والتعالي، إلخ.)

- إنّه تعبير عدائيّ للشّعور بالدونيّة.
- إنه مسألة توطيد الأهميّة الذاتيّة وتغطية ألم الشّعور بالدونيّة.
- غالباً ما يرتبط الإفراط بالإنجازات بهذا الحصن وكذلك بحصن التنافس.

ه. الكبرياء/ الانتفاخ

- إنّه المبالغة بتقدير النفس، التعالي، الغطرسة، الأهميّة الذاتية، الاستقلاليّة، الحكيم في عينيّ نفسه.
- الغرق في الانشغال بالنفس، الأنانيّة.
- النظر إلى النفس كونها أكثر أهميّة من الغير.
- النظر إلى النفس وإلى المصالح الشخصيّة قبل الآخرين.
- وضع الثقة في نفسي، قدراتي، مركزي، وأعمالي بدلاً من وضع الثقة في الله.

و. التنافس

- يوجد تنافس صحيّ لكن ليس التنافس الذي يستمدُّ منه الفرد قيمته وأهميّته.
- في معظم الأحيان إنّه نتيجة المحبّة المشروطة بالأداء، والتي هي نوع آخر من "الحرمان من المحبّة". فالمحبّة التي تلقّاها الشخص لم تنبع من المحبّة له كفرد بل لما يمكنه فعله أو لمن يمكنه أن يصبح.
- الطموح الأناني، الكمال و"الوصول إلى القمّة" هي بعض التعابير التي تَظهَر في هذه الحصون.

ز. التحكّم/ العناد/ التلاعب

- في العديد من الأوقات، يأخذ الفرد بسبب الجروح التي تعرّض لها، دوراً عدائياً ليحمي نفسه من المزيد من الجروح وذلك عبر السّعي إلى التحكّم في الأوضاع والعلاقات في حياته.
- التحكّم، السّيطرة والتلاعب، إلخ. تسلبنا من العواطف (إلاّ الغضب، الذي يصرّ كثيرون أنّه ليس ضمن العواطف).
- التحكّم، السيطرة والتلاعب، إلخ. تتجذّر في الخوف.
- العنيد يجب أن يكون على حقّ، أو يجب أن تتمّ الأمور على طريقته وذلك أيضاً ليتحكّم بالأمور.
- الشخص غير القابل للتعلُّم يستخدم المعرفة كوسيلة للتحكّم ولإيجاد الهويّة والأهميّة التي يبحث عنها.

ح. الغيرة/ الطَّمع

- المطالبة بالولاء الكامل، الحسد المرافَق بالاستياء، اشتهاء الامتلاك والتلهّف له، الاشتهاء غير العادي، السّعي بغيرة للحصول على الأمور أو امتلاكها، الإمساك بها، الطمع فيها.
- عدم الرّضى، أو حتّى الإزدراء والإحتقار لما أعطانا إيّاه الله.
- إنه حصن يغذّي الغضب والاستياء في الكثير من الأحيان.
- إنه يغذّي التنافس.
- إنه يركّز على النفس فيحجب بالتالي البركات، العاطفة، كلام وأعمال التشجيع عن الآخرين.

ط. الغضب

- ملاحظة: الغضب شعور ثانويّ ما يعني أنّه ردّ على و/أو تعبير عن شعور أوليّ كالمرارة، العدائيّة، الاستياء، إلخ. التي تأتي من الجروح و/أو الحرمان من المحبّة.
- تشكّل هذه العواطف ردوداً عدائيّة على الحرمان من المحبّة والحقّ في حياتنا.
- يسبّب الغضب والمشاعر المرتبطة به اضطراباً في شخص الفرد الدّاخليّ وفي علاقات وظروف أخرى في حياته.
- عدم الغفران والغضب يأتيان سويّاً يداً بيد.

ي. الخيانة/ القتل

- استغلال الثقة، كسر الأمانة بإفشاء السرّ أو الإفصاح عمّا وُضع في الأمانة، التضليل أو التسبّب بالضياع، الخداع والتورّط، الضرّر والتدمير.
- ينبع ذلك في الكثير من الأحيان من التعرّض للإساءة أو الرفض، ليس بالضرورة من الذين يختار الشخص أن يخونهم.
- تحصل أحياناً بسبب مشاعر عدم الأمان والشعور بالدونيّة للسّعي وراء مركز معيّن أو تقدير، غنى و/أو تأثير.
- يمكن إيجاد بذار الخيانة/ الموت في التمرّد، الغضب، الإساءة، الغيرة، الاستقلاليّة، التفوّق، عدم الرّضى والطموح الأناني.

تتأسَّس الحصون من خلال "الخطيئة العلنيّة"

٢ كورنثوس ١٠: ٣ – ٥ لأَنَّنَا وَإِنْ كُنَّا نَسْلُكُ فِي الْجَسَدِ، لَسْنَا حَسَبَ الْجَسَدِ نُحَارِبُ. إِذْ أَسْلِحَةُ مُحَارَبَتِنَا لَيْسَتْ جَسَدِيَّةً، بَلْ قَادِرَةٌ بِاللهِ عَلَى هَدْمِ حُصُونٍ. هَادِمِينَ ظُنُوناً وَكُلَّ عُلْوٍ يَرْتَفِعُ ضِدَّ مَعْرِفَةِ اللهِ، وَمُسْتَأْسِرِينَ كُلَّ فِكْرٍ إِلَى طَاعَةِ الْمَسِيحِ.

١. الخطايا الجنسيّة

أ. الشهوة (المواد الإباحيّة، الاستغراق في التخيّل، إلخ.)

ب. الزِّنى

ج. الشذوذ الجنسي/ المثليّة الجنسيّة

د. العلاقات الجنسيّة قبل الزواج

هـ. الاغتصاب

و. الاعتداء

ز. الإجهاض

ح. العلاقات الممنوعة بين الأقارب (سفاح القُربى)

ط. الشذوذ/ الانحرافات الأخلاقيّة

الخيانة هي استغلال الثقة، كسر الأمانة بإفشاء السرّ أو الإفصاح عمّا وُضع في الأمانة، التضليل أو التسبّب بالضياع، الخداع والتورّط، الضرّر والتدمير.

٢. خطايا أخرى

أ. عدم الإيمان

ب. عدم الامتنان والشكر/ التذمّر

ج. الإدمان/ الطمع (الكحول، المخدّرات، الأموال، العمل، الهوايات، إلخ.)

د. الكذب/ الخداع

هـ. الافتراء/ تشويه السمعة

و. السّرقة

ز. الكسل

ح. الغشّ

ط. اللعنات

ي. السّحر وبدع العصر الجديد عبر:

١. موسيقى، أفلام، كتب

٢. التعويذات، الأغراض التي لها تأثيرات سحريّة، البلّورات

٣. الأبراج

٤. التمرّد العلني

٥. الممارسات لأعمال السّحر بما في ذلك:

- الويكا (ديانة وثنية)
- السّحر الأبيض والسّحر الأسود
- الفودو
- العرافة/التبصير

تتأسَّس الحصون من خلال "الخطيئة العلنيّة"

- ألعاب السّهرات (ألواح الويجا، إلخ.)
- الألعاب الإلكترونيّة ("الزنزانات والتنانين"، إلخ.)
- الوساطة وجلسات تحضير الأرواح (ولو بدت بريئة)
- التنويم المغناطيسي
- قراءة الكفّ
- الكتابة التلقائيّة (بتحكّم الأرواح باليد)
- الإسقاط النجمي (الانفصال عن الجسد)
- التنجيم
- أوراق التارو
- التكريس لعمل سحريّ أو لوَثن معيّن (أو أيّ أدوات مرتبطة بذلك)
- المخدّرات
- أعمال الطالع والسّحر (تلقّي المعرفة عبر مصادر شيطانيّة وتغيير الحواسّ الجسدية)
- اللعنات والقَسَم

٣. الخطايا الدينيّة

أ. الزّنى الرّوحي

ب. الديانات الخاطئة

ج. البدع

د. التركيز على الاختبارات الدينيّة

هـ. الاستغلال الرّوحي

و. التديّن المتكبر

ملاحظات

الملحق ب: القبول الشّخصيّ لقوّة الصّليب

التغلّب على الحصون: قوّة التّوبة

التّوبة

ملخّص

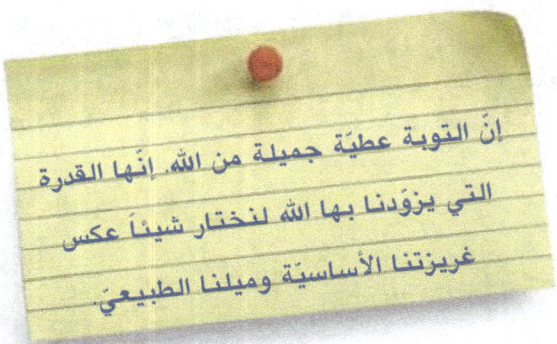

١. الله يخلق الناس بهدف وتصميم
٢. لماذا لا أحيا في تصميم الله الأصليّ لحياتي؟
٣. المقاومة لخطّة الله تنتج الحصون
٤. عمليّة السير في الحريّة هي كسر قوّة الحصون التي فيّ
٥. الحريّة هي قصد الحياة
٦. الحصون هي جذور الخطيئة، الغيظ، اليأس والإدمان

إنّ التوبة عطيّة جميلة من الله. إنّها القدرة التي يزوّدنا بها الله لنختار شيئاً عكس غريزتنا الأساسيّة وميلنا الطبيعيّ

كسر قوّة الخطيئة وقوّة الشيطان

كيف يُمكننا أن ننتصر على الأمور المقاوِمة لأهداف الله؟ كيف يُمكننا أن نفكّك الحصون/القيود؟

وَلَكِنْ شُكْراً لِلهِ الَّذِي يُعْطِينَا الْغَلَبَةَ بِرَبِّنَا يَسُوعَ الْمَسِيحِ. (١ كورنثوس ١٥: ٥٧)

لقد سبق واكتشفنا أنّ التغلّب على الأمور المقاومة لا يمكن أبداً أن يتمّ بقوانا البشريّة. مهما "حاولنا بطريقة أقوى" لن نتمكّن من التغلّب على حصون المقاومة في حياتنا لأنّ الحصون روحيّة بطبيعتها.

- الحريّة لا تأتي من المساعدة الشخصيّة أو التفكير الإيجابيّ
- لا يمكن أن نستحقّ الحريّة أو أن نفوز بها بأنفسنا
- المحاولة من كامل قوّة إرادة الإنسان لن تحقّق تغييراً دائماً
- لا يمكننا التخلّص من الحصون بمجرّد "التمنّي"

نحن بحاجة إلى قوّة لنغلب الخطيئة المقاوِمة. "لأَنَّ مَلَكُوتَ اللهِ لَيْسَ بِكَلاَمٍ (مجرّد كلام) بَلْ بِقُوَّةٍ (حياة فيها قوّة)" (١ كورنثوس ٤: ٢٠). إنّ مصدر هذه القوّة قد فاجأ كلّ الذين عاشوا في ذلك الزّمن القديم. ينظر الناس عادة إلى القوّة كقوّة جسديّة أو القدرة أو التفوّق العسكريّ أو التذلّل لمَن في مركز القيادة أو تخويف الضّعيف، لكنّ مصدر قوّة الله هو صليب المسيح.

قوّة الصّليب

"يقف الصّليب آخذاً المركز الأساسيّ في تاريخ البشريّة. كلّ ما جاء قبله يقودنا إلى الصّليب، وكلّ ما جاء بعده يقودنا من الصّليب". (بوب غوردن)

"المصائب" الستّ التي وقعت على الجنس البشري

نرى في تكوين ٣ أنّ البشريّة أصبحت عرضة لستِّ مصائب ينبع منها كلّ ألم وبلاء جاء على الجسد والنفس البشريّة. نجد هنا إذاً جوهر كلّ ما يجب أن نتحرّر منه.

١. الذنب والدينونة

نرى في تكوين ٣ أنّ التأثير المباشَر للخطيئة على الإنسان جعله يُدرك العار والذنب على الفور بدون أيّ تعليم من الله حول ذلك، وبدون أيّ اختبار مُسبَق لذلك الشعور.

الَّذِي فِيهِ لَنَا الْفِدَاءُ، بِدَمِهِ غُفْرَانُ الْخَطَايَا (الحريّة من أجرة الخطايا)، حَسَبَ غِنَى نِعْمَتِهِ، الَّتِي أَجْزَلَهَا لَنَا (نعمة الحريّة الغنيّة التي أجزلها لنا)! (أفسس ١: ٥ مع تفسير)

٢. سيطرة إبليس

قاوم آدم وحواء خطّة الله لحياتهما واختارا عوض ذلك أن يسمعا لأكاذيب إبليس ويطيعاه، فسلّماه بذلك حقّ التسلّط والسّيطرة عليهما. لذلك أصبح الشيطان "إِلَهُ هَذَا الدَّهْرِ" (٢ كورنثوس ٤: ٤)

"...أَحْيَاكُمْ الله مَعَهُ (المسيح)، مُسَامِحاً لَكُمْ بِجَمِيعِ الْخَطَايَا... إِذْ جَرَّدَ الرِّيَاسَاتِ وَالسَّلاَطِينَ أَشْهَرَهُمْ جِهَاراً، ظَافِراً بِهِمْ فِيهِ." (كولوسي ٢: ١٣، ١٥)

٣. الألم والمعاناة

لم يكن المرض والمعاناة من تصميم أو قصد الله الأصليّ لنا. بينما يستطيع الله أن يستخدم الألم والمعاناة لغاياته المجيدة في حياتنا، لكنَّ مجيء ملكوته تضمّن أيضاً الشفاء والاسترجاع لتصميمه وقصده الأصلي.

الَّذِي بِجَلْدَتِهِ شُفِيتُمْ (١ بطرس ٢: ٢٤)

٤. القلق والهمّ

بعد السقوط أصبحت الصعوبات والجهود والعَرَق صفات تميّز الحياة المنفصلة عن الله، وصارت الأرض/التربة مصدر شبع الإنسان بدلاً من الله. (تكوين ٣: ١٨ – ١٩).

٥. الموت

الموت هو النتيجة الحتميّة للخطيئة وهو الدينونة الأخيرة لحالة البشريّة الساقطة، لكنَّ يسوع أزال دينونة الموت بموته:

فَإِذْ قَدْ تَشَارَكَ الأَوْلاَدُ فِي اللَّحْمِ وَالدَّمِ اشْتَرَكَ هُوَ أَيْضاً كَذَلِكَ فِيهِمَا، لِكَيْ يُبِيدَ بِالْمَوْتِ ذَاكَ الَّذِي لَهُ سُلْطَانُ الْمَوْتِ، أَيْ إِبْلِيسَ، وَيُعْتِقَ أُولَئِكَ الَّذِينَ خَوْفاً مِنَ الْمَوْتِ كَانُوا جَمِيعاً كُلَّ حَيَاتِهِمْ تَحْتَ الْعُبُودِيَّةِ. (عبرانيين ٢: ١٤ – ١٥)

٦. الرفض والانفصال عن الله

عندما اختار آدم وحواء سلطان الشيطان، رفضا **الله**. وأدّى رفضهما **الله** إلى خروجهما من محضره. وأصبح الرفض منذ ذلك الوقت جزءاً من الطبيعة البشريّة، وأصبحت قوّته الواسعة الانتشار تتسرّب إلى حياتنا بطرق مختلفة.

لأَنَّهُ فِيهِ سُرَّ أَنْ يَحِلَّ كُلُّ الْمِلْءِ، وَأَنْ يُصَالِحَ بِهِ الْكُلَّ لِنَفْسِهِ، عَامِلاً الصُّلْحَ بِدَمِ صَلِيبِهِ، بِوَاسِطَتِهِ، سَوَاءٌ كَانَ مَا عَلَى الأَرْضِ أَمْ مَا فِي السَّمَاوَاتِ. **(كولوسي ١: ١٩ – ٢٠)**

حَمْل الصّليب

لقد رأينا أنّ مثال حياة يسوع وموته على الصّليب قد سبقا وكسرا سلطة هذه القوى الروحيّة وقبْضتها الأكيدة على حياتنا. من خلال طاعة يسوع المسيح وموته الكفّاري، أعدّ لنا **الله** الآب طريقاً به، لنتمتّع بالغفران ونعيش حياةً حرّة من سلطان العالم والجسد والشيطان.

في حين أنّ يسوع هو مَن كسر قوى العدوّ، يبقى المفتاح للحياة المسيحيّة المنتصرة كامناً في الاتّصال بتلك القوّة والتصميم على السّير في الحريّة.

الاتّصال بقوّة الصّليب

الطريق التي تصلنا بالحقيقة الروحيّة، والطريق التي تُدخلنا إلى السلطان الروحي وتعطينا القوّة الروحيّة هي طريق التوبة والإيمان.

أ. الإيمان

لأَنَّكَ إِنِ اعْتَرَفْتَ بِفَمِكَ بِالرَّبِّ يَسُوعَ (يسوع سيّدي) وَآمَنْتَ بِقَلْبِكَ أَنَّ **الله** أَقَامَهُ مِنَ الأَمْوَاتِ خَلَصْتَ (إن دعوت إلى **الله** فحسب ووضعت ثقتك في عمله). لأَنَّ الْقَلْبَ يُؤْمَنُ بِهِ لِلْبِرِّ وَالْفَمَ يُعْتَرَفُ بِهِ لِلْخَلاَصِ (تقول "**الله** قد صالح كلّ شيء بينه وبيني"). **(رومية ١٠: ٩ – ١٠ مع تفسير)**

نحن نقوم بعمل الإيمان حين نضع ثقتنا في الله، ويظهر هذا الإيمان ويتقوّى حين نعلن ما اختبرنا بصوت مسموع.

ب. التّوبة

قوّة التّوبة

أ. عطيّة من الله

أَمْ تَسْتَهِينُ بِغِنَى لُطْفِهِ وَإِمْهَالِهِ وَطُولِ أَنَاتِهِ غَيْرَ عَالِمٍ أَنَّ لُطْفَ **الله** إِنَّمَا يَقْتَادُكَ إِلَى التَّوْبَةِ؟ **(رومية ٢: ٤)**

إنّ التوبة عطيّة جميلة من **الله**. إنّها القدرة التي يزوّدنا بها **الله** لنختار شيئاً عكس غريزتنا الأساسيّة وميلنا الطبيعيّ. بالتوبة، نغيّر اتّجاهنا الذي كان على توافق مع أكاذيب مملكة الظلمة وطرقها، ونوفّق حياتنا بحسب حقّ ملكوت **الله** وطرقه.

لا يوجد نموّ روحيّ من دون توبة. إنّها الخطوة الأولى التي يأخذها التلميذ.

قَدْ كَمَلَ الزَّمَانُ وَاقْتَرَبَ مَلَكُوتُ **الله** فَتُوبُوا وَآمِنُوا بِالإِنْجِيلِ. **(مرقس ١: ١٥)**

ب. عمليّة تبادل روحيّة

التوبة الحقيقيّة تُحدث عمليّة تبادل روحيّة في السماويّات. يعلن المرء عن تصميمه ورغبته والله يرى ذلك ويتصرّف.

لأَنَّ مَلَكُوتَ اللهِ لَيْسَ بِكَلاَمٍ بَلْ بِقُوَّةٍ. (١ كورنثوس ٤: ٢٠)

فَقَالَ لَهُمْ بُطْرُسُ: «تُوبُوا وَلْيَعْتَمِدْ كُلُّ وَاحِدٍ مِنْكُمْ عَلَى اسْمِ يَسُوعَ الْمَسِيحِ لِغُفْرَانِ الْخَطَايَا فَتَقْبَلُوا عَطِيَّةَ الرُّوحِ الْقُدُسِ». (أعمال الرسل ٢: ٣٨)

ج. تحليل التّوبة

إنَّ ردّنا بالإيمان والتّوبة هو أكثر من مجرّد "اعتذار" سريع نقدّمه لله. إنّ التّوبة الحقيقيّة تشكّل نقطة تحوُّل جذريّة تُظهِر ابتعادنا عن كلّ ما هو شرّير، خاطئ ومدمّر. إنّها تتضمّن إعلان الله لنا عن الحصون والأنماط المدمّرة في حياتنا. يتطلّب ذلك من جهتنا أن نستخدم السّلطان الذي نلناه لجعل توبتنا صادقة وفعّالة.

- **الاعتراف الواقعي** – ميّز أنماط التصرّف (بما في ذلك الامتناع أو السّهو) التي يجب أن تعتبرها كخطيئة وبدون أيّ إنكار. سمِّ الخطيئة خطيئة. لا أعذار.

- **الطلب بندم** – هذا ليس برنامجاً تكنولوجيّاً للتوبة (مثلاً: وجدت وسيلة تنقذني حين أقع في ورطة)، بل إنّه حزن صادق لأنّك أسأت إلى الله وهو يقودك إلى طلب غفرانه. أعلن إيمانك بالله لتحصل على بركته المعوِّضة.

- **الرّفض الصارم** – كلام واضح يعلن الرّجوع عن التصرّف المعنيّ. الإعلان الكلاميّ (المترافق بنيّة صادقة) بترك التصرّف المُسمَّى بالتحديد، والتحوّل نحو الحياة والثقة بالله وطاعته.

- **الانتهار الحاسم** – إنتهار الخداع الشيطانيّ والجهود الشيطانيّة التي تُغذّي خطايانا. في الواقع، هذا يُعلِن للشّيطان أننا الآن نرفض السّماح له بالبقاء في الأرض التي احتلّها في حياتنا وأنّ عليه الرحيل. (راجع متّى ٤: ١٠)

- **التعويض المثابر** – إنّه يُظهِر تصميمنا على استبدال أنماط التصرّف العتيقة بأخرى جديدة، بدءاً من أفكارنا حتّى مخيّلتنا وعواطفنا وصولاً إلى إرادتنا. يجب أن تتضمّن خطّة التعويض طرقاً لاكتساب مهارة قول الحقيقة لأنفسنا، وطرقاً لتعليم أنفسنا تحمُّل المسؤوليّة في الخطّة التي وضعناها للتّصحيح.

د. التّوبة أسلوب حياة

هـ. لماذا نقاوم إعلان خطيئتنا؟

- **الكبرياء**: لأننا نحبّ أن نفتكر أنّنا أفضل ممّا نحن عليه بالفعل (البرّ الذاتيّ).
- **الخوف**: لأننا نخاف من الانفضاح والرفض والعقاب من الله ومن الإنسان.
- **عدم الإيمان**: لأننا لا نثق بأنّ الله سيتعامل معنا بحسب رحمته وبأنّه سيحرّرنا.
- **التحكّم**: نريد أن نبقى الشخص الذي يتحكّم بالأمور.

الملحق ج: قوّة الغفران

قوّة منح الغفران للغير

قد تمنعنا الأمور السلبيّة في حياتنا من التّوجّه نحو الآخرين لخدمتهم بمحبّة. غالباً ما تسيطر على حياتنا أفكار سلبيّة عن أنفسنا، عن الظروف وعن الآخرين فتُظهِر أنّ الدينونة، المرارة وحتماً عدم الغفران موجودة فينا.

تمييز المُشتكي من المعزّي

يظنّ معظم الناس بأنّ معدّل تفكيرنا "المنتقد" يصل إلى نسبة ٨٠٪. إن نظرنا بتمعّن وانتظام إلى أحاديثنا اليوميّة/الأسبوعيّة، نجد أنّها تدور غالباً حول أعمال الظلم تجاهنا. نكرّر ما فعله الناس أو ما لم يفعلوه، وما كان يجب أن يفعلوه. نكرّر كلامنا عن حالة الضحيّة التي نحن فيها – لا يوجد ما يكفي من الوقت، الكثير من الضّغط، علاقات صعبة... وكلّ ذلك هو خطأ أحد آخر!

أ. الانحياز للعدوّ

ب. قوّة الاتّفاق

١. يحذّرنا يسوع من خطر عدم الغفران

وَاغْفِرْ لَنَا ذُنُوبَنَا كَمَا نَغْفِرُ نَحْنُ أَيْضاً لِلْمُذْنِبِينَ إِلَيْنَا... (**متّى ٦: ١٢ – ١٤**)

فَدَعَاهُ حِينَئِذٍ سَيِّدُهُ وَقَالَ لَهُ: أَيُّهَا الْعَبْدُ الشِّرِّيرُ كُلُّ ذَلِكَ الدَّيْنِ تَرَكْتُهُ لَكَ لأَنَّكَ طَلَبْتَ إِلَيَّ. أَفَمَا كَانَ يَنْبَغِي أَنَّكَ أَنْتَ أَيْضاً تَرْحَمُ الْعَبْدَ رَفِيقَكَ كَمَا رَحِمْتُكَ أَنَا؟. وَغَضِبَ سَيِّدُهُ وَسَلَّمَهُ إِلَى الْمُعَذِّبِينَ حَتَّى يُوفِيَ كُلَّ مَا كَانَ لَهُ عَلَيْهِ. فَهَكَذَا أَبِي السَّمَاوِيُّ يَفْعَلُ بِكُمْ إِنْ لَمْ تَتْرُكُوا مِنْ قُلُوبِكُمْ كُلُّ وَاحِدٍ لأَخِيهِ زَلاَّتِهِ. (**متّى ١٨: ٣٢ – ٣٥**)

٢. قوّة حجب البركة

نعلم أنّ عدم منح البركة والتأكيد والمحبّة لأحدهم قد يسبب ضرراً هائلاً. إنّ حجب البركة هو "قوّة" بحدّ ذاته، ويجب أن نفكّكها تماماً كما كسر المسيح قوّتها المطلقة على الصّليب.

يؤكّد يسوع أنّ قوّة حجب البركة لا تؤذي الآخر فحسب، بل وتسبّب لصاحبها الكثير من المعاناة أيضاً.

٣. قانون الزّرع والحصاد

وَلاَ تَدِينُوا فَلاَ تُدَانُوا. لاَ تَقْضُوا عَلَى أَحَدٍ فَلاَ يُقْضَى عَلَيْكُمْ. اِغْفِرُوا يُغْفَرْ لَكُمْ. أَعْطُوا تُعْطَوْا...(**لوقا ٦: ٣٧ – ٣٨**)

ما جاء في هذا العدد يُظهِر أنّ ما لا نعطيه لن نناله بدورنا. ما نزرعه سنحصده.

٤. الحلّ الجذري

أ. مات المسيح بديلاً عنّي

ب. مات المسيح مثالاً لي

٥. قوّة الغفران

تذكّر: إنّ الغفران عمل تحويل إراديّ، الفكر والعواطف تتبع لاحقاً. الغفران يُطلق البركة السماويّة. الغفران يكسر الرّوابط النفسيّة المدمّرة والتأثير غير الملائم، ويحرّرنا لنختبر نعمة الغفران، أعجوبة الخلاص ورجاء المجد.

الغفران يهيّئ المكان لحصول التحرير والشفاء. إنّه عمل "حلّ" لِمَا تمّ ربطه (متّى ١٨: ١٨). إنّه أمر عليّ أن أختار القيام به بدقّة، وقد يتضمّن القيام بجردة أخلاقيّة جديّة لحياتي وقطع جذور أنماط الدينونة والمرارة وعدم الغفران التي قد تظهر في عدّة أشكال في حياتي.

كسر دوّامة عدم الغفران

أ. يسعى إبليس لوضع الغضب في داخلنا لكي يوقعنا في فخّ ودوّامة من الخطيئة والغضب وعدم الغفران.

ب. الغضب

الغضب بذاته يأتي من طبع الله وهو ردّه على الظلم والطغيان والخطيئة، ويؤدّي إلى شغفٍ للتغيير والقداسة.

ج. الردّ الخاطئ

مع أنّنا قد نكون ضحايا للخطيئة والظلم (ما ورد في وقت سابق تحت "النقص في المحبّة") غالباً ما ينتج ذلك ردّاً خاطئاً فينا، ويمكن لردّنا هذا أن يغطّي الجذور الحقيقيّة للمشكلة. للحصول على الحريّة من "النقص في المحبّة" علينا الوصول إلى العمق وإطلاق الغفران للظروف والناس المعنيّين في الأمر.

مبادئ الغفران

أ. صدق حقيقي

أطلب من الرّوح القدس أن يعلن لك عن الغضب والمرارة في قلبك. "اخْتَبِرْنِي يَا اللهُ وَاعْرِفْ قَلْبِي. امْتَحِنِّي وَاعْرِفْ أَفْكَارِي. وَانْظُرْ إِنْ كَانَ فِيَّ طَرِيقٌ بَاطِلٌ وَاهْدِنِي طَرِيقاً أَبَدِيّاً." (مزمور ١٣٩: ٢٣ – ٢٤)

إتبع الصّدق في التعامل مع مشاعرك وتجرّأ أن تنظر إلى الغضب والمرارة التي تفضّل جداً ألاّ تراها في داخلك!

حدّد الخطيئة التي ارتكبها الشّخص بحقّك. لا تخفّف منها. أدعها باسمها الحقيقي (مثلاً: الخيانة، الاستغلال/الاعتداء، التّلاعب، الرّفض، الإجحاف/التخلّي...)

إذا سبّب ذلك بظهور مشاعر مثل: الغضب أو السّخط والألم أو الشعور بالأذى، من الجيّد أن تعبّر عنها لكن:

- لا تخرج عن السكّة
- لا تصبح سجيناً لهذه المشاعر
- لا تتوقّف هنا في العمليّة

ب. أربعة مواقف أساسيّة تمنعنا من تقديم الغفران

- الانتقام: "أريده أن يدفع الثمن".
- تبرير النفس: "سأغفر له عندما يتغير"، "يحقّ لي أن أغضب".
- البرّ الذاتي: "أنا على حقّ، أريد أخذ حقّي".
- الشفقة على النفس/ التحسّر كضحيّة: "من المؤلم جداً أن أغفر. لا يمكنك أن تتوقّع منّي أن أنسى الأمر ببساطة".

كلّ هذه الرّدود هي تعبيرات عن الكبرياء والتمرّد في قلوبنا، وعن نقص عميق في الشّكر على الغفران الذي نلناه من الله. الغفران مسألة طاعة وتواضع وإيمان في علاقتنا مع الربّ.

ج. اعتقادات شائعة ومغلوطة بشأن الغفران

- إنّه الادّعاء بأنّ الإساءة لم تحدث
- إنّه نسيان الإساءة
- إنّه الاعتذار بالكلام
- إنّه الشعور بالمحبّة نحو الجاني

الغفران يعني إلغاء الدَّيْن الذي يجب أن يدفعه الآخر ثمناً لإساءته... الدَّيْن يمثّل ما يجب على الآخر فعله أو قوله بحسب مقياس الله للحقّ والمحبّة. إذاً فلنقم بإلغاء الدَّيْن ونضع الشخص بين يديّ الربّ ليتعامل هو معه.

د. السَّير في خُطاه

١. ندخل في موت المسيح

نختار أن نعامل الشخص كما لو تصرّف بطريقة صحيحة نحونا، ونتخلّى عن حقّنا بتطبيق العدالة أو الانتقام لجعله يُدرك كم كان على خطأ. (هذا لا يعني ألّا نتكلّم عن المشكلة معه بل أن نفعل ذلك بعد إطلاق وتحرير الشخص في قلبنا).

٢. خذ قراراً بمباركة الشخص بالصّلاة. تخلَّ عن الرّغبة والحقّ والنيّة بالسّعي وراء الحصول على موافقة الشّخص.

الغفران يعني إلغاء الدَّيْن الذي يجب أن يدفعه الآخر ثمناً لإساءته...

٣. أطلب الغفران على شعورك بـ:

- الغضب
- المرارة
- تبرير النفس
- البرّ الذاتي
- الحماية الذاتيّة
- الشفقة على النفس
- الخمود/السلبيّة

إنتهر تطوّر عمل العدوّ في قلبك. تذكّر أنَّ الغفران عمليّة نسير فيها بينما نكشف كلّ طبقة موجودة في قلوبنا.

تمرين عمليّ

١

أطلب من الربّ أن يرشدك إلى شخص من الهامّ أن تغفر له. عبّر على ورقة/أكتب الاسم وما فعله ضدّك وكيف تشعر حياله.

٢

أمام الله وفي حضوره تَوجَّه إلى الشخص/الظرف المعنيّ في فكرك وتكلّم إليه.

أبي السّماوي العزين، أضع أمامك اليوم الخطيئة التي ارتكبها ________________ بحقّي (سمِّ الشخص والخطيئة أمام الربّ). ما فعلته لي كان خطأً وخطيئة.

أختار اليوم أن أُلغي دَينك لي؛ أنا أُطلقك وأحرّرك من دينونتي، وأضعك بين يديّ الربّ.

أنا أغفر لك وأباركك (إستخدم كلماتك الخاصّة).

أنا أقطع الرّباط النفسيّ المدمّر الذي يربطني فيك وأختار ألّا أجعلك تدفع، ألّا أسعى وراء موافقتك أو أخلّصك من مشاكلك الخاصّة. أختار أن أرتفع فوق خطيئتك وأتخطّاها وأتابع حياتي بطاعة لإلهي.

أتوب عن غضبي الشخصيّ ومرارتي (سمِّ أيّ خطيئة أخرى جاءت كردٍّ فعل على الشخص) وأنال الغفران.

أنتهرك يا روح الغضب والمرارة والاستياء، وأرفض إعطاءك أيّ مكان في قلبي، وآمر أن تتوقّف قوّة تأثيرك عليّ وتزول عنّي الآن باسم يسوع.

يا ربّ أطلب منك أن تأتي وتشفيني، عوّض عليّ وأحيِني وفِض فيّ واملأني بحياتك وسلامك. أختار أن أسير في حريّتك ونعمتك في الأيّام القادمة. آمين.

٣

أطلب من الربّ أن يعلن لك كيف تتعامل مع ذلك الشخص/الأشخاص أو الظرف في الأيّام القادمة (بخاصّة إن كان الوضع لن يتغيّر!)

ملاحظات

الملحق د: قصّة غفران "كوري تن بوم"

كانت "كوري تن بوم" وشقيقتها العزيزة مسجونتان في "رافنسبروك"، وفي ذلك المكان رأت الاثنتان وعاشتا ويلات معتقلات الموت. الحادثة التالية حصلت بعد فترة قصيرة من نهاية الحرب العالميّة الثانية وإطلاق سراح "كوري" من معتقل الموت النازي. إنّها قصّة غفران مليئة بالشّجاعة!

لقد رأيته في كنيسة في ميونيخ – كان رجلاً أصلعَ، قويّ البنية، يلبس معطفاً رماديّ اللون ويمسك بيديه قبّعة صوف بنيّة. كانت قاعة الطابق الأرضي حيث تكلّمت منذ قليل، تعجّ بالناس الذين يشقّون طريقهم بين الكراسي الخشبيّة ليصلوا إلى الباب في آخر القاعة. كنا في العام ١٩٤٧ وقد جئت من هولندا إلى ألمانيا المنهزمة حاملةً معي رسالةً تُعلن أنّ الله يغفر.

كانت الوجوه الرصينة تحدّق النظر فيّ لا تجرؤ أن تصدّق. لم يكن أحدٌ يطرح أيّ أسئلة بعد المحاضرات في ألمانيا عام ١٩٤٧. وقف الناس بصمت، جمعوا أغراضهم بصمت، وتوجّهوا إلى الخلف لمغادرة القاعة بصمت أيضاً. وعندها رأيته يشقّ طريقه نحو الأمام بعكس الآخرين. في ومضة رأيت المعطف والقبّعة البنيّة، وفي ومضة أخرى، رأيت زيّاً أزرق وقبّعة عليها وسام الجمجمة والعظام.

وَقَعَتْ عليّ الذكريات فجأة: تلك الغرفة الهائلة بأضوائها القويّة؛ كومة الفساتين والأحذية القذرة في الوسط؛ عار العبور عارية أمام ذلك الرجل. رأيت جسم أختي الضّعيف أمامي، رؤية أضلاعها تحت جلدها الرّقيق صعقتني. "بتسي"، كم كنت نحيلة يا أختي!

ذلك المكان كان "رافنسبروك"، والرجل الذي كان يشقّ طريقة نحوي كان واحداً من الحرّاس – من أشرِّهم. كان باستطاعتي أن أميّزه أينما وُجِد. والآن ها هو يقف أمامي مادّاً يده: "كانت مشاركتكِ قيّمة يا أختي! كم من الجيّد أن نعرف، كما قلتِ، أنَّ خطايانا أصبحت في عمق البحر!" والآن أنا، التي تكلّمَت بطريقة جدّ عفويّة عن الغفران، رحت أفتّش في دفتر ملاحظاتي بدلاً من أن أسلّم على تلك اليد. بالطبع لم يتذكّرني، كيف يمكنه أن يتذكّر سجينةً معيّنة من بين آلاف النّساء؟ لكنّني تذكّرته وسوطه الجلديّ المتدلّي من حزامه. كنت أقف وجهاً لوجه أمام أحد آسِرِيّ وشعرت بأنّ دَمي يتجمّد.

راح يقول "لقد ذكرتِ "رافنسبروك" في حديثك، أنا كنت حارساً هناك." كلاّ، لم يتذكّرني! وتابَع "لكن بعد تلك الفترة أصبحت مؤمناً بالمسيح . أعلم أنّ الله قد غفر لي الأمور الفظيعة التي اقترفتها هناك، لكن أودّ لو أستطيع سماع ذلك من فمكِ أيضاً، يا أختي." – مدّ لي يده مجدّداً – "هلاّ غفرتِ لي؟" وَقفْتُ هناك – أنا التي احتجت إلى غفران خطاياي مرّة تلو الأخرى – ولم أتمكّن من أن أغفر. "بتسي" قد توفّت في ذلك المكان – هل يستطيع أن يمحو موتها البطيء والشنيع بمجرّد طلب ذلك؟

أظن أنّه لم يبقَ واقفاً هناك لثوانٍ طويلة – مادّاً يده – لكن بدا ذلك بالنسبة لي كساعات، بينما رحت أتصارع مع أصعب شيء واجهته في حياتي. لأنّه كان عليّ فعل ذلك – كنتُ أعرف. كان موضوع مشاركتي، أنّ الله يغفر للذّين أساءوا إلينا. لم أعرف ذلك فقط كوصيّة من الله، بل عشته كاختبار يوميّ.

منذ نهاية الحرب أقمت بيتاً في هولندا لضحايا الأعمال الوحشيّة التي قام بها النازيّون. والأشخاص الذين تمكّنوا من الغفران لأعدائهم السّابقين تمكّنوا أيضاً من العودة إلى العالم الخارجيّ وإعادة بناء حياتهم مهما كانت ندوبهم الجسديّة. أمّا الّذين احتفظوا بمرارتهم بقوا عاجزين.

كان الأمر بسيطاً لكن فظيعاً في الوقت نفسه! وعلى الرغم من ذلك وَقفت هناك أشعر بقبضة البرودة مُمسِكةً قلبي. لكنَّ الغفران ليس شعوراً – كنت أعرف ذلك أيضاً. الغفران عمل إراديّ، وتستطيع تلك الإرادة أن تعمل بغضّ النظر عن حرارة القلب. صلّيت بصمت "يا يسوع، ساعدني! يمكنني أن أرفع يدي. هذا كلّ ما يمكنني فعله. أنتَ توِّمّن الشّعور."

إذاً، كآلة خشبيّة وبطريقة ميكانيكيّة، دفعتُ يدي في تلك اليد الممدودة نحوي. وبينما كنت أفعل ذلك، حصل أمر عجيب! بدأ التيّار في كتفي، وتسارع نازلاً في ذراعي وتفجّر في يدينا المجموعتين. وبعدها شعرت بذلك الدّفء الشّافي يتدفّق في كلّ كياني مالئاً عينيّ بالدموع. "أنا أغفر لك يا أخي!"، وبكيت متابعة، "..من كلّ قلبي."

للحظة أمسك واحدنا بيد الآخر – الحارس السّابق والسّجينة السّابقة. لم أكن قد اختبرت يوماً محبّة الله بتلك القوّة. لكن مع ذلك، أدركت أنَّ تلك المحبّة لم تكن محبّتي أنا. لقد سبق وحاولت لكن خانتني القوّة. كان ذلك عمل قوّة الرّوح القدس الذي غيّرني بمحبّة **الله**.

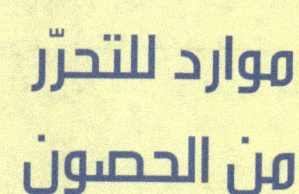

موارد للتحرّر من الحصون

ستجد في هذا الجزء موارد تفيدك في سعيك لاختبار "العيش بحريّة". إستخدم الأفكار والبصيرة والأعداد الكتابيّة المذكورة بهدف مساعدتك على إدراك حقيقة محبّة الله العظيمة وقصده لحياتك والعيش بموجبها. حين يتجدّد ذهنك، ستختبر التغيير!

رومية ١٢: ٢ وَلاَ تُشَاكِلُوا هَذَا الدَّهْرَ بَلْ تَغَيَّرُوا عَنْ شَكْلِكُمْ بِتَجْدِيدِ أَذْهَانِكُمْ لِتَخْتَبِرُوا مَا هِيَ إِرَادَةُ اللهِ الصَّالِحَةُ الْمَرْضِيَّةُ الْكَامِلَةُ.

يتبع هذا الجزء سبعة أجزاء أخرى تتكلّم عن كيفيّة التحرّر من بعض الحصون المحدّدة في حياتك بما في ذلك:

- الغضب
- الخوف وعدم الإيمان
- عدم الأهميّة والدونيّة
- الخمود السلبي
- الرّفض
- العار واليأس
- التحكّم

يمكنك أن تعمل على هذه الأجزاء بمفردك أو مع شريك في الصّلاة أو مع مجموعة صغيرة. إسمح للرّوح القدس بأن يتكلّم لك من خلال هؤلاء الأشخاص بشأن الطّرق التي تمكّنت من خلالها هذه الحصون أن تتأسّس في قلبك وذهنك وحياتك. في بعض الكنائس التي تدرّس سلسلة "العيش بحريّة"، يمكن أن تتخلّل هذه الفقرة حصّة مع فريق صلاة مدرّب يساعد المشتركين في الصّلاة، على التخلّص من بعض هذه القيود. إن أُتيحَت لكم هذه الفرصة، نشجّعكم أن تستفيدوا منها إذ إنّكم ستتباركون وتتشجّعون من دون شكّ حين تبدأون هذه الرّحلة نحو "العيش بحريّة"، بمساعدة إخوتكم وأخواتكم في المسيح وصلواتهم.

تذكّر أنّ "الحريّة" لا تعني أنّك لن تصادف هذه الحصون ولن تتواجه معها أبداً بعد اليوم، بل ما تعنيه الحريّة هو أنّ هذه الحصون لن تملك قوّة على التحكّم بك بعد اليوم.

للمزيد من المعلومات حول المعالجة الشاملة لمختلف أنواع الحصون وكيفيّة الصّلاة للتخلُّص منها، ننصحك بالحصول على نسخة من كتيّب **موارد الحريّة** (Freedom Resource Manual) المتوفّر عند منشورات سيكامور Sycamore Publications.

أطلبه على الموقع التالي: www.sycamorecommission.org

الغضب

المقدّمة

يخبرنا الكتاب إنّ الغضب يسبِّب الدّمار والخراب لأنفسنا وللنّاس حولنا أيضاً. غير أنَّ قصد **الله** لنا هو العيش بحريّة من قبضة الغضب التي تتحكّم بنا. يقول كاتب الأمثال "اَلْجَاهِلُ يُظْهِرُ كُلَّ غَيْظِهِ وَالْحَكِيمُ يُسَكِّنُهُ أَخِيراً" (**أمثال ٢٩: ١١**).

يعيش العديد من النّاس مع نسبة منخفضة من الغضب تشبه غشاوة تؤثّر في ما يرونه ويسمعونه ويقولونه. ويعاني البعض من انفجارات غضب أو حتّى السّخط. يشكّل الغضب أداة تشخيص جيّدة تُظهر وجود أمرٍ أعمقَ وأكبر يجب التعامل معه.

بما أنّه لا يمكن معالجة موضوع الغضب في جلسة واحدة، سيكون هذا الجزء بمثابة مقدّمة. ومن خلال الأدوات التي ستتعلّمونها ستفهمون طريقة تفاعل الغضب (والحصون المرتبطة به)، وتبدأون بتفكيك هذه الحصون في حياتكم بفعاليّة. ستكتسبون أيضاً أدوات وموارد وبصيرة تؤهّلكم لحياة تختبرون فيها المزيد من الحريّة من حصون الغضب والظلم وعدم الغفران المتّصلة بعضها ببعض.

من ميّزات الحصون في حياتنا أنّها تأخذ شكل مجموعات متداخلة، ومثالاً على ذلك المجموعة التي تربط بين **الظلم وعدم المغفرة والغضب**. نريد في هذه الحصّة أن نعالج حصن الغضب بطريقة مباشرة لكن يجب أوّلاً أن ندرك ونفهم حصنيّ الظلم وعدم المغفرة.

أعمال الظلم

عندما نبدأ بعمليّة الصّلاة من أجل الحريّة، كثيراً ما تواجهنا مسألة الظلم. غالباً ما نجدها دفينة في الغضب أو الأسى العميق على الماضي حين يرى الشخص صورةً أكثر شموليّة لما حصل في ماضيه. عندها، يتمّ استبدال فهمنا الجزئي للوضع بإعلان وحريّة أكثر اكتمالاً، ويتمّ العفو عن الماضي وإطلاقه.

إنّ الظلم بأفضل تعريف له هو **الأذيّة التي لا نستحقّها والتي تأتي على طريقنا بشكل رفضٍ و/أو معاناة**. ندرك أنّنا لم نفعل شيئاً لنستحقّ المعاملة التي تلقّيناها ولا يمكننا فعل شيء حيال الأمر.

يوجد العديد من الأمثلة الكتابيّة على الظلم، كقصّة يوسف في العهد القديم (تكوين ٣٧ – ٥٠). يسوع بنفسه قد تعرّض للظّلم عن يد الشّعب الذي خلقه وجاء ليفديه، لكن ردود يسوع على أعمال الظّلم هذه لم تكن متعارضة مع مشيئة **الله**. لذلك لم يتمكّن العدوّ من إيجاد مكانٍ ليدخل إلى حياته.

قد تؤثّر أعمال الظلم بشكل هائل في حياتنا. من دون أن ندرك الأمر، قد نشقى في حياتنا تحت غيمة من العواقب المستمرّة المترتّبة عن أعمال الظلم. لذلك من الهامّ جدّاً لكلٍّ منّا أن يتعامل مع الضّغوطات والمشاعر الناتجة من الظلم الذي يلاقيه.

عدم الغفران

في العديد من الأحيان، يرتبط عدم الغفران بطريقة مباشرة بأعمال الظلم في حياتنا. غالباً ما نعيش مع جروح لم يتمّ شفاؤها بسبب عدم الغفران، فينتج ذلك ثمار المرارة، الغضب والسّخط ويفتح الأبواب لجميع أنواع الحصون التي يريد العدوّ أن يبنيها في حياتنا. عندما نتحرّر من القيود التي يسبّبها عدم الغفران، يمكن لعمليّة الشفاء أن تبدأ، وتتمكّن محبّة **الله** من الفيض من حياتنا نحو الآخرين.

نقيض عدم الغفران هو "الغفران"، والغفران هو الأساس في ملكوت **الله** وطبيعة **الله** نفسه. الغفران ضروريّ إن كنّا قد تعرّضنا للأذيّة بطريقة أو بأخرى من خلال الظّلم أو غيره. ثمّة دَيْن يجب دفعه قبل أن تتمّ المصالحة أو يتمّ التعويض. قد يكون الدَّين عاطفيّاً، علائقيّاً، ماديّاً أو جسديّاً. وقد يكون الدَّين نتيجة لخيانة، أو قد يتعلّق بسمعتنا لكن مهما كان الأمر، ثمّة أحد مَدينٌ لنا.

بهدف أن نغفر، علينا أن نصمّم على إطلاق وتحرير الشخص المُخطئ إلينا (أو الوضع المؤذي) من دَينه نحونا. لن نتوقّع من الشّخص المُخطئ إلينا (أو الوضع المؤذي) أن يسدّد الدَّيْن الذي عليه. هذا تحديداً ما فعله يسوع حين **أطلقنا** من الدَّيْن الذي علينا بسبب الخطايا والانتهاكات التي ارتكبناها بحقّه. كما أنّ الغفران هو ممارسة إيماننا لأنّنا لا نستطيع أن نغفر إلا بمحبّةٍ كمحبّة **الله**، وبالإيمان.

ممارسة إيماننا بالغفران

- سأغفر للآخرين تماماً كما غفر لي **الله**.
- سأختار أن أواجه المشاكل، أن أمنح الغفران إلى الجاني عليَّ وأن أترك العمل المتبقّي **لله**.
- سأنمو أكثر فأكثر بالفهم أنّ الأذى في ماضيَّ لم يُحجَب يوماً عن عينيّ الربّ.
- لن أبقى في العبوديّة لعدم الغفران.
- سأغفر للآخرين **بغضّ النّظر** عن ردّهم عليَّ.
- سأسمح للآخرين بأن يروا نعمة **الله** ورحمته وغفرانه فيَّ!
- سأعرف وأفهم أنّ الغفران يعطي الحريّة ويُطلقني من الأذى الماضي والحاضر.

الغضب

معروفٌ أنّ الغضب ليس بحدّ ذاته وبطبيعته شعوراً أساسيّاً أو حصناً أوّليّاً. الغضب هو "ردٌّ ثانويٌّ" أي أنّه يوجد مشاكل أخرى تحته تسبّب به وتغذّيه. قد تكون هذه المشاكل جراحاً من الظلم، من الخيانات ومن أعمال التّرك وأعمال الرّفض. ولا يتّصف الغضب فقط بأنّه كالبركان، لكن قد يكون شعوراً خامداً أيضاً وقد لا يلاحظه الآخرون على الفور أو بشكل واضح. الغضب الخامد الدّفين ليس أقلّ خطورة من الغضب المُعلَن الواضح.

علاج الغضب هو الغفران. من الهامّ أوّلاً أن نفهم ونختبر غفران الله لخطايانا. إختار الله أن يركّز على رغبته بأن يغفر لنا بدلاً من أن يجعلنا ندفع ثمن زلاّتنا (إشعياء ٤٣: ٢٥؛ ٥٥: ٧؛ مزمور ١٠٣: ١٢).

يتطلّب الغفران دفع مبلغ معيّن. فحين يُخطئ أحدهم بحقّنا ويؤذينا، يدفعنا حسُّنا بالعدل إلى المطالبة بأن يدفع الجاني ثمناً عادلاً. إن لم يتمكّن ذلك الشخص من الدّفع أو إن اختار ألاّ يدفع، يحصل أمر من اثنين: إمّا أن نستاء من عدم إتمام العدل ونشعر بالمرارة والغضب، أو أن نمارس عمل الغفران الذي يؤدّي إلى السّلام.

ليس الغفران سهلاً بطبيعته، بخاصة إن كان الخطأ قد سبّب لنا أذيةً كبيرة أو ضرراً كبيراً. لكن حين نحرّر الجاني بالغفران، نقوم بتحرير أنفسنا. تذكّر أنّ أحد المقاييس التي تُظهِر لنا إنْ غفرنا بحقٍّ أم لم نغفر هو، إستطاعتنا بقوّة الروح القدس، أن نبارك بالصّلاة الشّخص الذي سبّب لنا الأذيّة.

أدلّة تُظهر وجود الغضب

يوجد في ما يلي أوراق تطبيقيّة هدفها أن تساعدنا في معالجة موضوع التحرّر من العبوديّة الناتجة من أعمال الظّلم وعدم الغفران والغضب. سيساعدك الجزء الأوّل لتحدّد كيف يمكن للغضب أن يدخل إلى حياتك. ضع إشارة أمام النّقاط الموجودة في حياتك لتتحضّر لتفكيك حصن الغضب.

- ☐ أشعر نسبيّاً بالسّعادة ثمّ فجأة يتغيّر مزاجي من دون سابق إنذار.
- ☐ أميل إلى رفع صوتي بشكل قويّ وإلى التكلّم بتشنّج لإيصال فكرتي.
- ☐ أعبّر عن عدم صبري على الآخرين ويظهر ذلك في معظم الأحيان بثورة غضب.
- ☐ أغضب حين لا يتمكّن الآخرون من "قراءة أفكاري". أريد أن يفكّر الآخرون بالطريقة التي أفكِّر فيها وأن يتوقّعوا مُسبقاً ما أحتاج إليه.
- ☐ أغضب حين لا يتمّ تقديري على العمل الذي شاركت به.
- ☐ أغضب حين أشعر بأنّ الآخر يقلّل من احترامي أو لا يأخذ كلامي على محمل الجدّ.
- ☐ أعرف أنّني غاضب بسبب الكلام الذي أردّده في ذهني (ألعن نفسي أو الآخرين).
- ☐ أعرف أنّني غاضب حين لا أريد سماع ما يريد الشّخص الآخر قوله.
- ☐ أغضب حين لا أحصل على ما أحتاج إليه.
- ☐ أغضب حين لا ينفّذ الناس ما أقوله.
- ☐ أغضب حين لا أتمكّن من التحكّم بحالة معيّنة.
- ☐ أغضب حين يومئ الآخرون إلى أنّني فعلت شيئاً خاطئاً.
- ☐ أغضب حين أشعر بالمزيد من الضّغط في عملي، في الجانب المادي، في مسؤولياتي الشخصيّة و/أو توقّعاتي.
- ☐ آخذ وضعيّة الدفاع بسهولة.
- ☐ أرى بسرعة الأخطاء في الآخرين.
- ☐ أبحث عن فُرَص لأثير المواضيع القديمة المؤذية.
- ☐ أجد نفسي أتكلّم بسلبيّة أو بانتقاد على الآخرين.

☐ أرى الكوب النّصف ملآن الذي يُضرب به المثل، ككوب نصف فارغ.

☐ أقول إنّني غفرت لكن أستمرّ بإعادة التفكير في ما جرى في ذهني.

☐ أغضب بسهولة من الأخطاء والهفوات الظاهرة لدى الآخرين.

☐ أفقد صبري بسهولة.

☐ أشعر بأنّ حياتي أصعب من حياة الآخرين: "حظّي سيّء في هذه الحياة".

تحديد أعمال الظلم وعدم الغفران في حياتك

تمّ تصميم القسم التالي لمساعدتك على تحديد الطّرق التي تعرَّضْت بها للأذيّة و/أو النواحي التي يوجد فيها عدم غفران في حياتك. بعض هذه النّقاط أو جميعها قد تسبّب لك بحالات من الغضب الخفيف، بنوبات من الغضب أو حتّى السّخط. النقاط المذكورة أدناه هي ببساطة أداة تشخيص تساعدك على تحديد المصادر التي قد تُنتج الغضب في حياتك.

والدك/ زوج أمّك

هل كانت العناصر التّالية موجودة في علاقتكما؟ هذه خطايا **مرتكَبة** بحقّك.

☐ **ثورة الغضب**: الإستخدام المفرط لنوع خاطئ من التربية تركك مسحوق الرّوح و/أو مضطَّرب.

☐ **التحكّم/ التّلاعب بالآخرين**

☐ **غياب القيادة الروحيّة**: هل أدّى والدك دوراً فعّالاً في القيادة الرّوحيّة في البيت؟

☐ **الإهمال**: هل أمضى والدك وقتاً قيّماً معك بشكل منتظم؛ هل أظهر اهتماماً نحوك ونحو ما كان هامّاً لك؟

☐ **التّرك/الهجر**: هل كان والدك غائباً روحيّاً، عاطفيّاً، فكريّاً و/أو جسديّاً؟

☐ **الرّفض**: هل شعرت بأنّك لم تكن مقبولاً بالتّمام ومُحاطاً بالكامل(مُحتَضَناً) من أبيك؟

☐ **الخمود السّلبيّ**: هل أخذ والدك المبادرة في العلاقة معك وفي توجيهك وإرشادك في حياتك؟ هل سمح لوالدتك بأن تفعل ما أرادها الله فعله؟

☐ **الإنتقاد**: هل كان والدك ينتقدك أو ينتقد قدراتك؟

☐ **القبول والمحبّة المشروطان بالأداء**: هل كان والدك يكافِئُك بكلام تشجيع، فقط حين كنت تصل إلى مستوى توقّعاته؟

☐ **إستهلاك الكحول**: هل كان لهذا الأمر تأثيرٌ سلبيّ أو مُضرّ على جوّ عائلتك وعليك؟

☐ **إستخدام المخدّرات**: هل كان لهذا الأمر تأثيرٌ سلبيّ أو مُضرّ على جوّ عائلتك وعليك؟

☐ **الإباحيّة**

☐ **الزّنى**

☐ **الطلاق**

☐ **التعدّي الجسدي**

☐ **التعدّي العاطفي**

☐ **التعدّي الجنسي**

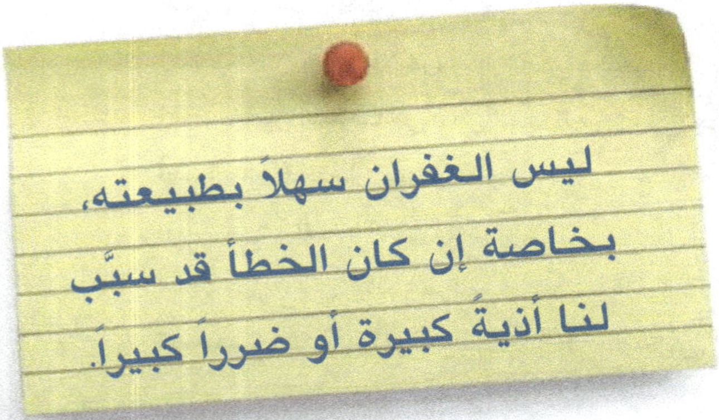

ليس الغفران سهلاً بطبيعته،
بخاصة إن كان الخطأ قد سبّب
لنا أذيةً كبيرة أو ضرراً كبيراً.

الخطايا التالية هي خطايا **تقصير** وهي الأمور التي لم يفعلها والدك. غالباً ما يكون تأثير هذه الخطايا مُضرّاً بقدر الخطايا المرتكَبة أو أكثر.

☐ **عدم التّعبير عن العاطفة:** هل عبّر والدك عن عاطفة أبويّة صحيّة نحوك ونحو العائلة أو كانت علاقته خالية من أيّ دفء عاطفيّ ظاهر.

☐ **عدم إعلان البركة:** هل نطق والدك بكلام حياة، فيه رجاء للمستقبل وأمل وبركة على حياتك؟

☐ **عدم النّطق بكلام تشجيع:** هل كان والدك يلاحظ أوقات إحباطك وأوقاتك الصعبة ويبادر بكلام تشجيع؟

☐ **عدم التّربية:** هل أمّن لك والدك حدوداً واضحة تعطيك الأمان وساعدك على تنمية الانضباط في حياتك؟

☐ **هل تعامل والدك مع إخوتك أو أخواتك بطريقة جعلتك تشعر بالمرارة؟**

☐ **هل تعامل والدك مع أمّك بطريقة جعلتك تشعر بالمرارة؟**

يجب أن تضع كلّ الأمور التي أشرت إليها أمام الصّليب. بهدف التبسيط، يوجد صلاة مُقترحة لمساعدتك. جاء في يعقوب ٥:١٦ إنّنا إن اعترفنا بعضنا لبعض بزلّاتنا، ننال الشفاء. من المفيد جدّاً وجود شخص نثق به إلى جانبنا لمساندتنا بينما نصلّي في هذا الاتجاه.

تُبْ

إمنح الغفران:

يا ربّ يسوع، أنا أغفر لأبي (زوج أمّي) على خطيئة الـ ـــــــــــــــــــــ (عدّد هنا الخطايا التي عليك أن تغفر عنها لوالدك/ زوج أمّك واقرأها واحدة تلو الأخرى. من الهامّ جدّاً أن تدرك المشاعر التي ولّدَتها هذه الأعمال الظالمة، ثمّ من الضّروريّ أن تمنح الغفران لنتائج تلك الأعمال.)

أطلب الغفران:

يا ربّ، أنا أطلب منك أن تغفر لي على خطيئة عدم الغفران لأبي بسبب أعمال الظلم هذه. سامحني على مرارتي واستيائي وغضبي نحو أبي. أطلب منك أن تسامحني على تمرّدي نحو أبي. أكسر الآن كلّ لعنات أو أفكار سلبيّة أو كلام سيّئ تكلّمت به عليه. أستبدل الآن تلك اللعنات ببركات!

بارك: (صلِّ باقتناع)

يا ربّ، أنا أبارك أبي (إن لم يعد والدك/زوج أمّك على قيد الحياة، بارك ذِكراه كما لو أنّه موجودٌ بالجسد أمامك. سيكون ذلك لمنفعتك) بـ ـــــــــــــــــــــــــــــ

يوجد أدناه بعض الاقتراحات، لكن دع روح الله يرشدك.

- باركه بالخلاص،
- باركه بالحريّة نفسها التي وجدتها أنا اليوم،
- باركه بقلب جديد ورقيق،
- بارك زواجه،
- بارك ماديّاته وعمله،
- باركه بالفرح، السلام، اللّطف، المحبّة وكلّ ثمر الروح،
- باركه بأيّام طويلة وصحّة جيّدة،
- باركه لأنه أمّن لي كأب الطعام والملبس والمسكن،
- أمور أخرى...

أعلن بأنّني أحبّ أبي؛ أنا أنظر إليه بعينيك. شكراً لك على قوّة الصّليب.

جاء في يعقوب ٥:١٦ إنّنا إن اعترفنا بعضنا لبعض بزلّاتنا، ننال الشفاء.

إنتهرْ (صلِّ الصلاة التالية باقتناع وإيمان بأنّ الله سيتحرّك بطريقة عظيمة الآن).

يا ربّ، أنا أتخلّى الآن عن حياة الغضب والمرارة وعدم الغفران. **أنا أنتهر** أرواح الرفض والتّرك وعدم الغفران والاستياء والغضب، ___________، و ___________.

إستبدلْ

يا ربّ، بقوّة روح المسيح، **أستبدل الحقّ الذي لي** لرؤية العدل يتحقّق، بالغفران. سأحيا بروح الغفران والتحمّل والنعمة والرّحمة والأمان في يسوع. لن أحيا في غضب واستياء، بل بدلاً من ذلك سأحيا باستعداد كامل لمنح الغفران للآخرين باستمرار.

إستقبلْ

أشكُر الربّ لأنّه قد غفر لك بالكامل ثمّ اقبل تطهيره الكامل وافرح. أطلب من الرّوح القدس أن يملأ كلّ مكانٍ سكنَت فيه خطيئة الغضب التي غذّاها عدم الغفران.

صلاة مُقترحَة: يا ربّ، أنا أقبل غفرانك على خطيئة الغضب في حياتي. أنا أقبل محبّتك لي. إملأني بروحك القدّوس لأتمكّن من العيش بطريقة ترضيك في حريّة الغفران وأثق بك بالإيمان.

والدتك/ زوجة والدك

هل كانت العناصر التالية موجودة في علاقتكما؟ هذه خطايا **مرتَكبة** بحقّك.

- ☐ **ثورة الغضب:** الاستخدام المفرط لنوع خاطئ من التربية تركك مسحوق الرّوح و/أو مضّطرب.
- ☐ **التحكّم/ التّلاعب بالآخرين**
- ☐ **غياب القيادة الروحيّة:** هل أدّت والدتك دوراً فعّالاً في القيادة الروحيّة في البيت؟
- ☐ **الإهمال:** هل أمضت والدتك وقتاً قيّماً معك بشكل مُنتظم؛ هل أظهرَت اهتماماً نحوك ونحو ما كان هامّاً لك؟
- ☐ **التّرك/الهجر:** هل كانت والدتك غائبةً روحيّاً، عاطفيّاً، فكريّاً و/أو جسديّاً؟
- ☐ **الرّفض:** هل شعرت بأنّك لم تكن مقبولاً بالتّمام ومُحاطاً بالكامل(مُحتَضَناً) من أمّك؟
- ☐ **الخمود السّلبيّ:** هل أخذت والدتك المبادرة في العلاقة معك في توجيهك وإرشادك في حياتك؟ هل سمحَت لوالدك بأن يفعل ما أراده الله فعله؟
- ☐ **الإنتقاد:** هل كانت والدتك تنتقدك أو تنتقد قدراتك؟
- ☐ **القبول والمحبّة المشروطان بالأداء:** هل كانت والدتك تكافِئُك بكلام تشجيع فقط، حين كنت تصل إلى مستوى توقّعاتها؟
- ☐ **إستهلاك الكحول:** هل كان لهذا الأمر تأثيرٌ سلبيٌّ أو مضرّ على جوّ عائلتك وعليك؟
- ☐ **استخدام المخدّرات:** هل كان لهذا الأمر تأثيرٌ سلبيٌّ أو مضرّ على جوّ عائلتك وعليك؟
- ☐ **الإباحيّة**
- ☐ **الزّنى**
- ☐ **الطلاق**
- ☐ **التعدّي الجسدي**
- ☐ **التعدّي العاطفي**
- ☐ **التعدّي الجنسي**

الخطايا التالية هي خطايا **تقصير** وهي الأمور التي لم تفعلها والدتك. غالباً ما يكون تأثير هذه الخطايا مُضرّ بقدر الخطايا المرتكَبة أو أكثر.

- ☐ **عدم التعبير عن العاطفة:** هل عبّرت والدتك عن عاطفة أمومة صحيّة نحوك ونحو العائلة أو كانت علاقتها خالية من أيّ دفء عاطفي ظاهر.
- ☐ **عدم إعلان البركة:** هل نطقت والدتك بكلام حياة، فيه رجاء للمستقبل وأمل وبركة على حياتك؟
- ☐ **عدم النطق بكلام تشجيع:** هل كانت والدتك تلاحظ أوقات إحباطك وأوقاتك الصعبة وتبادر بكلام تشجيع؟
- ☐ **عدم التربية:** هل أمّنت لك والدتك حدوداً واضحة تعطيك الأمان وساعدتك على تنمية الانضباط في حياتك؟
- ☐ **هل تعاملت والدتك مع إخوتك أو أخواتك بطريقة جعلتك تشعر بالمرارة؟**
- ☐ **هل تعاملت والدتك مع والدك بطريقة جعلتك تشعر بالمرارة؟**

يجب أن تضع كلّ الأمور التي أشرت إليها أمام الصّليب. بهدف التبسيط، يوجد صلاة مُقترحة لمساعدتك. جاء في يعقوب ٥: ١٦ إنّنا إن اعترفنا بعضنا لبعض بزلاّتنا، ننال الشفاء. من المفيد جدّاً وجود شخص نثق به إلى جانبنا لمساندتنا بينما نصلّي في هذا الاتجاه.

تُبْ

إمنح الغفران:

يا ربّ يسوع، أنا أغفر لأمّي (زوجة أبي) على خطيئة الـ__________________ (عدّد هنا الخطايا التي عليك أن تغفر عنها لأمك / زوجة أبيك واقرأها واحدة تلو الأخرى. من الهامّ جدّاً أن تدرك المشاعر التي ولّدتها هذه الأعمال الظالمة، ثمّ من الضّروريّ أن تمنح الغفران لنتائج تلك الأعمال.)

أطلب الغفران:

يا ربّ، أنا أطلب منك أن تغفر لي على خطيئة عدم الغفران لأمّي بسبب أعمال الظلم هذه. سامحني على مرارتي واستيائي وغضبي نحو أمّي . أطلب منك أن تسامحني على تمرّدي نحو أمّي. أكسر الآن كلّ لعنات أو أفكار سلبيّة أو كلام سيّئ تكلّمت به عليه. أستبدل الآن تلك اللعنات ببركات!

بارك: (صلِّ باقتناع)

يا ربّ، أنا أبارك أمّي (إن لم تعد أمك /زوجة أبيك على قيد الحياة، بارك ذِكراها كما لو أنّها موجودة بالجسد أمامك. سيكون ذلك لمنفعتك) بـ______________

يوجد أدناه بعض الاقتراحات، لكن دع روح **الله** يرشدك.

- باركها بالخلاص،
- باركها بالحريّة نفسها التي وجدتها أنا اليوم،
- باركها بقلب جديد ورقيق،
- بارك زواجها،
- بارك ماديّاتها وعملها،
- باركها بالفرح، السلام، اللّطف، المحبّة وكلّ ثمر الروح،
- باركها بأيّام طويلة وصحّة جيّدة،
- باركها لأنها أمّنَت لي كأم الطعام والملبس والمسكن،
- أمور أخرى...

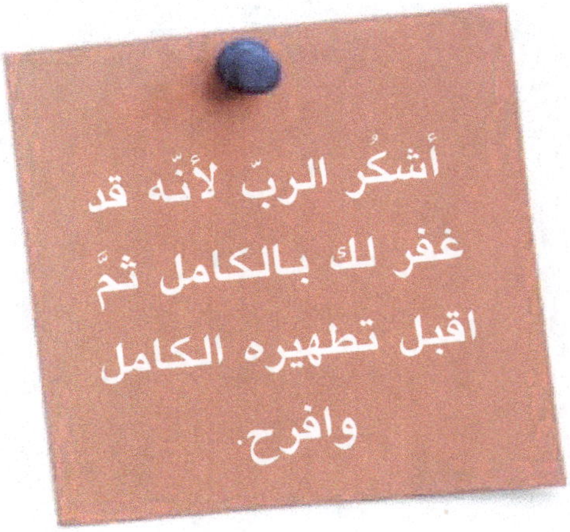

أشكُر الربّ لأنّه قد غفر لك بالكامل ثمَّ اقبل تطهيره الكامل وافرح.

أعلن **بأنّني أحبّ أمّي**؛ أنا أنظر إليها بعينيك. شكراً لك على قوّة الصّليب.

إنتهِرْ (صلِّ الصلاة التالية باقتناع وإيمان بأنّ **الله** سيتحرّك بطريقة عظيمة الآن).

يا ربّ، أنا أتخلّى الآن عن حياة الغضب والمرارة وعدم الغفران. **أنا أنتهر** أرواح الرفض والتّرك وعدم الغفران والاستياء والغضب، ________، و________.

إستبدلْ

يا ربّ، بقوّة روح المسيح، **أستبدل الحقّ الذي لي** لرؤية العدل يتحقّق، بالغفران. سأحيا بروح الغفران والتحمّل والنعمة والرّحمة والأمان في يسوع. لن أحيا في غضب واستياء، بل بدلاً من ذلك سأحيا باستعداد كامل لمنح الغفران للآخرين باستمرار.

إستقبلْ

أشكُر الربّ لأنّه قد غفر لك بالكامل ثمَّ اقبل تطهيره الكامل وافرح. أطلب من الرّوح القدس أن يملأ كلّ مكانٍ سكنَت فيه خطيئة الغضب التي غذّاها عدم الغفران.

صلاة مُقترحَة: يا ربّ، أنا أقبل غفرانك على خطيئة الغضب في حياتي. أنا أقبل محبّتك لي. إملأني بروحك القدّوس لأتمكّن من العيش بطريقة ترضيك في حريّة الغفران وأثق بك بالإيمان.

الزوج أو الزوجة؛ الزوج السابق أو الزوجة السابقة؛ الحبيب أو الحبيبة

هل العناصر التالية موجودة في علاقتك الحاليّة أو في علاقاتك السّابقة؟ هذه خطايا مُرتكَبة بحقّك:

- ☐ عدم الأمانة أو الخيانة
- ☐ التحكّم أو التلاعب بالآخرين
- ☐ غياب المبادرة الروحيّة
- ☐ الإهمال
- ☐ التّرك
- ☐ الرّفض
- ☐ الخمود السلبيّ
- ☐ الإنتقاد
- ☐ القبول والمحبّة المشروطان بالأداء
- ☐ عدم قول الحقيقة
- ☐ إستهلاك الكحول
- ☐ إستخدام المخدّرات
- ☐ الإباحيّة
- ☐ الزّنى
- ☐ الطلاق
- ☐ التعدّي الجسدي
- ☐ التعدّي العاطفي
- ☐ التعدّي الجنسي
- ☐ عدم التعبير عن العاطفة
- ☐ عدم إعلان البركة
- ☐ عدم النطق بكلام تشجيع

تُبْ

إمنح الغفران:

يا ربّ يسوع، أنا أغفر لـ _____ على خطيئة الـ _____ (عدّد هنا الخطايا التي عليك أن تصفح عنها لهذا الشخص واقرأها واحدة تلو الأخرى. هامّ جدّاً أن تُدرك المشاعر التي ولّدتها هذه الأعمال الظالمة، ثمّ من الضروريّ أن تمنح الغفران لنتائج تلك الأعمال.)

أطلب الغفران:

يا ربّ، أنا أطلب منك أن تغفر لي على خطيئة عدم الغفران لـ _____ بسبب أعمال الظلم هذه.

سامحني على مرارتي واستيائي وغضبي نحو _____ أطلب منك أن تسامحني على تمرّدي

نحو _____ . أكسر الآن كلّ لعنات أو أفكار سلبيّة أو كلام سيّئ تكلّمت به عليه. أستبدل الآن تلك اللعنات ببركات!

بارك: (صلِّ باقتناع)

يا ربّ، أنا أبارك _____ (إن لم يعد الشخص على قيد الحياة، بارك ذِكره كما لو أنّه موجودٌ بالجسد أمامك. سيكون ذلك لمنفعتك) بـ _____ .

أدناه بعض الاقتراحات لكن دع روح الله يرشدك.

- باركه بالخلاص،
- باركه بالحريّة نفسها التي وجدتها أنا اليوم،
- باركه بقلب جديد ورقيق،
- بارك زواجه،
- بارك ماديّاته وعمله،
- باركه بالفرح، السّلام، اللّطف، المحبّة وكلّ ثمار الروح،
- باركه بأيّام طويلة وصحّة جيّدة،
- باركه لأنه أمَّنَ لي الطعام والملبس والمسكن،
- أمور أخرى...

أعلن بأنني أحبّ _____ ؛ أنا أنظر إليه بعينيك. شكراً لك على قوّة الصّليب.

> لن أحيا
> في غضب واستياء،
> وبدلاً من ذلك
> سأحيا باستعداد كامل
> لمنح الغفران للآخرين
> باستمرار.

إنتهرْ (صلِّ الصلاة التالية باقتناع وإيمان بأنَّ الله سيتحرّك بطريقة عظيمة الآن.)

يا ربّ، أنا أتخلّى الآن عن حياة الغضب، المرارة وعدم الغفران. أنا أنتهر أرواح الرفض والتّرك وعدم الغفران والاستياء والغضب، _____ ، و _____ .

إستبدل

يا ربّ، بقوّة روح المسيح، أستبدل الحقّ الذي لي لرؤية العدل يتحقّق، بالغفران. سأحيا بروح الغفران والتحمّل والنّعمة والرّحمة والأمان في يسوع. لن أحيا في غضب واستياء بل بدلاً من ذلك سأحيا باستعداد كامل لمنح الغفران للآخرين باستمرار.

إستقبلْ

أشكُر الربّ لأنّه قد غفر لك بالكامل ثمَّ اقبل تطهيره الكامل وافرح. أطلب من الرّوح القدس أن يملأ كلّ مكانٍ سكنَت فيه خطيئة الغضب التي غذّاها عدم الغفران.

صلاة مُقترحَة: يا ربّ، أنا أقبل غفرانك على خطيئة الغضب في حياتي. أنا أقبل محبّتك لي. إملأني بروحك القدّوس لأتمكّن من العيش بطريقة ترضيك في حريّة الغفران، وأثق بك بالإيمان.

إرشادات عمليّة للتّعامل مع الأذيّة وإطلاق الغفران

- أطلبْ من **الله** أن يعلن لذهنك عن الناس الذين تراعي نحوهم مشاعر غير صحيحة. ضع لائحة بالأسماء بينما يعلنها **الله** لك؛ أربط كلّ عمل من العدوّ يدفعك إلى تذكّر الأذيَّة بطريقة عقيمة. تأكّد أيضاً من أنّك لا تحمل أيّ مرارة نحو **الله** أو نحو نفسك؛ في تلك الحالة أضف الاسم على لائحتك.
- إن غفرت لشخص ما أذيّةً كبيرة ثمّ تذكّرت حوادث محدّدة أصغر منها أو أقلّ أذيّة، لا تسمح لمشاعرك بأن تشتعل من جديد. بدلاً من ذلك، أطلق هذه الحوادث المحدّدة والأذيّات بين يديّ **الله**، في اللحظة نفسها والمكان نفسه.
- قل **لله** إنّك مستعدٌّ أن تعيش مع العواقب المستمرّة لأعمال الجاني، وشارك هذه الأمور معه بالصّلاة.
- بالإيمان وبالسّلطان الذي لك في المسيح، إستردّ الأرض التي أعطيتها لإبليس من خلال عدم الغفران. طالب بما هو حقّ لك وما قد سرقه إبليس منك، باستخدام عدم الغفران.
- إن صدرت أذيّات لاحقة عن شخص قد سبق وغفرت له، فأحيت ذكريات مؤلمة وحاولَت المرارة السابقة أن تعود، ضع هذه التّجربة بين يديّ **الله** على الفور.

أعداد كتابيّة لنحيا بحسبها

أمثال ١٩: ١١
تَعَقُّلُ الإِنْسَانِ يُبْطِئُ غَضَبَهُ وَفَخْرُهُ هُوَ الصَّفْحُ عَنْ مَعْصِيَةٍ.

أمثال ٢٩: ٢٢
اَلرَّجُلُ الْغَضُوبُ يُهَيِّجُ الْخِصَامَ وَالرَّجُلُ السَّخُوطُ كَثِيرُ الْمَعَاصِي.

جامعة ٧: ٨ – ٩
نِهَايَةُ أَمْرٍ خَيْرٌ مِنْ بَدَايَتِهِ. طُولُ الرُّوحِ خَيْرٌ مِنْ تَكَبُّرِ الرُّوحِ. لاَ تُسْرِعْ بِرُوحِكَ إِلَى الْغَضَبِ لأَنَّ الْغَضَبَ يَسْتَقِرُّ فِي حِضْنِ الْجُهَّالِ.

أفسس ٤: ٢٦ – ٢٧
اِغْضَبُوا وَلاَ تُخْطِئُوا. لاَ تَغْرُبِ الشَّمْسُ عَلَى غَيْظِكُمْ وَلاَ تُعْطُوا إِبْلِيسَ مَكَاناً.

الخوف وعدم الإيمان

الوصف: عندما تتميَّز الحياة بالقلق والتوجُّس والخوف بشأن التهديدات للحسّ الشخصيّ بالأمان (سواء كانت حقيقيّة أو متوقَّعة).

بصمة الخوف ظاهرة في ثقافتنا، فهو ينهال علينا من الخارج إلى الدّاخل، بدءاً من فيض أفلام الرُّعب في دور السّينما انتقالاً إلى المبالغة في نقل الأخبار السيّئة في الإعلام ثمّ وصولاً إلى استغلال المسوِّقين للمستهلكين بغية بيع أيّ شيء ينجحون في بيعه. كما ويهاجمنا الخوف من داخلنا، فيظهر في الخوف من الرَّفض، الخوف من الإنسان، الخوف من الفشل، الخوف من المرض والموت والكثير غيرها. الإرهاب مثلاً يهدف بطبيعته إلى خلق الرُّعب أي إلى خلق الخوف في أقصى درجاته!

مشكلة الخوف الحقيقيّة: حين نعالج حصن الخوف، من الهامّ أن نتذكّر أنَّ طبيعة الخوف هي الخداع (التضليل بمظاهر أو كلام مزيَّف؛ المكر، سوء التمثيل، الخداع، سوء نقل المعلومات، القيادة بتضليل). إنَّ مصدر الخوف الحقيقيّ ليس بالضّرورة الخسارة الفعليَّة/الخطر/الحزن الذي قد نتوقَّعه عندما ننجز العمل بخوف، **بل المصدر الحقيقيّ للخوف وقوّته هو عدم الإيمان بالله ووعوده وصفاته وكلامه.**

أمثلة كتابيَّة: ثمّة العديد من الأمثلة الكتابيَّة عن الخوف وعواقبه. خوف إبراهيم جعله يكذب ويخاطر بزوجته عند ذهابه إلى مصر. خوف شعب **الله** وعدم إيمانهم كانا السّبب الذي حرم جيلاً كاملاً من رؤية الأرض التي وعدهم **الله** بها (كنعان) إذ ماتوا في الصّحراء تحت الدّينونة. خوف الملك شاول من جُليات (١ صموئيل ١٧: ١١) جعله يساوم في قيادته كملك.

من جهة أخرى، بيَّن الملك داود عن شجاعة نابعة من إيمانه بالله في مواجهة المُحارب جُليات الجبّار نفسه والذي واجه الملك شاول. كما وقد كان موسى ويشوع وكالب رجال إيمان متميِّزين وسط عدم إيمان الشّعب من جهة العماليق والمخاطر في كنعان.

التشويه النّابع من الخوف: وراء كلِّ خوف تختبئ كذبة تخلق وجهة نظر مشوَّهة للحقيقة. مثلاً، قد تخاف ألاّ تتمكّن من العيش بدون كذا وكذا أو هذا وذاك. تخاف أن تصبح مرفوضاً أو متروكاً. تخاف من أن تعيش أنتَ أو عائلتك في عوز، أو أن تصابوا بمرض أو تتعرَّضوا للأذى أو للقتل... وتمتدّ لائحة الاحتمالات... الرّهبة التي يولِّدها فيك ذلك الخطر أو تلك الخسارة تسيطر على أفكارك وتؤثِّر في مواقفك وأفعالك. هذه عبوديَّة!

الخوف هو من أوَّل الأسلحة التي يستخدمها الشيطان ليشلَّ كنيسة يسوع المسيح. يجب كشف القناع وإزالة الغطاء عنه وتدميره في حياتنا كأفراد وكجماعة إن أردنا أن نحيا بقوّة الملكوت الفعّالة والمؤثّرة.

الجوهر الرّوحي للخوف: معظم المخاوف لها طاقة روحيّة في داخلها، فتجعلنا نعلق في قبضتها وتعيق حياتنا وطاعتنا **الله**. العهد الجديد يربط الخوف بظلمة العالم الرّوحي، إذ إنَّ الأكاذيب التي يزرعها الشّيطان في حياتنا ترسم لنا حياة خالية من صلاح **الله** وأمانته. هدفه استعبادنا بالخوف لكي لا نعيش حياة إيمان واثقة، مسلِّمة للربّ، شُجاعة وحيَّة. الخوف هو التعبير الظاهر في مشاعرنا لعدم الإيمان الموجود في قلوبنا وأذهاننا.

تعلن كلمة **الله** بوضوح إنَّ الربّ يريدنا أن نعيش بحريَّة من الخوف. ليس الخوف مجرّد حالة ذهنيّة أو موقف قلبيّ خاطئ بل هو أيضاً **روح** (٢ تيموثاوس ١: ٧). الخوف هو أحد هجومات العدوّ ليعذِّب نفوسنا وينجّس أرواحنا ويسلب منّا التعقّل ومحبّة **الله** وقوّته. بما أنَّ الخوف قوّة روحيّة، يجب أن نواجهه روحيّاً لا فقط عاطفياً أو نفسياً. سننال الحريّة من الخوف بينما:

- نسمح لقوّة الرّوح القدس أن تكشف عن وجود الخوف في حياتنا
- نُحضر مخاوفنا إلى الصّليب عبر الغفران وتأكيد الحقّ
- نرفض الأكاذيب والأرواح الشيطانيّة التي تعطي لهذه المخاوف سلطة على أفكارنا ومشاعرنا وتصرّفاتنا
- نستقبل قوّة الرّوح القدس ونتصرّف ونسلك بالرّوح المعاكس الذي هو **الإيمان**!

في أيّ مجال من مجالات حياتك أنتَ تراعي روح خوف؟ إقرأ اللائحة أدناه بروح الصّلاة وضع إشارة أمام الجمل التي تنطبق عليك:

أسئلة تشخيصيّة

مخاوف متعلّقة بالله وحياة الملكوت:

١ يوحنا ٤: ١٨

لاَ خَوْفَ فِي الْمَحَبَّةِ، بَلِ الْمَحَبَّةُ الْكَامِلَةُ تَطْرَحُ الْخَوْفَ إِلَى خَارِجٍ لأَنَّ الْخَوْفَ لَهُ عَذَابٌ.

- ☐ إنَّ دافعي لأوقات التأمّل وأوقات الصّلاة هو الخوف.
- ☐ تستند علاقتي الشخصيّة مع **الله** على أدائي: عليَّ أن أستحقّ انتباهه.
- ☐ أخاف من أن يخيب ظنّ الربّ فيَّ أو أن يُطلب منّي أكثر من اللازم.
- ☐ أخشى أنَّ العطاء بأمانة للربّ سيقلّل من مواردي.
- ☐ أخشى أنّني إن لم أميِّز مشيئة **الله**، سيحدث لي أمرٌ سيّئٌ.
- ☐ أعيش في قلق على حياتي الروحيَّة وأشعر وكأنَّ الربّ ينتظر ليعاقبني حين أفشل فيها.
- ☐ أخاف من أن يَطلب منّي الربّ أكثر من طاقتي.
- ☐ أصارع مع أفكار غير طبيعيّة بالنسبة للآلام.
- ☐ غالباً ما أخاف من ألاّ أعرف مشيئة **الله** أو ألاّ أستطيع أن أكون أميناً لها.
- ☐ أخشى أن آخذ خطوة إيمان ولا أرى عمل الربّ أو استجابته في المقابل.
- ☐ أخاف من قوّة **الله** المُعلَنة

أخاف من...

- ☐ حقيقة وجود الشّياطين.
- ☐ الشّفاء.
- ☐ إمكانيّة حصول اضّطهاد.
- ☐ أن يعتبرني الآخرون شخصاً غير متّزن أو متعصّب.
- ☐ ثمن اتّباع المسيح.
- ☐ عمل الرّوح القدس.
- ☐ الإظهارات المزيّفة.
- ☐ الحرب الروحيّة.

> معظم المخاوف لها طاقة روحيّة في داخلها، فتجعلنا نعلق في قبضتها وتعيق حياتنا وطاعتنا لله.

الخوف من الآخرين:

أمثال ٢٩:٢٥

خَشْيَةُ الإِنْسَانِ تَضَعُ شَرَكاً وَالْمُتَّكِلُ عَلَى الرَّبِّ يُرْفَعُ.

إشعياء ٥١:٧

اِسْمَعُوا لِي يَا عَارِفِي الْبِرِّ الشَّعْبَ الَّذِي شَرِيعَتِي فِي قَلْبِهِ. لاَ تَخَافُوا مِنْ تَعْيِيرِ النَّاسِ وَمِنْ شَتَائِمِهِمْ لاَ تَرْتَاعُوا.

- ☐ أتجنّب اتّخاذ موقف لأنّني أخشى أن أكون على خطأ أو ألاّ يوافق الآخرون عليه.
- ☐ أشعر بتوتّر شديد عندما أدخل غرفة مليئة بالنّاس.
- ☐ أمضي وقتاً طويلاً في التساؤل عمّا يفكّره الآخرون فيَّ.
- ☐ أقلق بشأن ما يقوله الآخرون عنّي.
- ☐ أُصاب بالقلق حيال رأي الآخرين فيَّ.
- ☐ أخشى التحدّث أمام الآخرين.
- ☐ يصعب عليَّ أن أتصرّف على طبيعتي بمحضر الآخرين.
- ☐ أنا من كبار دعاة "المشي مع التيّار" وعدم معارضة الآخرين حتّى ولو كنت لا أتّفق معهم البتّة.
- ☐ المشاركة الروحيّة مع الآخرين تجعلني أشعر بعدم الارتياح لذلك أتحاشى مجموعات المشاركة الصّغيرة وعلاقات التّلمذة.
- ☐ حتّى لو لم أفشل في ما أفعله سيعتبرني الآخرون فاشلاً.
- ☐ إذا تمَّ لفت الانتباه إليَّ وسط مجموعة سأتعرَّض للسّخرية.
- ☐ إذا بادرت في إنشاء علاقات سأتعرَّض للرّفض.
- ☐ أنسحب من وسط الأشخاص الأقوياء/النّاجحين و/أو مَن هم في مركز سلطة.
- ☐ في معظم الأحيان لا أقوم بالأمور التي أظنّ أنَّ عليَّ فعلها أو أتخلّى عنها لأنّني قد أفشل.

مخاوف من المستقبل أو الأخبار السيّئة:

مزمور ١١٢ : ٦-٨

لأَنَّهُ لاَ يَتَزَعْزَعُ إِلَى الدَّهْرِ. الصِّدِّيقُ يَكُونُ لِذِكْرٍ أَبَدِيٍّ. لاَ يَخْشَى مِنْ خَبَرِ سُوءٍ. قَلْبُهُ ثَابِتٌ مُتَّكِلاً عَلَى الرَّبِّ. قَلْبُهُ مُمَكَّنٌ فَلاَ يَخَافُ حَتَّى يَرَى بِمُضَايِقِيهِ.

☐ غالباً ما أقلق بشأن أمور كعدم التمكّن يوماً من الزّواج، من إيجاد وظيفة مناسبة أو من النجاح في وظيفتي الحاليَّة.

☐ في العديد من الأوقات أشعر بقلق بشأن المستقبل بدون أن أعرف السَّبب.

☐ أشعر عادةً بالتوتّر بشأن أولادي وأحاول طوال الوقت أن أحميهم من المخاطر.

☐ أعاني من واحدة أو أكثر من حالات الخوف الاستحواذي (الخوف من الحيوانات، الخوف من المرتفعات، الخوف من الأماكن المغلَقة، ركوب الطائرات، الكوارث الطبيعيّة، إلخ.).

☐ أعيش في معظم الأوقات كمن ينتظر وقوع مصيبة أخرى عليه.

☐ في معظم الأحيان أجد نفسي أفكّر في أحد أحبّائي متخيّلاً أنّه سيصاب بأذيَّة شديدة، سيمرض أو سيموت.

☐ أخاف من أن يفشل زواجي أو من ألاّ يُصبح أولادي أشخاصاً "جيّدين".

☐ أجد صعوبة في الاستمتاع بالأوقات الجيّدة لأنّني أتساءل كم ستدوم.

☐ أنا من النّوع الذي يرى "النّصف الفارغ" في الكوب.

☐ عندما آخذ القرارات غالباً ما أتوقّع الفشل لنفسي.

☐ أخاف من الموت.

☐ أخاف من المرض.

☐ أخاف من مرض السّرطان.

☐ أخاف من أن يموت شريك حياتي.

☐ أخاف من عدم تأمين الاحتياجات.

☐ أخاف من الوحدة.

☐ عندي حالة رُهاب (فوبيا) من ______ و ______.

أعداد كتابيّة

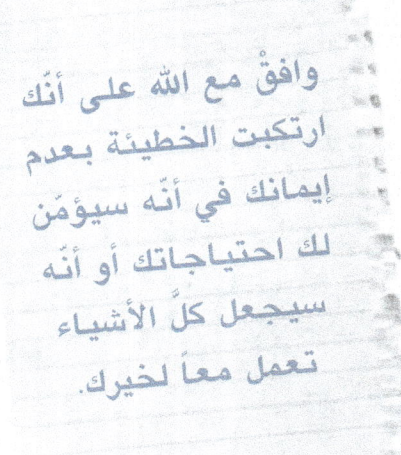

وافقْ مع الله على أنّك ارتكبت الخطيئة بعدم إيمانك في أنّه سيؤمّن لك احتياجاتك أو أنّه سيجعل كلّ الأشياء تعمل معاً لخيرك.

يشوع ١: ٩

أَمَا أَمَرْتُكَ؟ تَشَدَّدْ وَتَشَجَّعْ! لاَ تَرْهَبْ وَلاَ تَرْتَعِبْ لأَنَّ الرَّبَّ إِلهَكَ مَعَكَ حَيْثُمَا تَذْهَبُ.

مزمور ١١٨: ٦

الرَّبُّ لِي فَلاَ أَخَافُ. مَاذَا يَصْنَعُ بِي الإِنْسَانُ؟

أمثال ٢٩: ٢٥

خَشْيَةُ الإِنْسَانِ تَضَعُ شَرَكاً وَالْمُتَّكِلُ عَلَى الرَّبِّ يُرْفَعُ.

إشعياء ٤١: ١٠

لاَ تَخَفْ لأَنِّي مَعَكَ... قَدْ أَيَّدْتُكَ وَأَعَنْتُكَ وَعَضَدْتُكَ بِيَمِينِ بِرِّي.

إرميا ١٧: ٧ – ٨

مُبَارَكٌ الرَّجُلُ الَّذِي يَتَّكِلُ عَلَى الرَّبِّ وَكَانَ الرَّبُّ مُتَّكَلَهُ فَإِنَّهُ يَكُونُ كَشَجَرَةٍ مَغْرُوسَةٍ عَلَى مِيَاهٍ وَعَلَى نَهْرٍ تَمُدُّ أُصُولَهَا وَلاَ تَرَى إِذَا جَاءَ الْحَرُّ وَيَكُونُ وَرَقُهَا أَخْضَرَ وَفِي سَنَةِ الْقَحْطِ لاَ تَخَافُ وَلاَ تَكُفُّ عَنِ الإِثْمَارِ.

فيلبي ٤: ٦ – ٧

لاَ تَهْتَمُّوا بِشَيْءٍ، بَلْ فِي كُلِّ شَيْءٍ بِالصَّلاَةِ وَالدُّعَاءِ مَعَ الشُّكْرِ، لِتُعْلَمْ طِلْبَاتُكُمْ لَدَى اللهِ. وَسَلاَمُ اللهِ الَّذِي يَفُوقُ كُلَّ عَقْلٍ يَحْفَظُ قُلُوبَكُمْ وَأَفْكَارَكُمْ فِي الْمَسِيحِ يَسُوعَ.

٢ تيموثاوس ١: ٧

لأَنَّ اللهَ لَمْ يُعْطِنَا رُوحَ الْفَشَلِ، بَلْ رُوحَ الْقُوَّةِ وَالْمَحَبَّةِ وَالنُّصْحِ.

المبادئ الأربعة لمواجهة الخوف

تُبْ: أطرد خطيئة الخوف بقوّة وحزم مسمّياً كلّ الأشياء التي يراودك الخوف بشأنها. اعترف بها كخطايا واطلب من الله الغفران. تُبْ عن الخيارات الخاطئة التي قمت بها بسبب خوفك، بخاصّة عن تلك الحاصلة بسبب الخوف من الإنسان بدلاً من مخافة الله. وافقْ مع الله على أنّك ارتكبت الخطيئة بعدم إيمانك في أنّه سيؤمّن لك احتياجاتك أو أنّه سيجعل كلّ الأشياء تعمل معاً لخيرك.

صلاة مُقترَحة: أيها الآب السّماوي، لقد سمَحْت للخوف بأن يؤثّر في حياتي ومسيري معك. أنا أطلب الغفران على كلّ طريقة أثّر فيها الخوف في حياتي وحياة مَن هم تحت تأثيري. أطلب الغفران على كلّ طريقة قاومْتك بها وأنكرت بها وصاياك وشخصك بسبب الخوف. أنا أطلب الغفران على الخوف من الإنسان، الخوف من المستقبل، الخوف من المجهول، الخوف غير المنطقيّ، الخوف من الفشل والمخاوف الأخرى. هذه نتائج لعدم ثقتي فيك وأنا أعترف بها كخطيئة! أنا الآن أرجع بتوبة متعهّداً بكسر أنماط الخوف في حياتي.

إنتهِرْ: أرفض وتَخلَّ عن كلّ كذبة قبلتها وهي تبقيك مُستعبَداً للخوف، أكان الخوف من الفشل، الخوف من المستقبل، الخوف من الآخرين والخوف غير الصحيّ من الله. بسلطان يسوع المسيح، قاوم إبليس وأيّ أرواح شرّيرة قد وجدَت مكاناً لتضايقك من خلال مخاوفك الخاطئة وأغلقْ الباب بحزم في وجه عملها في حياتك.

صلاة مُقترَحة: باسم يسوع أنا أرفض كلّ كذبة وأنتهرْ كلّ روح شرّير قد أثّر في حياتي بسبب خطيئة الخوف. أنا أرفض الكذبة القائلة إنّه لا يمكن الوثوق في الله. أنا أرفض الكذبة القائلة إنّ الله غير صالح والكذبة الأخرى القائلة إنّ الله ليس سيّداً على كلّ شيء. بقوّة دَم المسيح أنا الآن حرّ من شوكة الخوف، وبسلطان يسوع المسيح أنا آمر كلّ روح خوف بالرحيل.

إستبدلْ: وافق وأكّد على أنّ الله يُمسك حياتك بين يديه وأنّه سيسير معك في كلّ عاصفة تجتازها.أنطق بكلام تأكيد استناداً إلى الأعداد الكتابيّة المذكورة أعلاه واستخدم إعلاناتك الشخصيّة المناسبة للتأكيد أنّك الآن ستسير بروح ثقة ورجاء وإيمان بدلاً من الخوف والفزع.

إستقبل: أشكر الربّ لأنّه قد غفر لك مجّاناً. أطلبْ ملء الرّوح القدس واستقبله ليتغيّر كلّ مكان سكَنت فيه خطيئة الخوف سابقاً فيمتلئ بملء روح الربّ.

صلاة مُقترَحة: أيّها الآب، أنا أستقبل غفرانك. أنا أستقبل بثقة قياساً كاملاً من روحك، عالماً أنّي مغسول بدم المسيح الذي أحبّني لدرجة أنّه ضحّى بنفسه من أجلي. شكراً لأنّك الآن ستملأني بالكامل بروحك القدّوس المُحيي، وبالسّلام والتّأكيد والثّقة التي أحتاج إليها لأحيا حرّاً من الخوف.

في حين أنّ الخوف يتجذّر في الخداع والأكاذيب، يتجذّر الإيمان في كلام الحقّ الذي يفيض من شخص **الله** الأمين والجدير بالثّقة. ليس الإيمان ترياق الخوف فقط، بل هو أيضاً العمليّة الأساسيّة والخارقة التي تُطلق قوّة القيامة وترينا السّماء على الأرض. الإيمان أقوى من الخوف بأشواط وهو لا يمكّننا من الاستمرار في هذه الحياة فحسب، بل من إطلاق حياة خارقة وفيّاضة والاستمتاع بها في هذا العالم المشبّع بالخطيئة والصدأ والموت.

أربعة مبادئ أساسيّة للإيمان:

١. ميّزْ حقّ الله

من خلال كلمة **الله** نفسها – «مَنْ هُوَ هَذَا الْفِلِسْطِينِيُّ الأَغْلَفُ حَتَّى يُعَيِّرَ صُفُوفَ **اللهِ** الْحَيِّ؟» **١ صموئيل ١٧: ٢٦**

من كلمة **الله** التي تسمعها في ظروف معيّنة (راجع أعمال الرسل ٢٧: ٢٣ – ٢٦).

٢. إستقبلْ حقّ الله وآمن به

هذا يعني الموافقة على الحقّ في أعماق قلبك والسّماح لكلمة **الله** الحيّة أن تُطلق الإيمان فيك بينما تستقبل حقيقتها الفعّالة وتتأمّل فيها.

لَكِنْ مَاذَا يَقُولُ؟ «اَلْكَلِمَةُ قَرِيبَةٌ مِنْكَ فِي فَمِكَ وَفِي قَلْبِكَ» أَيْ كَلِمَةُ الإِيمَانِ الَّتِي نَكْرِزُ بِهَا. **رومية ١٠: ٨**

٣. أعلنْ حقّ الله على الوضع الذي تمرّ به

عندما نعلن كلمة **الله** بإيمان على وضع ما، تقوم هذه الكلمة بإطلاق التغيير والقوّة في العالم الرّوحي ثم يظهر ذلك بوضوح في العالم الطبيعي. إنّ كلامنا يُطلق قوّة **الله** المُبدِعة.

١ صموئيل ١٧: ٤٤ – ٤٧
وَقَالَ الْفِلِسْطِينِيُّ لِدَاوُدَ: «تَعَالَ إِلَيَّ فَأُعْطِيَ لَحْمَكَ لِطُيُورِ السَّمَاءِ وَوُحُوشِ الْبَرِّيَّةِ». فَقَالَ دَاوُدُ: «أَنْتَ تَأْتِي إِلَيَّ بِسَيْفٍ وَبِرُمْحٍ وَبِتُرْسٍ. وَأَنَا آتِي إِلَيْكَ بِاسْمِ رَبِّ الْجُنُودِ إِلَهِ صُفُوفِ إِسْرَائِيلَ الَّذِينَ عَيَّرْتَهُمْ. هَذَا الْيَوْمَ يَحْبِسُكَ الرَّبُّ فِي يَدِي فَأَقْتُلُكَ وَأَقْطَعُ رَأْسَكَ. وَأُعْطِي جُثَثَ جَيْشِ الْفِلِسْطِينِيِّينَ هَذَا الْيَوْمَ لِطُيُورِ السَّمَاءِ وَحَيَوَانَاتِ الأَرْضِ، فَتَعْلَمُ كُلُّ الأَرْضِ أَنَّهُ يُوجَدُ إِلَهٌ لإِسْرَائِيلَ. وَتَعْلَمُ هَذِهِ الْجَمَاعَةُ كُلُّهَا أَنَّهُ لَيْسَ بِسَيْفٍ وَلاَ بِرُمْحٍ يُخَلِّصُ الرَّبُّ، لأَنَّ الْحَرْبَ لِلرَّبِّ وَهُوَ يَدْفَعُكُمْ لِيَدِنَا».

لوقا ١٧: ٦
فَقَالَ الرَّبُّ: «لَوْ كَانَ لَكُمْ إِيمَانٌ مِثْلُ حَبَّةِ خَرْدَلٍ لَكُنْتُمْ تَقُولُونَ لِهَذِهِ الْجُمَّيْزَةِ انْقَلِعِي وَانْغَرِسِي فِي الْبَحْرِ فَتُطِيعُكُمْ».

٤. تصرّفْ استناداً إلى حقّ الله

يجب أن يترافق الإيمان بالعمل بحسب قيادة الرّوح القدس وبقوّة منه.

وَرَكَضَ نَحْوَ الصَّفِّ لِلِقَاءِ الْفِلِسْطِينِيِّ. **١ صموئيل ١٧: ٤٨**

تمييز عدم الإيمان

يبدو عدم الإيمان غير مؤذٍ بما فيه الكفاية لمعظم المسيحيّين، فهو نقطة ضعف بريئة أليس كذلك؟ نعتبره أكثر وكأنّه طريقة عمليّة، حذرة أو متعقّلة. في الواقع، يتصرّف عدم الإيمان بخوف أو عناد أو تمرّد مُشكّكاً بكلام **الله** وعمله وصفاته ويعبرّ عن هذه الشّكوك بالكلام والعمل معاً. إنّه يصرّ على أنّ مقياسنا للحقيقة أفضل من مقياس **الله**، ويعطي الأولويّة لفرضيّاتنا وافتراضاتنا وتفضيلاتنا ومخاوفنا.

تأمّل في بعض خصائص عدم الإيمان:

- لديه أفكاره الخاصّة بشأن ما يستطيع أو ما لا يستطيع **الله** فعله، ما سيفعله أو لن يفعله والطّرق التي يعمل بها أو لا يعمل بها.
- يجد طرقه الخاصّة لتحقيق عمل **الله**، على المُستوَيين الشخصي والجماعي.
- ينظر في داخله بدلاً من النّظر فوقه. تماماً كما كتب جيم سيمبالا في كتابه الإيمان المنتعش *(Fresh Faith)*، "عدم الإيمان يتكلّم إلى نفسه بدلاً من التكلّم إلى **الله**".

بدلاً من طلب وجه الربّ والتصرّف بإيمان بحسب شخص **الله** ووعوده، نقرّر الاعتماد على فهمنا الخاصّ وطرقنا الخاصّة وقوّتنا الشخصيّة لعيش الحياة وإتمام الخدمة. غالباً ما يكون هذا المَيل نحو عدم الإيمان متجذّراً في الخوف أو الكبرياء أو التمرّد أو خطايا في مجالات أخرى.

- عندما يكون الخوف هو الدّافع وراء عدم الإيمان، قد يظهر هذا الأخير في آليات التكيُّف للحماية الذّاتيّة، التي تشبه تلك التي نجدها في التّعامل مع عدم الأمان والدّونيّة.
- عندما ينبت عدم الإيمان من الكبرياء أو التمرّد، يمكن تغطيته تحت قناع الواقعيّة والتعقّل أو الأمور العمليّة.
- في الكنيسة، غالباً ما يتخفّى عدم الإيمان في روح انتقاد وتديّن، كما كان حال الفرّيسيّين أيّام يسوع.

مع أنّ عدم الإيمان قد يكون مَخفيّاً في الأعماق، فهو لا يمرّ أبداً بدون أن نراه أو نلاحظه. تُعلن كلمة **الله** بوضوح أنّ **الله** يعتبر عدم الإيمان خطيئة خطيرة ويتعامل معها بقوّة. الإيمان الكبير يصدّق **الله** ويتصرّف بحسب كلامه! وبحسب كلام يسوع، الإيمان الكبير يعلم أنّ لا شيء مستحيل مع **الله** وهو قادر على نقل جبال. بدون هذا الإيمان كما يذكّرنا الكتاب في عبرانيين ١١: ٦، يستحيل بالكامل إرضاء **الله**.

ثمار عدم الإيمان

- يحجب حضور **الله** وقوّته في حياتنا
- يفتح الأبواب للشّعور بالغضب والاستياء بخاصّة من جهة **الله** وفي العديد من الأحيان، من جهة الذين يعيشون بطاعة **الله**
- يغذّي جذور الشّكّ
- يُعيق الصّلاة
- يقود إلى عدم الاستقرار
- يغذّي المواقف الانتقاديّة
- يسلب من شعب **الله** الحساسيّة للرّوح القدس والأمور الروحيّة
- يسمّم الآخرين
- يعزّز ويشجّع التّعالي والكبرياء
- يخفّف من اعتبار النّاس لكلمة **الله** وشخصه
- يجعل الفرد يعتبر أنّ مقاييسه هي المقاييس الصّحيحة، حتّى إنّه يضعها قبل مقاييس الربّ
- يسبّب الإحباط للآخرين ويساهم في إخماد إيمانهم
- يجلب على نفسه خيبة **الله** وغضبه واستياءه
- يمنع إطلاق الرّوح القدس وعمله
- يؤدّي إلى التحكّم

تمييز عدم الإيمان

أطلب من الرّوح القدس أن يختبر قلبك بينما تفكّر في نقاط اللائحة التّالية. ضع إشارة على ما ينطبق عليك:

- ☐ أشعر بخيبة الأمل وحتّى بالإهانة لأنّه يبدو لي أنّ الربّ لا يعمل في حياتي كما أتوقّع منه ولا يستجيب لصلواتي كما أريد.
- ☐ تراودني الشّكوك عندما أسمع اختبارات الآخرين حول وجود **الله** وقوّته أو استجابته للصّلوات. ردّ فعلي الأوّل والمعتاد، هو محاولة تحليل كلامهم أو عدم الموافقة عليه.
- ☐ أحاول تفسير روح الانتقاد وكأنّها روح بنّاءة (أي كأنّها "روح تمييز" و"حماية" - راجع أعمال الرسل ١٧: ١١)
- ☐ أنتقد إدارة الكنيسة والقائمين على الخدمة والأساليب المستخدَمة.
- ☐ أميل إلى التّشكيك في الآخرين.
- ☐ أتساءل لماذا لا يبدو أنّ الرّوح القدس يتحدّث إليّ أو يستخدمني بقوّة كما يستخدم الآخرين.
- ☐ أشكُّ في أنّ **الله** يكلّم الآخرين أو يستخدمهم كما يدّعون لأنّي لا أراه يكلّمني أو يستخدمني بالطّريقة نفسها.
- ☐ أميل إلى الاكتفاء بذاتي والاستقلاليّة عن الآخرين؛ أو بصراحة تامّة، أنا أميل إلى الاكتفاء بذاتي والاستقلاليّة عن **الله**.
- ☐ عادةً ما أنظر إلى الأشخاص والمواقف كأنها حالات مستحيلة، بدلاً من أن أراها مُستطاعَة مع الربّ.
- ☐ لست أكيداً بأنّي أملك سلطاناً روحيّاً من خلال يسوع المسيح.
- ☐ لست مندفعاً للصّلاة باستمرار، و...
- ☐ لا أهتمّ كثيراً بصلاة التشفُّع أو صلاة الحرب الروحيّة.
- ☐ عادةً آخر ما أفكّر به هو الصّلاة. أحاول أن أفهم الأمور وأجد حلاً لها بمفردي أوّلاً، وتشير تصرّفاتي إلى أنّني أظنّ بأنّ الربّ يساعد الذين يساعدون أنفسهم.
- ☐ أستسلم للتصرّفات وأعمال الإدمان المعتادة (آليّات التكيُّف وقدرة التحمّل) لإراحة نفسي عندما أشعر بالفشل والخوف واليأس والأذيّة، إلخ.
- ☐ عادةً ما آخذ قراراتي بناءً على مخاوفي بدلاً من أن تكون مبنيَّة على ما يريدني **الله** أن أفعل في هذه المواقف (أين أذهب، كيف أصل، ماذا يستطيع شريك حياتي/أولادي أن يفعلوا أو إلى أين يستطيعون الذّهاب، إلخ.)
- ☐ أظنّ بأنّ ظروفي، خطاياي، مخاوفي، زواجي، حياتي الروحيّة أو أيّ أمور أخرى (عدّد منها ما شئت!) في حياتي لن تتغيّر أبداً.
- ☐ أشعر بالذّعر عندما أتلقّى أخباراً سيّئة أو مؤلمة أو عند أيّ تلميح إلى أنّ شيئاً سيّئاً أو مؤلماً قد يحدث.
- ☐ أميل إلى الشّعور بالهمّ والقلق والخوف بشأن أشياء كثيرة.
- ☐ أخاف من ألاّ ينال أولادي أو أفراد العائلة الآخرين الخلاص.
- ☐ أحاول أن أتحكّم بالظّروف والنّاس، وحتّى **الله**، لأنّي أخاف من أن أسلّم الأمر للربّ واثقاً بأنّه سيحافظ عليهم ويقودهم ويحميهم ويخلّصهم، إلخ.
- ☐ أشكّك في عمل الرّوح القدس الخارق في اليوم الحاضر.
- ☐ أخاف من المجازفة بالصّلاة أو التكلّم عن الربّ بجرأة مع الآخرين في مجالات كالشّفاء أو الحريّة الروحيّة.
- ☐ أخاف أن آخذ خطوة إيمان استجابة لرؤيا أكيدة أعطاها الربّ لي أو لآخرين في جسد المسيح.
- ☐ الظّروف المَرئيّة لها تأثير أقوى عليَّ من كلمة **الله** المكتوبة أو كلامه المسموع أو شخص **الله**.

التحرّر من الخوف وعدم الإيمان

إعلم أنّ وراء كلّ خوف تختبئ كذبة. يستطيع الخوف أن يتجذّر فينا فقط حين نصدّق الخداع بشأن خطر أو نزاع أو ألم مُتوقَّع. هذه الحالة المحتمَلة ليست هي المشكلة، لكن المشكلة هي الكذبة التي نصدّقها بشأن قدرة **الله** (أو تصوّري لعدم قدرته) على حمايتنا، تدبير حاجاتنا، تعزيتنا، تقويتنا وتجهيزنا لكلّ الظّروف في الحياة.

- عليك أن تأخذ القرار بكره خطيئة الخوف وعدم الإيمان بتصميم مقدّس. الخوف يحزن قلب **الله** لأنّه ينكر حقيقة تدبيره وحمايته الرّائعين. الخوف يغذّي عدم الإيمان بـ**الله** وشخصه وكلمته وقدرته.
- إعترف بالتّحديد بكلّ المجالات التي تسكن فيها خطيئة الخوف وعدم الإيمان في حياتك.
- أطلب من **الله** أن يعلن لك عن أيّ مجالات خوف أو أيّ جذور خوف ما زلت تجهلها، وفكّر في أن تطلب من أحد أن يصلّي معك بشأنها. قد ينال الشخص الآخر بصيرة أو إعلاناً من الرّوح القدس بشأن مجالات الخوف التي لا تراها أنت.
- تخلَّ عن الخوف وعدم الإيمان، باسم يسوع، وانتهر العدوّ باسم يسوع ودمه. مُرْ العدوّ بحزم أن يذهب! وخذ موقف إيمان ثابت (إستخدم المبادئ الأربعة).

ثمَّ اسلك في روح معاكس أي في الاتّجاه المعاكس بعيداً عن مخاوفك. لا يكفي أن تعترف بمخاوفك، فالآن يجب أن تواجهها بتصميم شديد وتستقبل محبّة **الله** ووعوده، وتستبدل كلّ عدم إيمان بتأكيد واثق لحقّ كلمة **الله** وشخصه.

العيش بحريّة من الخوف وعدم الإيمان

بينما ننمو في استعدادنا وقدرتنا على العيش في الحريّة، نبدأ بمواجهة تحدّيات في مجالات لنا فيها خبرة قليلة أو لا خبرة على الإطلاق. ننظر إلى مواردنا الجسديّة والنفسيّة والعاطفيّة ونُدرك أنّها غير كافية أمام متطلّبات الحياة والخدمة والحرب الروحيّة. ونبدأ برؤية الفجوة الهائلة بين ما نستطيع فعله بقوّتنا الشخصيّة (الطبيعيّة) وما نستطيع فعله بقوّة الرّوح القدس (الخارقة).

نستطيع أن نعبُر هذه الفجوة عندما نتوقّف عن النظر إلى عمل أيدينا والنّواقص التي فينا، وعندما نسير بالإيمان لنقوم بما قال يسوع إنّنا سنفعله وعلينا فعله ويمكننا فعله! في كلّ مرّة نأخذ فيها خطوات الإيمان هذه، يحدث أمر خارق فيتعزّز إيماننا وتتعزّز ثقتنا. وبينما ينمو الإيمان، يضمحلّ الخوف!

أعلن التّأكيدات التالية:

- ☐ سأتخلّى عن الخوف والشّك وأستبدلهما بالإيمان والثّقة بكلمة **الله** وشخصه وقوّته.
- ☐ لن أحيا فقط بحسب ما أراه وأفهمه بحواسّي الطبيعيّة أو ردود فعلي العاطفيّة ومخاوفي ولكن بحسب كلمة **الله** ووعود الربّ المُعلَنة.
- ☐ سأسعى دائماً لإكرام الربّ ولن أقلّل من إكرامه أو إكرام الّذين يسعون للسّير بطاعته وبإيمان كبير.
- ☐ سأطلب من الربّ يوميّاً أن يزيد إيماني.
- ☐ سأمضي وقتاً أطول بقراءة الكلمة لكي أعرف عمل **الله** وشخصه ووعوده بطريقة أكثر شموليّة.
- ☐ سأتعلّم أن أسمع صوته وأطيعه.
- ☐ لن أحيا بتمرّدٍ خائفاً من النتائج الطبيعيّة لطاعة الربّ.
- ☐ لن أُخفي روح عدم الإيمان والانتقاد تحت غطاء التفكير العمليّ أو الحذر أو روح التمييز والحماية.
- ☐ سأنتظر الربّ ليحقّق وعوده. لن أعتمد على خططي الخاصّة، على طرق الراحة المزيَّفة، على آليات التكيُّف وقدرة التحمّل، أو على سيطرتي على الموقف.
- ☐ سآخذ خطوات إيمان جريئة لأخدم كما كان يسوع يفعل.
- ☐ سأحيا وأخدم بثقة بحسب السلطان الروحي المُعطى لي بيسوع المسيح.
- ☐ سأحيا متعالياً على مشاعري وظروفي واثقاً إلى التّمام بالربّ وبأنّه سيؤمِّن احتياجاتي ويحميني ويقوّيني.
- ☐ لن أخاف من أعمال الرّوح القدس الخارقة أو أتمرّد عليها.
- ☐ سأنمّي ثقافة إيمان مع الأشخاص حولي، بدءاً من عائلتي، انتقالاً إلى خدمتي وعائلتي في الكنيسة وأصدقائي.

أعداد كتابيّة لنحيا بحسبها

الخوف

مزمور ٢٣: ٤

أَيْضاً إِذَا سِرْتُ فِي وَادِي ظِلِّ الْمَوْتِ لاَ أَخَافُ شَرّاً لأَنَّكَ أَنْتَ مَعِي. عَصَاكَ وَعُكَّازُكَ هُمَا يُعَزِّيَانِنِي.

أمثال ١٢: ٢٥

اَلْغَمُّ فِي قَلْبِ الرَّجُلِ يُحْنِيهِ وَالْكَلِمَةُ الطَّيِّبَةُ تُفَرِّحُهُ.

إشعياء ٨: ١٢

لاَ تَقُولُوا: فِتْنَةً لِكُلِّ مَا يَقُولُ لَهُ هَذَا الشَّعْبُ فِتْنَةً وَلاَ تَخَافُوا خَوْفَهُ وَلاَ تَرْهَبُوا.

إشعياء ٤١: ١٠، ١٣

لاَ تَخَفْ لأَنِّي مَعَكَ. لاَ تَتَلَفَّتْ لأَنِّي إِلَهُكَ. قَدْ أَيَّدْتُكَ وَأَعَنْتُكَ وَعَضَدْتُكَ بِيَمِينِ بِرِّي. لأَنِّي أَنَا الرَّبُّ إِلَهُكَ الْمُمْسِكُ بِيَمِينِكَ الْقَائِلُ لَكَ: لاَ تَخَفْ. أَنَا أُعِينُكَ.

متى ٢٨: ٢٠

... وَهَا أَنَا مَعَكُمْ كُلَّ الأَيَّامِ إِلَى انْقِضَاءِ الدَّهْرِ.

أعمال ١٨: ١٠

لأَنِّي أَنَا مَعَكَ وَلاَ يَقَعُ بِكَ أَحَدٌ لِيُؤْذِيَكَ لأَنَّ لِي شَعْباً كَثِيراً فِي هَذِهِ الْمَدِينَةِ.

فيلبي ٤: ٦

لاَ تَهْتَمُّوا بِشَيْءٍ، بَلْ فِي كُلِّ شَيْءٍ بِالصَّلاَةِ وَالدُّعَاءِ مَعَ الشُّكْرِ، لِتُعْلَمْ طِلْبَاتُكُمْ لَدَى اللهِ.

عدم الإيمان

مزمور ٧٨: ١٩-٢٢

فَتَكَلَّمُوا ضِدَّ اللهِ. قَالُوا: "هَلْ يَقْدِرُ اللهُ أَنْ يُرَتِّبَ مَائِدَةً فِي الْبَرِّيَّةِ؟ هُوَذَا ضَرَبَ الصَّخْرَةَ فَجَرَتِ الْمِيَاهُ وَفَاضَتِ الأَوْدِيَةُ. هَلْ يَقْدِرُ أَيْضاً أَنْ يُعْطِيَ خُبْزاً أَوْ يُهَيِّئَ لَحْماً لِشَعْبِهِ؟" لِذَلِكَ سَمِعَ الرَّبُّ فَغَضِبَ وَاشْتَعَلَتْ نَارٌ فِي يَعْقُوبَ وَسَخَطٌ أَيْضاً صَعِدَ عَلَى إِسْرَائِيلَ لأَنَّهُمْ لَمْ يُؤْمِنُوا بِاللهِ وَلَمْ يَتَّكِلُوا عَلَى خَلاَصِهِ.

متى ٦: ٢٥– ٣٠ (الحياة)

لِذلكَ أَقولُ لَكُمْ: لاَ تَهْتَمُّوا لِمَعِيشَتِكُمْ بِشَأْنِ مَا تَأْكُلُونَ وَمَا تَشْرَبُونَ، وَلاَ لأَجْسَادِكُمْ بِشَأْنِ مَا تَكْتَسُونَ. أَلَيْسَتِ الْحَيَاةُ أَكْثَرَ مِنْ مُجَرَّدِ طَعَامٍ، وَالْجَسَدُ أَكْثَرَ مِنْ مُجَرَّدِ كِسَاءٍ؟ تَأَمَّلُوا طُيُورَ السَّمَاءِ: إِنَّهَا لاَ تَزْرَعُ وَلاَ تَحْصُدُ وَلاَ تَجْمَعُ فِي مَخَازِنَ، وَأَبُوكُمُ السَّمَاوِيُّ يَعُولُهَا. أَفَلَسْتُمْ أَنْتُمْ أَفْضَلَ مِنْهَا كَثِيراً؟ فَمَنْ مِنْكُمْ إِذَا حمل الْهُمُوم يَقْدِرُ أن يُطِيل عُمْرَهُ وَلَوْ سَاعَةً وَاحِدَةً؟ وَلِمَاذَا تَحْمِلُونَ هَمَّ الْكِسَاءِ؟ تَأَمَّلُوا زَنَابِقَ الْحَقْلِ كَيْفَ تَنْمُو: إِنَّهَا لاَ تَتْعَبُ وَلاَ تَغْزِلُ؛ وَلكِنِّي أَقُولُ لَكُمْ: حَتَّى سُلَيْمَانُ فِي قِمَّةِ مَجْدِهِ لَمْ يَكْتَسِ مَا يُعَادِلُ وَاحِدَةً مِنْهَا بَهَاءً! فَإِنْ كَانَ اللهُ هَكَذَا يَكْسُو الأَعْشَابَ الْبَرِّيَّةَ مَعَ أَنَّهَا تُوجَدُ الْيَوْمَ وَتُطْرَحُ غَداً فِي النَّارِ، أَفَلَسْتُمْ أَنْتُمْ، يَا قَلِيلِي الإِيمَانِ، أَحْرَى جِدّاً بِأَنْ يَكْسُوكُمْ؟

متى ١٣: ٥٨

وَلَمْ يَصْنَعْ هُنَاكَ قُوَّاتٍ كَثِيرَةً لِعَدَمِ إِيمَانِهِمْ.

عبرانيين ١١: ١

وَأَمَّا الإِيمَانُ فَهُوَ الثِّقَةُ بِمَا يُرْجَى وَالإِيقَانُ بِأُمُورٍ لاَ تُرَى.

عبرانيين ١١: ٦

وَلكِنْ بِدُونِ إِيمَانٍ لاَ يُمْكِنُ إِرْضَاؤُهُ، لأَنَّهُ يَجِبُ أَنَّ الَّذِي يَأْتِي إِلَى اللهِ يُؤْمِنُ بِأَنَّهُ مَوْجُودٌ، وَأَنَّهُ يُجَازِي الَّذِينَ يَطْلُبُونَهُ.

عدم الأهميّة والدونيّة

المقدِّمة

قيل نقلاً عن مارتن لوثر إنّه لا يهمّ من أيّ جهة تقع من فوق الحصان، ففي كلا الحالتين أنت قد وقعت من فوق الحصان! يصحُّ هذا المبدأ أيضاً بالنسبة للطريقة التي يستخدمها الشّيطان ليفصلنا عن محبَّة **الله**. إحدى هذه الطرق هي إقناعنا بأنّنا لا نحتاج إلى محبَّة الربّ وغفرانه فنظن بأنّنا بخير كما نحن، وهذا يُدعى كبرياء.

لكنَّ الطريقة الأخرى الّتي لا تقلّ مكراً عن الأولى، هي خداعنا بفكرة عدم استحقاقنا لمحبَّة الربّ وغفرانه. في هذه الحالة، نحن نهدم أنفسنا بأيدينا إذ نركّز على نقائصنا ومخاوفنا، فتبتلعنا الشّفقة على النّفس وكره النفس، فننزوي في سجن الرّفض والدّينونة وعدم الأمان. يُدعى هذا الحصن عدم **الأهميّة و/أو الدونيَّة**.

شخصيَّات كتابيّة:

هذا الحصن مرض منتشر وغالباً ما نراه في الكتاب المقدس وهو ليس مجرّد مشكلة معاصرة. عندما دعا **الله** موسى، أجابه موسى قائلاً "مَن أنا..." و"لَسْتُ أَنَا صَاحِبَ كَلاَم" في خروج الأصحاحين ٣ و٤. يستطيع معظمنا فهم الردّ الشهير الذي قدّمه جدعون حين دعاه الربّ فأجاب: "يَا سَيِّدِي، بِمَاذَا أُخَلِّصُ إِسْرَائِيلَ؟ هَا عَشِيرَتِي هِيَ الذُّلَّى فِي مَنَسَّى، وَأَنَا الأَصْغَرُ فِي بَيْتِ أَبِي" بحسب سفر القضاة الأصحاح ٦. وبإمكاننا ذكر شخصيات كتابيَّة أخرى مثل الملك شاول، إرميا، وحنانيا المذكور في أعمال الرسل الأصحاح ٩.

جذور عدم الأهميّة والدونيّة:

إنَّ حصن عدم الأهميّة والدونيّة يغطّي رؤيتنا للحقيقة بكذبة تقول إنّنا غير محبوبين وبدون أهميّة بسبب مَن نحن، وإنَّ قيمتنا وقيمة الآخرين مبنيّة على أساس مركزنا الاجتماعيّ وقدراتنا ومظهرنا ونجاحنا وممتلكاتنا ومهنتنا أو خدمتنا. نفشل إذاً في إدراك أنّنا محبوبون بدون أيّ شرط وأنّ لنا قيمة أمام الربّ. هذا الحصن يغذّي دوّامة عقيمة من فقدان الأمل والكفاح واليأس: فقدان الأمل لأنّنا لن نصبح أبداً الشخص الذي نحلم بأن نكونه ولن نفعل ما نحلم بفعله، ثمَّ الكفاح لجعل الأمور تتحقّق، واليأس والدينونة حين نفشل في ذلك.

التّعريف:

عدم الأهميّة هو التّصديق بأنّنا أدنى في المكانة (القيمة والأهميّة) والمقام من الآخرين، وأفقر من حيث النّوعيّة وأدنى من المعدَّل. إنّه الإصرار على أنَّ الربّ لا يقدر أن يباركني ولن يباركني كما يفعل للآخرين. إنّه الافتراض بأنّ عدم استحقاقي هو السّبب الذي جعل الأمور تتعقّد أو تسيء أو هو التفسير لعدم استجابة الربّ لصلواتي.

تمييز عدم الأهميّة

- يتجذّر شعور عدم الأهميّة في الأكاذيب والادّعاءات التّي يطلقها العدوّ، الذي قاومك منذ الولادة.

- يتجذّر شعور عدم الأهميّة في الشّعور المُفرَط بأنّ حضورك ثقل على الآخرين، والشّعور بالنّقص عند مقارنة نفسك بالآخرين.

- عادةً ما يعيش الأشخاص الذين يعانون من عدم الأهميّة صراعاً شديداً مع الشّفقة على الذّات والغضب والطّمع أو الشّهوة.

- نشعر بعدم الانتماء ونتحسّر دائماً على أنفسنا (شفقة على الذات). يمكننا دائماً تقريباً أن نرى أنَّ الآخرين أعظم منّا أو أكثر أهميّة منّا في كلّ شيء.

- نعتقد أنَّ الله لا يرانا ولا يفرح بالنظر إلينا، ونرفض الوعد بأنَّ الربّ عنده هدف لنا. لا نجد أيّ فرح في حقيقة اختيار الله لنا.

- نعيش بمشاعر غضب دفين تجاه الأشخاص الّذين يمثّلون جماعات قد رفضتنا في الماضي أو جعلتنا نشعر بأنّنا أدنى طبقة. عادةً ما ننتقد هؤلاء النّاس إذ يجعلوننا نشعر بأنّنا أدنى درجة.

- يرتفع مستوى الغضب ويظهر في حياتنا بأشكال متعدّدة. علينا مواجهة مشكلة عدم الأهميّة في مجالات مختلفة بهدف استئصال جذورها من حياتنا.

الأكاذيب الداخليّة النّاتجة من عدم الأهميّة

غالباً ما أشعر وأفكّر:

- ☐ أنا مجرّد نكرة ولا أنتمي لأحد، فقد أتيت من العدم.
- ☐ أنا ضعيف وصغير النّفس.
- ☐ لست أملك شيئاً لأعطيه لأيّ أحد.
- ☐ أنت لا تريد التحدّث إليّ – ولماذا قد تريد ذلك؟
- ☐ أنظر إلى أسفل حين أمرّ بجانب النّاس.

عدم الأهميّة هو التّصديق بأنّنا أدنى في المكانة (القيمة والأهميّة) والمقام من الآخرين، وأفقر من حيث النّوعيّة وأدنى من المعدّل.

- ☐ لا أبادر بإلقاء التّحيّة على النّاس، أخشى أيّ درجة رفض منهم.
- ☐ أنا خجول (أو غالباً ما يصفني النّاس بالخجول) لأنّه ليس عندي شيء أقوله للآخرين.
- ☐ كلُّ شخص في عائلتي هو مجرّد نكرة، وبما فيهم أنا.
- ☐ لا أرى أيّ "أهميّة إستراتيجيّة" في الشّخص الذي خلقني **الله** لأكونه وفي العمل الذي خلقني لأفعله.
- ☐ يوجد أشياء كثيرة أكرهها في نفسي.
- ☐ غالباً ما أشعر بثقل حضوري، وأركّز داخليّاً على نفسي.

خداع المقارنة النّاتج من عدم الأهميّة

- ☐ غالباً ما أقارن نفسي بالآخرين.
- ☐ أتساءل دائماً عمّا يظنّه الآخرون فيّ وأتخوّف من ذلك (أعيش في أفكار الآخرين).
- ☐ أقارن نفسي بالآخرين بصورة مستمرّة ولا أفوز بالمقارنة عادةً.
- ☐ أخاف من التكلّم مع النّاس الذين أراهم أعلى مستوى مني.
- ☐ أشتهي مواهب الآخرين وقدراتهم وإمكانيّاتهم.
- ☐ أشعر بالغيرة من مظهر الآخرين ومن الطّريقة الّتي يتصرّفون ويتكلّمون فيها.
- ☐ أختصر صداقاتي فقط مع الذين أعتبرهم بمستواي أو أقلّ مستوى مني.

خداع النّقص النّاتج من عدم الأهميّة

- ☐ أخاف أو أقلق بشأن تحمّل مسؤولية مَهامّ معيّنة بسبب عجزي.
- ☐ أفضّل أن أبقى غير ظاهر أو مجهول الهويّة وأن يتمّ تجاوزي في المهامّ المطلوبة.
- ☐ أريد الحصول على مَهمّات سهلة بمقدوري إنجازها بقدراتي الطبيعيّة.
- ☐ أتكلّم فقط مع الناس المألوفين بالنسبة إليّ.
- ☐ أتجنّب القيام بمجازفات أمام النّاس (الصّلاة بصوت عال، التكلّم أمام مجموعة من النّاس).
- ☐ أفضّل أن أكون بمفردي لأنّ ذلك أكثر أماناً وسهولةً، ويتطلّب عملاً أقلّ.
- ☐ لا أجد فرحاً في التّحدّيات التي يضعها الربّ أمامي.

الخداع الروحي النّاتج من عدم الأهميّة

- ☐ لا يأخذ الربّ صلواتي على محمل الجدّ.
- ☐ يصعب عليَّ التّصديق بأنّ **الله** قد اختارني لهدف مميَّز.
- ☐ أشعر بأنّي تافه أو صغير في عينيّ الربّ.
- ☐ حين أسمع بأنّ لنا "دوراً استراتيجيّاً في ملكوت الربّ"، أعرف أنّهم لا يتكلّمون عنّي.
- ☐ الربّ لا يكلّمني.
- ☐ غالباً ما أشكّ بحضور **الله** في حياتي.
- ☐ لا أصدّق بأنّ لي أيّ سلطان روحيّ.
- ☐ لا أرى دعوة **الله** على حياتي (حتّى لو حاول أحد إخباري بذلك)، ولا كيف يستطيع **الله** استخدامي في تقدّم ملكوته، فلماذا قد يريد استخدامي أنا؟

الشّفقة على النّفس النّاتجة من عدم الأهميّة

- ☐ ألوم الآخرين على عدم رؤية أيّ شيء صالح فيّ: "هذا ليس خطأي".
- ☐ لم يكن والداي مشجّعين جدّاً لي، لذلك أنا لا أثق في نفسي.
- ☐ "هذه صفات شخصيّتي فحسب، الله هو مَن خلقني على هذا النّحو"!
- ☐ أنا ضحيّة لحياة صعبة.
- ☐ لا أحد يباركني أبداً، لذلك لا تتوقّع كثيراً مني.
- ☐ أشعر بالرّفض إن لم أنل التّشجيع أو التّقدير.

تصغير الآخرين النّاتج من عدم الأهميّة

- ☐ أنتقد الآخرين لأنّني لا أستطيع أو لا أريد فعل الأمور "بهذه الطريقة".
- ☐ أنتقد الآخرين عندما يواجهونني بتحدٍّ لأنّني "لا أقدر أن أتغير".
- ☐ أنتقد الآخرين لأنّني أعتقد أنهم يظنّون أنفسهم أعلى مستوى مني.
- ☐ أمنع البركة عن الآخرين لأنّ ليس عندي شيء أعطيه.
- ☐ أمنع البركة عن الآخرين لأنّ أفكاري عنهم وتشجيعي لهم ليس له أهميّة بالنسبة إليهم.
- ☐ أمنع البركة عن الآخرين لأنّني لا أريدهم أن يسبقوني (أشعر بالتّهديد وعدم الأمان).

خداع الطّموح النّاتج من عدم الأهميّة

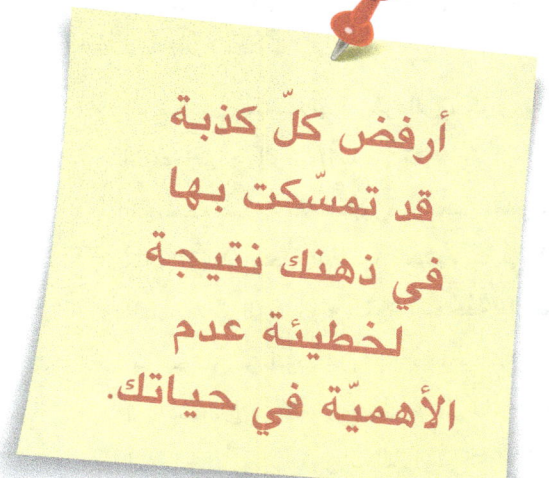

أرفض كلّ كذبة قد تمسّكت بها في ذهنك نتيجة لخطيئة عدم الأهميّة في حياتك.

- ☐ أفعل الأمور التي أعتقد أنّ الآخرين يحبّونَ أن أفعلها.
- ☐ أقول الأشياء التي أعتقد أنّها تجعل الآخرين يقبلونني.
- ☐ أشعر بعدم الأمان إذا كان رأي الآخرين سيّئاً فيّ.
- ☐ أجد صعوبة في تحمّل الفشل.
- ☐ النّجاح أولويّة هامّة جدّاً بالنّسبة إليّ.
- ☐ أحكم على نفسي وعلى الآخرين بمقدار نجاحهم.
- ☐ أرى النّجاح كهدف يجب الوصول إليه.
- ☐ أريد أن ينظر إليّ النّاس كشخص له مكانة مرتفعة.
- ☐ أقدّر جدّاً سُمعتي.

المبادئ الأربعة لمواجهة عدم الأهميّة والدّونيّة:

تُبْ: تحمّل مسؤوليّة مشاعر عدم الأهميّة

صلاة مُقترَحَة: يا ربّ، أنا أعلن توبتي عن مشاعر عدم الأهميّة. أعترف الآن بأنّني سمحت لها بأن تصبح جزءاً من حياتي. أنا أدعوها الآن أمامك كخطيئة. أنا أعترف بأنّني خضعت لعدم الأهميّة في حياتي. أنا أتحرّر من عدم الأهميّة في كلّ مجال من مجالات حياتي، الآن من خلال السلوك بالاتّجاه المعاكس، والعيش في حقّك الذي يعلن أنّ لي مكانة هامّة في المسيح يسوع وأنّك تنظر إليّ كشخص هامّ.

إنتهر: أرفض كلّ كذبة قد تمسّكت بها في ذهنك نتيجة لخطيئة عدم الأهميّة في حياتك. بسلطان يسوع المسيح، قاوم إبليس وأيّ أرواح شرّيرة قد وجدَت مكاناً لتهاجمك من خلال عدم الأهميّة وعدم الأمان.

صلاة مقترحة: أنا أقاوم وأربط أكاذيب العدوّ الآن. إنّ هجماته على حياتي في مجال عدم الأهميّة قد انكسرت. أنا أرفض أن أصدّق بأنّي بلا أهميّة. أنا أنتهر كلّ روح شرّير يغذّي عدم الأهميّة في حياتي. أنا آمرك بالذهاب تحت أقدام يسوع لتنال الحكم منه.

إستبدلْ: يتطلّب الأمر كرهاً تامّاً لخطيئة عدم الأهميّة لكي تتحرّر منها. إنّه تطهير عميق لجزء من شخصيّتك بما في ذلك طرق تفكيرك وردود فعلك ودوافعك. حين تبدأ بالشّعور باضّطراب داخلي، توقّف واسأل الربّ إن كانت مشاعر عدم الأهميّة سبب المشكلة. إن كان الأمر كذلك، إعترف بالأمر واستقبل تطهيره.

صلاة مُقترحَة: أنا أستبدل خداع العدوّ بالحقيقة عن طبيعة الله وعمّا يقوله عنّي. أنا أختار أن أصدّق أنّي ثمين ومحبوب ومختار من الله وأنّه لا يمنع عنّي أيّ شيء صالح.

إستقبلْ: أشكر الربّ لأنّه غفر لك بالكامل. إستقبل تطهيره الكامل وافرح. أطلب من الرّوح القدس أن يملأ كلّ مكان سكنَته في ما مضى خطيئة عدم الأهميّة.

صلاة مُقترحَة: يا يسوع، أنا أستقبل الغفران الذي تعدنا به. أصلّي وأنال بالإيمان ملء الرّوح القدس لأحيا حياة خارقة. أنا أدرك قيمتي وأستقبلها مع محبّتك ونعمتك نحوي. لقد خلقتني بطريقة هادفة وغنيّة وما أعجب قصدك في حياتي.

السير بالاتّجاه المعاكس

السرّ هو أن نحوّل أعيننا عن أنفسنا ونوجّهها نحو الربّ، ونسمح له بأن يحدّد قيمتنا ويلبسنا رداء البرّ، ويجلسنا معه في السماويّات ويغدق علينا بعطاياه. سأختار أن أصدّق كلام الله عنّي، لا ما قد أقوله أنا عن نفسي أو ما قد يقوله الآخرون (أو حتّى الظروف) عنّي.

- ☐ أنا محبوب بمحبّة أبديّة من الربّ كابن له. (أفسس ٣: ١٦-٢٠)
- ☐ أنا عمل يديّ الربّ. (أفسس ٢: ١٠)
- ☐ أنا أتمتّع بنعمة الله الكبيرة وإحساناته. (يوحنا ١: ١٦؛ مزمور ٢٥: ٦)
- ☐ أنا واثق في محبّة الله غير المشروطة لي. (١ يوحنا ٣: ١)
- ☐ لقد أعطاني الربّ روح القوّة والمحبّة والنصح. (٢ تيموثاوس ١: ٧)
- ☐ أنا مختار من الربّ من أجل مقاصده. (أفسس ٢: ١٠)
- ☐ لي السّلطان في المسيح يسوع. (لوقا ١٠: ١٩)
- ☐ أنا ملح الأرض ونور العالم. (متّى ٥: ١٣-١٤)
- ☐ أنا أسكن آمناً في محبّة الله وأتمتّع بإحساناته. (رومية ٨: ٣٨)
- ☐ أنا كامِل في المسيح. (كولوسي ١: ١٠)
- ☐ يمكنني الدّخول بحريّة إلى محضر الربّ. (عبرانيّين ٤: ١٤-١٦)
- ☐ ملكوت السموات في داخلي. (لوقا ١٧: ٢٠-٢١)
- ☐ الله يرشدني في طريقي عندما أطلب وجهه. (أمثال ٣: ٥-٦)
- ☐ أنا حرٌّ من الدينونة. (رومية ٨: ١-٢)

السرّ هو أن نحوّل أعيننا عن أنفسنا ونوجّهها نحو الربّ، ونسمح له بأن يحدّد قيمتنا ويلبسنا رداء البرّ، ويجلسنا معه في السماويّات ويغدق علينا بعطاياه.

أعداد كتابيّة لنحيا بحسبها

أمثال ١٤: ٣٠

حَيَاةُ الْجَسَدِ هُدُوءُ الْقَلْبِ وَنَخْرُ الْعِظَامِ الْحَسَدُ.

إرميا ٢٩: ١١

لأَنِّي عَرَفْتُ الأَفْكَارَ الَّتِي أَنَا مُفْتَكِرٌ بِهَا عَنْكُمْ يَقُولُ الرَّبُّ أَفْكَارَ سَلاَمٍ لاَ شَرٍّ لأُعْطِيَكُمْ آخِرَةً وَرَجَاءً.

رومية ١٢: ٦

وَلكِنْ لَنَا مَوَاهِبُ مُخْتَلِفَةٌ بِحَسَبِ النِّعْمَةِ الْمُعْطَاةِ لَنَا: أَنُبُوَّةٌ فَبِالنِّسْبَةِ إِلَى الإِيمَانِ.

أفسس ٤: ٧

وَلكِنْ لِكُلِّ وَاحِدٍ مِنَّا أُعْطِيَتِ النِّعْمَةُ حَسَبَ قِيَاسِ هِبَةِ الْمَسِيحِ.

يعقوب ٣: ١٦

لأَنَّهُ حَيْثُ الْغَيْرَةُ وَالتَّحَزُّبُ هُنَاكَ التَّشْوِيشُ وَكُلُّ أَمْرٍ رَدِيءٍ.

١ يوحنا ٣: ١

أُنْظُرُوا أَيَّةَ مَحَبَّةٍ أَعْطَانَا الآبُ حَتَّى نُدْعَى أَوْلاَدَ اللهِ! مِنْ أَجْلِ هذَا لاَ يَعْرِفُنَا الْعَالَمُ، لأَنَّهُ لاَ يَعْرِفُهُ.

الخمود السلبي

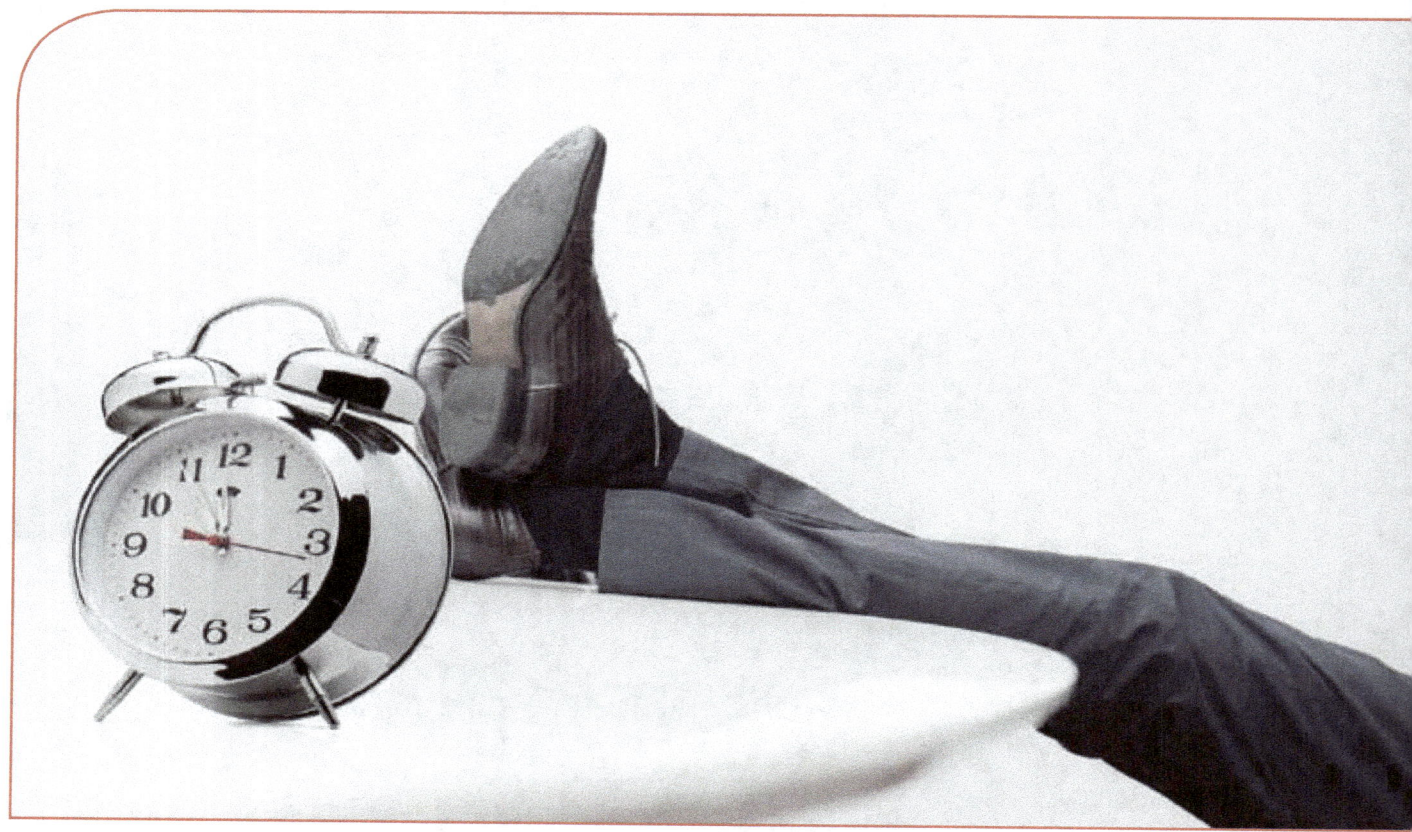

الوصف: تكرُّر نمط من الجمود وعدم التَّصرف، السّماح للأشخاص بالتحكُّم بك على هواهم، عدم التعبير، التنحّي، التردُّد في أخذ المبادرة أو في التصرُّف بخاصة من جهة الطّاعة لكلمة الله، الاستسلام بدون أيّ مقاومة.

تعليم المسيح: علّم المسيح بأنّ علينا امتلاك ملكوت الله **بالقوّة**. "... مَلَكُوتُ السَّمَاوَاتِ يُغْصَبُ وَالْغَاصِبُونَ يَخْتَطِفُونَهُ" (متّى ١١: ١٢). لم يكن يسوع يتكلّم عن بناء ملكوت الله بواسطة القوّة الجسديّة، بل كان يتكلّم عن الجهود والمبادرات والعمل.

الكلمتان "قوّة" و"بالقوّة" الّتي استخدمها يسوع في هذا المقطع الكتابي تأتيان من الكلمتين اليونانيّتين "بياستس" و"بياتزو" اللتين تعنيان "المثابرة بعنف أو الحصول على ما نريده بالقوّة". تُستخدَم الكلمة نفسها للإشارة إلى المكان "الذي ينحلّ من عنف الأمواج" في أعمال الرسل ٢٧: ٤١. كالأمواج القويّة الّتي تضرب بدون توقُّف أو تباطؤ على شاطئ البحر، هكذا أيضاً يجب أن تكون قوّة المثابرة في حياتنا بينما نتبع الله ونطيع كلامه.

ميزات الخمود السلبي: العمل المعاكس للخمود السّلبي، ليس العمل النّاشط بل أخذ المبادرة في طاعة وصايا الله وتوجيهاته وقيَم ملكوته. يرتبط الخمود السلبي بطريقة مباشرة بالخوف من الفشل، الخوف من الرفض، عدم الإيمان، عدم الأهميّة، الشّعور بعدم الكفاءة وعدم الأمان. لا يمكننا أن ننكر بأنّه في أساسه عمل تمرُّد، لأنّك تفعل ما تريد رافضاً ما أمرك الله بفعله.

غالباً ما يرتبط أيضاً بالغضب الخامد أو بالغضب النّاشط والمُعلَن. يوجد في أغلب الأحيان علاقة بين الخمود السّلبي والتردُّد في تعريض أنفسنا للمجازفة أو تحمُّل المسؤوليّة بسبب الخوف من الفشل أو الأذى. من صفات الخمود أيضاً أنّ الفرد قادر على إظهار تصرُّفات مبادِرة ومشجِّعة في بعض مجالات الحياة على الرّغم من أنّه يعيش في خمود سلبيّ في مجالات أخرى.

تشجيع لمقاومة الخمود السلبي: لكي نعيش حياة حرّة من اعتداءات العدوّ ولكي يتقدّم ملكوت **الله** في حياتنا وفي عالمنا، علينا أن نسير بقوّة يسوع المسيح وسلطانه. نحن مدعوّون (ولنا القوّة) لنكون **"أعظم من منتصرين"** في المحبوب (رومية ٨: ٣٧). إنَّ روح الخمود السّلبي يسعى ليسحق قوّة المسيح وسلطانه فينا. وهو يسعى لجعلك ضعيفاً واهناً وبدون فائدة. إنّه يهاجم جوهر تصميم **الله** الأصلي لك والّذي هو أن نكون مشابهين صورته ومتمتّعين بسلطانه على الأرض.

بالأساس، **الخمود السّلبي هو التّراخي حيثما يدعونا الله لطاعته.** كما ذكرنا، قد يتضمّن ذلك السّماح للآخرين بالتّحكُّم بنا، والخضوع لهم بدون أيّ اعتراض أو مقاومة، التردّد في الطاعة لكلام الكتاب المقدس وعدم أخذ المبادرة. هذا يضرّ بالعلاقات (ويدمّر بخاصّة الزّواج وعلاقة الأهل بالأولاد)، بالخدمة، المهنة، والعديد من المجالات الأساسيّة في الحياة، من خلال منع الناس من فعل ما خلقهم **الله** من أجله ودعاهم لفعله.

بروح الصّلاة، إقرأ المؤشّرات التّالية الّتي تدلّ على الخمود السّلبي، وضع إشارة أمام المربّع الذي ينطبق على حالتك:

الخمود الظّاهر بعدم أخذ المبادرة

- ☐ أفشل في المبادرة ببدء حديث مع الآخرين وأنتظر أن يأخذ أحد آخر المبادرة للتكلّم معي.
  - أتردّد في بدء علاقات...
  - أنا بطيء في التّواصل مع الآخرين أو في الاستجابة لمبادرة الآخرين نحوي.
  - لا أبادر في القيام بنشاطات مع الآخرين.
- ☐ في النّشاطات الاجتماعيّة، أنتظر أن يقترب الآخرون منّي أوّلاً.
- ☐ لا أجد حاجةً للنّموّ أو جوعاً روحيّاً في علاقتي مع الربّ.
- ☐ لا أشعر بأيّ حافز لقراءة الكتاب المقدّس، الصّلاة، الخدمة أو عبادة الربّ.
- ☐ أعرف أنّي بحاجةٍ للمثابرة في معرفة **الله** بطريقةٍ حميمة لكن لا أشعر بأيّ ضرورة لقضاء وقت معه.
- ☐ أحتاج إعلاناً من **الله**، وشفاءً وإطلاقاً لقوّته في حياتي، إلخ... وأنا أنتظره للقيام بذلك.
- ☐ أميل إلى الاكتفاء بالوضع الرّاهن الذي أنا فيه في مسيرتي مع **الله**.
- ☐ أتردّد في أخذ قرارات واضحة لأنّني أخاف من أخذ القرار الخاطئ أو مواجهة أمور مفاجئة لم أتوقّعها.
- ☐ غالباً ما أترك أعمالاً في المنزل غير منتهية وعليَّ القيام بها.
- ☐ أخاف من الخروج من مكان راحتي.

الخمود الظّاهر بالانفراديّة والاستقلاليّة

- ☐ أشعر بأنّي لا أحتاج إلى أيّ شخص آخر.
- ☐ لا أقدّم المساعدة أو الخدمة لأيّ شخص في كنيسة المسيح.
- ☐ أقاوم اعتماد الآخرين عليَّ واعتمادي عليهم.
- ☐ أميل إلى ملاحظة نشاطات الغير (الاجتماعيّة أو في الخدمة). نادراً ما أشعر بأنّي مُحفَّز أو مستحقّ أن أنضمَّ إليهم.
- ☐ لا أحبّ أن أفعل ما يفعله الآخرون، فأنا شخصٌ يقرّر ما يريد فعله.
- ☐ أرى نفسي كمسيحي "منعزل"، فأنا محافظ ولا أشارك الآخرين بخصوصيّاتي.
- ☐ غالباً ما أجد نفسي مُشاهِداً للشّركة بين الآخرين لكن لا أنخرط شخصيّاً معهم.
- ☐ يوجد الكثير من الأخطاء في الكنيسة، لذلك سأخدم ملكوت **الله** على طريقتي.

الخمود الظّاهر في عدم الطّاعة/التمرّد

- ☐ أرفض طاعة الربّ بالسّماح للخطايا بالبقاء في حياتي:
  - لا أسعى للوصول إلى التّوبة؛
  - أصبحتُ معتاداً على الخطايا في حياتي وغير مبالٍ من نحوها؛
  - لا أعتقد بأنّ استخدام السّلطان على الخطايا في حياتي سيجدي نفعاً.
- ☐ أقاوم غفران **الله** بعدم استخدام السّلطان الذي يعطيه يسوع على خطيئتي.
- ☐ (الزّوج / الأب) لا أقود عائلتي بقوّة. أحوّل معظم عمل قيادة العائلة إلى زوجتي.
- ☐ أميل إلى القيام بما أ**ريد** فعله بدلاً ممّا **عليّ** فعله.
- ☐ أعرف أنّه يوجد عادات/حصون عليّ أن أتعامل معها في حياتي، لكن لا أشعر بحافز كبير للقيام بذلك.
- ☐ حين يريني **الله** شيئاً أو يتكلّم في حياتي، أرفض القيام بأيّ عمل مباشر.
- ☐ أشعر بخجل في القيادة حتّى عندما يضعني **الله** في ذلك المركز.
- ☐ غالباً ما أنظر إلى الماضي وأتساءل لماذا لم أفعل ما نويت فعله بخاصّة في المسائل الرّوحية.

الخمود السّلبي الظّاهر في الشّفقة على النّفس

- ☐ لقد صارعت **دائماً** مع... أمور مثل الاكتئاب، عدم الأمان، الخجل، الخوف، الوحدة، إلخ. أشكّ في أن يكون التّغيير أمراً واقعياً.
- ☐ ... روحيّاً. أنا بخير في مسيري مع **الله الآب**؛
- ☐ ... عاطفيّاً. لقد صارعت **دائماً** مع... أمور مثل الاكتئاب، عدم الأمان، الخجل، الخوف، الوحدة، إلخ. الأمور تسير بهذه الطريقة، لماذا أقلق إذاً حيال الأمر وأحاول إيجاد "علاج"؟
- ☐ ... جسديّاً. لا أهتمّ برأي الآخرين في مظهري. إن لم يعجبهم ما يرَوْن فهذه مشكلتهم الخاصّة، لست أحتاج إليهم على أيّ حال.
- ☐ أنا مرتاحٌ بالطريقة الّتي أنا عليها.
- ☐ أنا ضحيّة؛ لا أعرف كيف أتصرّف عكس ذلك.
- ☐ يُخطئ الآخرون بدفعي لأصبح شخصاً آخر.
- ☐ ألوم الآخرين على الحالة التي أنا فيها.

العمل المعاكس للخمود السّلبي، ليس العمل النّاشط بل أخذ المبادرة في طاعة وصايا الله وتوجيهاته وقيَم ملكوته.

الأكاذيب المتعلّقة بالخمود السّلبي:

- ☐ هذا جزء من شخصيّتي.
- ☐ لو كان عليّ أخذ المبادرة والتقدّم لكنت قد "شعرت بذلك".
- ☐ سأفشل إن حاولت أن أبادر.
- ☐ على الأقلّ يوجد بعض الرّاحة في الشّفقة على النّفس والتّصرُّف كضحيّة.
- ☐ لا أحتاج إلى أحد ليخبرني كيف أتصرَّف!

أعداد كتابيّة:

أمثال ٦: ٩-١١

إِلَى مَتَى تَنَامُ أَيُّهَا الْكَسْلاَنُ؟ مَتَى تَنْهَضُ مِنْ نَوْمِكَ؟ قَلِيلُ نَوْمٍ بَعْدُ قَلِيلُ نُعَاسٍ، وَطَيُّ الْيَدَيْنِ قَلِيلاً لِلرُّقُودِ، فَيَأْتِي فَقْرُكَ كَسَاعٍ وَعَوَزُكَ كَغَازٍ.

دانيال ١١: ٣٢

أَمَّا الشَّعْبُ الَّذِينَ يَعْرِفُونَ إِلهَهُمْ فَيَقْوُونَ وَيَعْمَلُونَ.

يوحنّا ١٥: ١٦

لَيْسَ أَنْتُمُ اخْتَرْتُمُونِي بَلْ أَنَا اخْتَرْتُكُمْ وَأَقَمْتُكُمْ لِتَذْهَبُوا وَتَأْتُوا بِثَمَرٍ وَيَدُومَ ثَمَرُكُمْ لِكَيْ يُعْطِيَكُمُ الآبُ كُلَّ مَا طَلَبْتُمْ بِاسْمِي.

فيلبّي ٤: ١٣

أَسْتَطِيعُ كُلَّ شَيْءٍ فِي الْمَسِيحِ الَّذِي يُقَوِّينِي.

٢ تيموثاوس ١: ٧

لأَنَّ اللهَ لَمْ يُعْطِنَا رُوحَ الْفَشَلِ، بَلْ رُوحَ الْقُوَّةِ وَالْمَحَبَّةِ وَالنُّصْحِ.

عبرانيّين ٦: ١١ – ١٢

وَلكِنَّنَا نَشْتَهِي أَنَّ كُلَّ وَاحِدٍ مِنْكُمْ يُظْهِرُ هذَا الاجْتِهَادَ عَيْنَهُ لِيَقِينِ الرَّجَاءِ إِلَى النِّهَايَةِ، لِكَيْ لاَ تَكُونُوا مُتَبَاطِئِينَ بَلْ مُتَمَثِّلِينَ بِالَّذِينَ بِالإِيمَانِ وَالأَنَاةِ يَرِثُونَ الْمَوَاعِيدَ

المبادئ الأربعة لمواجهة الخمود السّلبي

تُبْ: تحمّل مسؤوليّة الخمود السّلبي في حياتك بتسمية كلّ مجال تردّدت فيه بالقيام بالأمور الّتي عليك فعلها أو قاومتها. إعترف بخطايا التأجيل الّتي ليست سوى عصيان.

صلاة مقترحة: يا أبانا، أطلب غفرانك على خطيئة السّير في خمود سلبيّ وعلى أنماط الخمود السّلبي في حياتي. أرى كيف أثّرت فيّ وفي مَن حولي. أنا أعترف بأنّها خطيئة، فالخمود السّلبي ليس منك! (إرجع واعترف بالنّقاط المحدّدة الّتي وضعت إشارة أمامها). أتوب عن أيّ طريقة أصبح فيها الخمود السّلبي جزءاً من شخصيّتي وأسلوب حياتي وأعدك بكسر أنماطه في حياتي.

إنتهر: أرفض كلّ كذبة قبلتها جعلتك تستمرّ بهذه الخطيئة التي هي الخمود السّلبي. قاوم جهود وعمل مملكة الشّيطان الّتي لا تأبه بتاتاً بأفضل نواياك طالما لا تتمّمها. مارس سلطانك على أجناد الشرّ المشتركة في هذا الأمر.

صلاة مقترحة: أقاوم كلّ روح غير نقيّ يهاجمني بأكاذيب جعلتني أصبح خامداً وسلبيّاً في مجالات عديدة في حياتي! أنا أقف ضدّك بسلطان يسوع المسيح وآمرك بأن ترحل الآن! أنا أقاوم كلّ عمل من الشّرير يهدف لإبقائي في الخمود السّلبي وأقطع قوّة الطغيان الشّيطانيّ على هويّتي ودعوتي كمحارب قويّ وناشط ليسوع المسيح.

إستبدلْ: تكلّم حقيقة كلمة **الله** على كلّ مجال فيه خمود سلبيّ في حياتك وتعهّد بقوّة روح **الله** أن تسير في المستقبل بجرأة في الإيمان والعمل. إستخدم الحقيقة المُعلَنة في كلمة **الله** أو من الآخرين لاستبدال أنماط الخمود السّلبي وميلك القديم للاختباء وراءها.

إستقبلْ: أشكر الربّ لأنّه قد غفر لك خطيئة الخمود السّلبي. إفرحْ واستقبلْ ملء روحه الّذي سيقوّيك لإتمام كلّ خطوات الطّاعة.

صلاة مُقترحة: يا ربّ، أنا أستقبل الآن غفرانك على خطيئة السّير بخمود سلبيّ. أنا أقبل عطيّة تطهيرك من هذه الخطيئة وأعلن أنّني نلت الغفران! يا روح الربّ املأني وتصرّف بحريّة فيَّ لأعيش حياة خارقة.

تأكيدات:

- يا أبانا، أنت إله القوَّة والقدرة وقد خلَّصتني لتحقّق قصدك في حياتي.
- أختار الآن أن أعطي حياتي لك، أن أستمع لصوتك وأن أقبل مركزي فيك.
- أستبدل خوف الخروج من منطقة راحتي بالتّصميم على التصرّف بطاعةٍ لدعوتك.
- سأبادر في التحدّث إلى الآخرين. سأذهب إليهم ولن أنتظرهم ليأتوا إليَّ.
- سأقاوم التّمحور حول الذّات وأوجّه خدمتي نحو الآخرين، بنعمتك.
- سأتوقّف عن التّأجيل وبدلاً من ذلك سأتصرّف في الوقت المحدّد. سأقاوم كذبة الانتظار الدّائم لـ "وقت أفضل".
- حتّى حين لا "أشعر بالرّغبة في ذلك"، سأستخدم سلطاني على الخطايا المتكرِّرة، كالشّفقة على النّفس والتّصرُّف كضحيّة.
- لن أعيش بعد اليوم في الكذبة الّتي تجعلني أظنّ أنّ عملي لا يصنع فرقاً، وسأستبدلها بالسّعي لتحقيق مسرّة قلبك حتّى في خطوات الطّاعة الصّغيرة.
- سأخرج من طرقي المعتادة لأبارك النّاس.
- لن أفكّر في أنّي لن أتغيّر يوماً وسأستبدل هذا العذر بالحقيقة الّتي تُعلِن أنّ روحك هو العامل فيَّ ليجعلني على شبه يسوع.
- سأصرخ إليك جائعاً للنّموّ روحيّاً.
- (الأزواج) سأقود عائلتي بحسب توجيهاتك ولن أتراجع أمام التّرهيب وعدم الأمان والخوف أو الكسل.
- سأستخدم السّلطان الذي أعطيتني إيّاه لأتقدّم في حربي ضدَّ الشّرّير في حياتي وعائلتي.

أعداد كتابيّة لنحيا بحسبها

يعقوب ٤: ١٧

فَمَنْ يَعْرِفُ أَنْ يَعْمَلَ حَسَناً وَلاَ يَعْمَلُ، فَذَلِكَ خَطِيَّةٌ لَهُ.

أمثال ٢٠: ٤

اَلْكَسْلاَنُ لاَ يَحْرُثُ بِسَبَبِ الشِّتَاءِ فَيَسْتَعْطِي فِي الْحَصَادِ وَلاَ يُعْطَى.

عبرانيين ٦: ١١ - ١٢

وَلَكِنَّنَا نَشْتَهِي أَنَّ كُلَّ وَاحِدٍ مِنْكُمْ يُظْهِرُ هَذَا الاِجْتِهَادَ عَيْنَهُ لِيَقِينِ الرَّجَاءِ إِلَى النِّهَايَةِ، لِكَيْ لاَ تَكُونُوا مُتَبَاطِئِينَ بَلْ مُتَمَثِّلِينَ بِالَّذِينَ بِالإِيمَانِ وَالأَنَاةِ يَرِثُونَ الْمَوَاعِيدَ.

أعمال ٢٠: ٣٤ - ٣٥

أَنْتُمْ تَعْلَمُونَ أَنَّ حَاجَاتِي وَحَاجَاتِ الَّذِينَ مَعِي خَدَمَتْهَا هَاتَانِ الْيَدَانِ. فِي كُلِّ شَيْءٍ أَرَيْتُكُمْ أَنَّهُ هَكَذَا يَنْبَغِي أَنَّكُمْ تَتْعَبُونَ وَتَعْضُدُونَ الضُّعَفَاءَ مُتَذَكِّرِينَ كَلِمَاتِ الرَّبِّ يَسُوعَ أَنَّهُ قَالَ: «مَغْبُوطٌ هُوَ الْعَطَاءُ أَكْثَرُ مِنَ الأَخْذِ».

١ كورنثوس ٩: ٢٤ - ٢٥

أَلَسْتُمْ تَعْلَمُونَ أَنَّ الَّذِينَ يَرْكُضُونَ فِي الْمَيْدَانِ جَمِيعُهُمْ يَرْكُضُونَ وَلَكِنَّ وَاحِداً يَأْخُذُ الْجَعَالَةَ؟ هَكَذَا ارْكُضُوا لِكَيْ تَنَالُوا. وَكُلُّ مَنْ يُجَاهِدُ يَضْبِطُ نَفْسَهُ فِي كُلِّ شَيْءٍ. أَمَّا أُولَئِكَ فَلِكَيْ يَأْخُذُوا إِكْلِيلاً يَفْنَى وَأَمَّا نَحْنُ فَإِكْلِيلاً لاَ يَفْنَى.

٢ تيموثاوس ٢: ٦ - ٧

يَجِبُ أَنَّ الْحَرَّاثَ الَّذِي يَتْعَبُ يَشْتَرِكُ هُوَ أَوَّلاً فِي الأَثْمَارِ. افْهَمْ مَا أَقُولُ. فَلْيُعْطِكَ الرَّبُّ فَهْماً فِي كُلِّ شَيْءٍ.

الرَّفض

المقدِّمة

نحن ننتمي إلى مجتمع يُقدّر النّجاح ويُعظِّم النّاجحين، ونعيش تحت نظام عالميّ يختار المفضَّلين ويرفض مَن يأتي في المراتب الثانية. نتعلَّم منذ ولادتنا تقريباً أنَّ الأشخاص الأكثر شهرة والأكثر جاذبيَّة والأكثر تمتّعاً بالمواهب "مُوافَق عليهم" أي مقبولون والّذين لا تنطبق عليهم هذه الصفات "غير مُوافَق عليهم" أي مرفوضون. إذاً، حتّى قبل أن تشهد أعمالنا أو مواقفنا ضدَّنا، يتمُّ إعداد مسرح الحياة لكي يعيش كلُّ إنسان منّا حياته في صراع مع الرَّفض.

أمثلة كتابيَّة:

يوجد أمثلة كتابيَّة كثيرة لرجال ونساء عاشوا في بيئة من الرّفض مثل هاجر، نوح، يوسف، صموئيل، داود، إرميا والمرأة السّامريَّة وأخيراً لكن ليس آخراً يسوع نفسه.

أشهر شخص اختبر الرَّفض في العهد القديم هو يوسف. العديد من النّاس يرون يوسف كشخصيّة مشابهة ليسوع في مسألة الرَّفض. فالله قد فرز يوسف كما فرز يسوع، وقد نال يوسف إعلاناً محدَّداً من الله كما نال المسيح، وبسبب الغيرة رُفض يوسف من عائلته كما رُفض المسيح من شعبه. لقد بيع يوسف كعبدٍ فانفصل عن عائلته وأرضه وثقافته (تكوين ٣٧).

بعد ذلك، تمّت مكافأة أمانة وإخلاص يوسف لسيِّده فوطيفار بالرّفض والخيانة. لقد هرب مقاوِماً زوجة فوطيفار الّتي حاولت إغراءه ليزني معها فسلّمه سيِّده فوطيفار لقساوة السّجن المصريّ.

لم يتحمّل يوسف هذا الرَّفض فحسب، بل انتصر عليه. لقد تجاوز مشاعر الرَّفض وموقف الضَّحيّة وأصبح شخصاً يحمي عائلته ويؤمّن لها احتياجاتها ويباركها. أصبح يوسف مخلّص عائلته بطريقة فعليّة لأنّهم لولاه لما كانوا نجوا من المجاعة المنتشرة (تكوين ٤٢– ٥٠). لقد تحرّر يوسف بقوّة الغفران وحسّ الأمان من جهة حياته وهدفه بحسب مشيئة الله.

نظرة عميقة للرَّفض

الرَّفض هو الأساس للعديد من الحصون والخطايا والاختلالات لأنّه يؤثّر في شخصيّة الإنسان بكاملها. لا يعمل الرَّفض ضدّ الفرد نفسه فقط بل ضدّ كلِّ علاقاته أيضاً كالزواج، العائلة، الخدمة، العمل والحياة الاجتماعيّة. حين يبدأ كلٌّ منّا في شقّ طريقه في الحياة يكون مسرح الحياة قد سبق وأُعدَّ بحسب نظام هذا العالم الذي هو كما نعلم، تحت سيطرة إبليس، "المُشتكي على الإخوة" (رؤيا ١٢ : ١٠). فحيثما نتوق إلى الحبّ والقبول، غالباً ما نتلقّى الرَّفض بدلاً من ذلك. ونتعلّم أن نصدّق الأكاذيب الّتي نسمعها ونتلقّنها عن قيمتنا الشَّخصيّة وأهمّيتنا ومحبّة الله، أبينا السَّماوي.

ولكن إن كنّا في المسيح فنحن لسنا بحاجة أن نشارك في نظام العالم هذا. لأنّنا لم نتعرّض للرَّفض بل قد اختبرنا القبول (رومية ١٥ : ٧). لا شيء يقدر أن يفصلنا عن محبّة أبينا (رومية ٨ : ٣٨-٣٩)، ولا يجب أن نصدّق الأكاذيب التي تقول لنا عكس ذلك، بل يجب أن نواجه هذه الأكاذيب مباشرة، نحدّد ما هي ومن أين تأتي، وندمّرها إلى التّمام بسيف الرّوح الذي هو كلمة الله.

التّعريف

هو نمط من الشّعور بالتّجاهل والصَّدِّ والإهانة وعدم المحبّة وعدم رغبة أحد فينا أكان الله أو النّاس، بالإضافة إلى خوف عميق ومترسّخ حول عجزنا عن عيش حياة مقبولة من الآخرين.

الجذور المحتمَلة للرَّفض

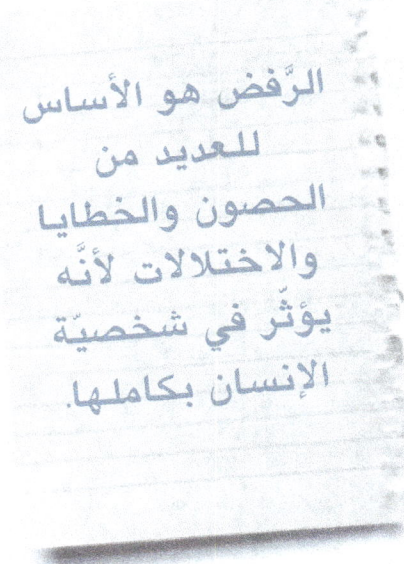

الرَّفض هو الأساس للعديد من الحصون والخطايا والاختلالات لأنّه يؤثّر في شخصيّة الإنسان بكاملها.

- ☐ غياب الأب أو الأم
- ☐ نقص في الارتباط العاطفي مع الأهل
- ☐ طلاق الأهل
- ☐ عدم رغبة الأهل فيك كطفل
- ☐ قول الآخرين إنَّ جنسك (كصبي أو كفتاة) "خطأ"
- ☐ التّبنّي
- ☐ التّنافس مع الإخوة
- ☐ أنواع مختلفة من الاعتداء (الجسديّ، العاطفيّ، الجنسيّ)
- ☐ حالات إدمان الأهل
- ☐ عار أحد أفراد العائلة
- ☐ الخناق أو النّزاع المستمرّ
- ☐ التّأديب غير العادل
- ☐ عدم اكتراث الآخرين لنشاطاتك واهتماماتك وأنت طفل أو وأنت راشد
- ☐ طرق ودرجات مختلفة من الإهمال أو التّرك
- ☐ المعاناة من عيب جسديّ أو إعاقة جسديّة
- ☐ خيانة شريك الحياة
- ☐ الطّلاق
- ☐ فكّ الخطبة أو أيّ علاقة هامّة أخرى

- خسارة وظيفة قيّمة
- خيانة صديق وفيّ
- الاستغلال الرّوحيّ، الأذى أو الخيانة في الكنيسة
- التحيّز أو التمييز العنصريّ
- التمييز الطّبقيّ

لا شيء يقدر أن يفصلنا عن محبّة أبينا (رومية ٨ : ٣٨-٣٩)، ولا يجب أن نصدّق الأكاذيب التي تقول لنا عكس ذلك.

أسئلة تشخيصيّة

رجاءً ضع إشارة أمام الجمل التّي تنطبق عليك.

أسلوبي في التفكير

- عادةً ما أفسّر الأمور التي تحتمل الإيجاب أو السلبيّة، بوجهة نظر سلبيّة.
- تراودني أفكار سلبيّة حول ما يفكّره الآخرون فيَّ بسبب كلامي أو تصرّفاتي.
- غالباً ما تهاجمني أفكار تشلّني حول مشاعر الآخرين من نحوي.
- لا أصدّق النّاس حين أسمع منهم كلام مدح.
- أميل إلى التّشكيك في الآخرين وعدم تصديق كلام الصّداقة اللطيف الذي يتكلّمون به أو تقديرهم لي.
- لا أشارك الآخرين بشهادتي أو بكلمة الله بسبب الخوف من الرَّفض.
- لا أبادر نحو الآخرين لخدمتهم بسبب الخوف من الرَّفض.
- أتعامل مع النّاس بتفاخر وأنانيّة وتعالي.
- أُحرِّض النّاس على رفض الآخرين.
- أميل إلى القسوة والشّكّ وعدم التّصديق أو الإيمان.
- أعيش رافضاً نفسي ويظهر ذلك بنظرتي الدّونيّة لذاتي، وشعوري بالدّونيّة وعدم الأمان وعدم الأهليّة والحزن والكآبة.
- أصارع مع أفكار وتصرّفات تجرّني إلى التّدمير الذّاتي.
- أقضي حياتي في الإفراط في تحقيق الذّات والكفاح والتّنافس وطلب الكمال.
- أتصارع مع الاكتئاب وفقدان الأمل واليأس.
- أشعر براحة أكبر عندما أعيش في انسحاب وعزلة أو استقلاليَّة.
- أنا شخص يميل إلى الانتقاد، الحكم على الآخرين، والشّعور بالغيرة/الحسد.
- لديَّ تقدير متدنٍّ لمظهري الخارجيّ وقدراتي ومؤهّلاتي للنّجاح في الحياة والخدمة.

تصرّفاتي

- أجد صعوبة في التّواصل مع الآخرين بحريّة، وفي القيام بما أحبّ وممارسة مواهبي في الخدمة خوفاً من ردود فعل الآخرين على ما أقدّمه.
- غالباً ما أحاول أن "أفعل الكثير" وأنتقل من أمر لآخر، من وظيفة لأخرى، من خدمة لأخرى، مُكافِحاً للحصول على الفضل والقبول من الله و/أو الآخرين.
- أجد صعوبة في قبول المحبّة والعطف، بحريّة وتمتّع، من الآخرين وفي التّعبير عنها.
- لديَّ ميل للشكّ في القيادة والسّلطة مشكّكاً بقدراتها وعدم الثقة بها.

- يصفني النّاس أحياناً بالقاسي.
- أجد صعوبة شديدة في التحكّم بألفاظي الفاسدة وكلامي المؤذي بخاصّة عندما أغضب.
- أعتمد على آليّات التكيُّف الّتي يتّبعها الآخرون (الرّاحة المزيّفة) بدلاً من الاعتماد على الحقّ والقوّة والشّجاعة التي يمنحها روح الله القدّوس.
- أتصارع مع التّمرّد، المواقف العدائيّة، الألفاظ الرّديئة، العناد، المواجهة، المشاجرات والتّصرّفات المؤذية.
- أجد صعوبة في التّعامل مع مشاعر التحكّم والتّلاعب والتملّك الّتي تراودني.
- عندي ميل لاتّهام نفسي وإدانتها.
- أعيش حياتي من منظار النّجاح المشروط بالأداء في العلاقات وفي الخدمة .
- أحتاج إلى الشّعور بأنَّ الآخرين بحاجة إليَّ لذلك أضع نفسي دائماً في مواقف تُشعرني بأنَّ الآخرين لن ينجحوا بتدبير الأمور بدون مساعدتي وحضوري وقدراتي وخدماتي، الخ.
- لديَّ حبّ التملّك في العلاقات.

ردود أفعالي

- عندما يواجهني أحدهم بأمر ما يأتي ردّ فعلي الفوري دفاعيّاً أو حتّى متحدّياً.
- عندما يقول لي النّاس أموراً لطيفة، أتساءل عمَّا يفكّرون فيه في الواقع.
- عندما أجد نفسي في نزاع مع شخص آخر، من الأسهل لي أن أبتعد عنه في العلاقة وأرفضه بدلاً من إيجاد حلٍّ للمشكلة.
- علاقاتي تغذّي المخاوف والقلق والهموم والسّلبيّة والتّشاؤم.
- أردّ على النّاس من خلال حماية ذاتي، تركيزي على ذاتي، أنانيّتي، تبرير ذاتي والشّفقة على ذاتي (كلّ شيء يتعلّق بذاتي!).
- أجد صعوبة في قبول المحبّة والعطف بحريّة من الآخرين وفي التّعبير عنها.
- أشعر بالراحة في العزلة -- قد يعتبرني الآخرون شخصاً يفضّل الوحدة.
- أنا أنتقد وأشعر بالغيرة في الوقت نفسه، من الآخرين الأكثر ثقة بأنفسهم والقادرين على التّعبير عن أنفسهم بحريّة، أو الذين يتمتّعون بصداقات وفرص أكثر منّي بحسب ظنّي.
- أشعر بكبت يمنعني من مشاركة مشاعري العميقة بصدق مع الآخرين، حتّى مع القريبين منّي.

أعداد كتابيَّة

إشعياء ٤١ : ٩ – ١٠

(أنت) الَّذِي أَمْسَكْتُهُ مِنْ أَطْرَافِ الأَرْضِ وَمِنْ أَقْطَارِهَا دَعَوْتُهُ وَقُلْتُ لَكَ: «أَنْتَ عَبْدِي. اخْتَرْتُكَ وَلَمْ أَرْفُضْكَ. لاَ تَخَفْ لأَنِّي مَعَكَ. لاَ تَتَلَفَّتْ لأَنِّي إِلهُكَ. قَدْ أَيَّدْتُكَ وَأَعَنْتُكَ وَعَضَدْتُكَ بِيَمِينِ بِرِّي».

إشعياء ٥٣: ٣

مُحْتَقَرٌ وَمَخْذُولٌ مِنَ النَّاسِ رَجُلُ أَوْجَاعٍ وَمُخْتَبِرُ الْحُزْنِ وَكَمُسَتَّرٍ عَنْهُ وُجُوهُنَا مُحْتَقَرٌ فَلَمْ نَعْتَدَّ بِهِ.

مزمور ٢٧: ١، ١٠

اَلرَّبُّ نُورِي وَخَلاَصِي مِمَّنْ أَخَافُ؟ الرَّبُّ حِصْنُ حَيَاتِي مِمَّنْ أَرْتَعِبُ؟... إِنَّ أَبِي وَأُمِّي قَدْ تَرَكَانِي وَالرَّبُّ يَضُمُّنِي.

إشعياء ٦٢ : ٣ – ٤

وَتَكُونِينَ إِكْلِيلَ جَمَالٍ بِيَدِ الرَّبِّ وَتَاجاً مَلَكِيّاً بِكَفِّ إِلَهِكِ. لاَ يُقَالُ بَعْدُ لَكِ «مَهْجُورَةٌ» وَلاَ يُقَالُ بَعْدُ لأَرْضِكِ «مُوحَشَةٌ» بَلْ تُدْعَيْنَ «حَفْصِيبَةَ» وَأَرْضُكِ تُدْعَى «بَعُولَةَ». لأَنَّ الرَّبَّ يُسَرُّ بِكِ وَأَرْضُكِ تَصِيرُ ذَاتَ بَعْلٍ.

١ بطرس ٢: ٤ – ٥

الَّذِي إِذْ تَأْتُونَ إِلَيْهِ، حَجَراً حَيّاً مَرْفُوضاً مِنَ النَّاسِ، وَلَكِنْ مُخْتَارٌ مِنَ اللهِ كَرِيمٌ، كُونُوا أَنْتُمْ أَيْضاً مَبْنِيِّينَ كَحِجَارَةٍ حَيَّةٍ، بَيْتاً رُوحِيّاً، كَهَنُوتاً مُقَدَّساً، لِتَقْدِيمِ ذَبَائِحَ رُوحِيَّةٍ مَقْبُولَةٍ عِنْدَ اللهِ بِيَسُوعَ الْمَسِيحِ.

١ يوحنا ٣: ١

أُنْظُرُوا أَيَّةَ مَحَبَّةٍ أَعْطَانَا الآبُ حَتَّى نُدْعَى أَوْلاَدَ اللهِ!

المبادئ الأربعة لمواجهة الرَّفض

تُبْ:

١. قدِّم الغفران للّذين جعلوك تشعر بألم الرّفض. قدِّم الغفران لأيّ مؤسّسة أو شعب جعلك تختبر ألم الرَّفض. إغفر لهم على المشاعر الّتي جعلوك تمرّ بها، وتحديداً على رفضهم وأذيّتهم لك. تخلّ عن أيّ عدم غفران أو ضغينة وغضب.

٢. **باركهم بطريقة محدّدة!**

٣. مع أنّك قد تشعر بالرَّفض بسبب جروح وأعمال ظلم تعرَّضت لها في الماضي، ما نريد معالجته هنا هو الطرق الخاطئة الّتي صدرت منك ربّما كردود فعل. ربّما عليك مثلاً أن تعترف بخطيئة العيش بتركيز على النّفس، مع حماية للنّفس، غضب، انعزال، وسائل راحة مزيَّفة، ضغينة وغضب، عدم غفران، أو بعدم تصديق صحّة الكلام الذي يقوله الله عنك. قد تحتاج إلى الاعتراف بخطيئة عدم قبول المحبّة الّتي مات يسوع ليعطيك إيّاها. تُبْ عن العيش كشخصٍ مُزدرى به ومرفوض لأنّ إله الكون قد اختارك ليحبّك.

صلاة: يا ربّ، لقد فكرّت باستمرار في رأي الآخرين فيَّ وقلقت على ألاّ أكون مقبولاً. لم أصدّق أنّ قبولك أنت لي له قيمة دعم عظيمة ومستمرّة. لم أصدّق أنّك تقبلني بفرح وأنّك أيضاً تُسَرُّ فيَّ. لقد جرحت الآخرين برفضي إيّاهم أوّلاً خوفاً من أن يرفضوني. لم أغفر للّذين رفضوني وتمسّكت بجروحي. عزلت نفسي وعشت باستقلاليّة عن جسدك (جماعة المؤمنين) لكي أحمي مشاعري، حتّى إنّي رفضت أن أطيعك خوفاً من رفض الآخرين لي. هذه هي خطاياي وأنا أطلب منك أن تغفر لي يا ربّ.

إنتـهِرْ:

قاوم أرواح الرَّفض الشرّيرة الّتي تهاجم فكرك بأكاذيب عن مَن أنت وعن رأي الربّ والآخرين فيك. أرفض هذه الأكاذيب وأمُرْ أرواح الرَّفض الشرّيرة أن تذهب تحت أقدام يسوع.

صلاة: بسلطان يسوع المسيح مخلّصي، أنا أرفض كلّ كذبة من العدوّ تقف ضدّي. أرفض الكذبة القائلة إنّي غير مقبول في المسيح، وأرفض الكذبة القائلة إنّي سأُرفَض دائماً من النّاس. أنا أرفض الكذبة القائلة إنّ عليَّ التّمسُّك بالأذى لأحمي نفسي، وأرفض الكذبة القائلة إنّ عليَّ إثبات نفسي لله وللنّاس من خلال تحقيق الانجازات. أنا آمر كلّ روح رفض ديّان ومخادع أن يرحل الآن باسم يسوع المسيح، فلتذهب تحت أقدام يسوع لتنال حكمك.

إستقبلْ:

أشكر الله لأنّك مقبول بالكامل على أساس دم المسيح، واشكره لأنّه غفر لك مجّاناً ثمّ اطلب ملء روح الله القدّوس واستقبله.

صلاة: لقد قبلتني وأنا أشكرك لأنّك الآن أيضاً تفتح ذراعيك لتستقبلني. أنا أستقبل حبّك وغفرانك لي. يا روح الله القدّوس، املأني بحضورك وبقوّتك لأعيش الحياة الخارقة عالماً أنّ الله يقبلني بالكامل. املأني بقوّتك للتّواصل مع الآخرين فيختبروا من خلالي قبولك الكامل ومحبّتك الكاملة لهم.

إستبدلْ:

إستبدل الخوف من الرّفض بالثّقة الثّابتة في محبّة المسيح. إستبدل الشكّ بنفسك بالحقيقة التي تُعلِن أنّك إناء مُختار ومحبوب المسيح. إستبدل الشّفقة على النّفس بالفرح لأنّك مدعوّ، ولأنّ لك القوّة لتقوم بعمل الملكوت لملك الملوك. أكتب قائمة تأكيدات استناداً على كلمة الله أو استخدم التّأكيدات التّالية لتقف بصلابة وثبات في وجه حصون الرّفض.

تأكيدات:

- أنا لن أبحث بعد اليوم عن الرّاحة في الشّفقة على النّفس أو الانعزال.
- سأعامل الآخرين بحسب حقّ كلمة الله لا على أساس مخاوفي الشّخصيّة أو الأذى الذي تعرّضت له أو عدم الأمان الذي أشعر به. سأغفر وسأقدّم البركة وسأحبّ الآخرين وأقبلهم بدون أيّ شرط.
- سأعبِّر عن أفكاري ومشاعري بصدق للآخرين بدون أن أخاف من الرَّفض.
- لن ألجأ بعد اليوم إلى التّمرّد لأعبّر عن غضبي حين أتعرّض للرّفض.
- لن أحاول بعد اليوم أن "أفعل/أنجز" من أجل الآخرين لكي يحبّوني ويقبلوني، بل سأخدم بالمواهب الرّوحيّة المُعطاة لي حسب توجيه الرّوح القدس وقوّته.
- لن أكون منتقِداً نحو الّذين أشعر بأنّهم رفضوني، أو نحو الّذين أراهم يمشون في حريّة وقبول وثقة أكثر منّي.
- سآخذ مواقف وأبادر بتصرّفات وأنطق بكلام يريح الآخرين ويشجّعهم.
- سأتصرّف "على طبيعتي" وأتمتّع بها وأكون مرتاحاً أكثر فأكثر إلى الطّريقة الّتي خلقني فيها الله.

السّير في الاتّجاه المعاكس:

عندما نواجه الخوف من الرَّفض، تحضر أمامنا تجربة العودة إلى آليات التّكيُّف القديمة الّتي استخدمناها ربّما أكثر أو كلّ أيام حياتنا. قد تشمل هذه على أيّ أمر تعلّمنا استخدامه أو فعله لنريح أنفسنا في وجه الرّفض أو أيّ أذى آخر. علينا أن ندرك أنّ آليّات التكيُّف الّتي نستخدمها هي "طرق راحة مزيّفة" كطرق العلاج المموَّه إذ أنّها تخدعنا وتجعلنا نظنّ أنّنا تعاملنا مع عوارض الألم، في حين أنَّنا في الواقع لم نفعل شيئاً لمعالجة المشكلة. لكي نسير في الاتّجاه المعاكس، علينا باستمرار أن...

١. نُطلق الذين رفضونا أو ما زالوا يرفضوننا من الدّين الّذي لنا عليهم من خلال الغفران لهم بقوّة الرّوح القدس.

٢. نقطع أيّ روابط نفسيّة قد قيّدتنا روحيّاً بأشخاص أو مؤسّسات أو ظروف اختبرنا فيها الرَّفض.

٣. نجدِّد قلوبنا وأذهاننا من خلال حقيقة محبَّة الله اللّامتناهية لنا.

٤. نختار أن نعيش بحسب هذه الحقائق وليس بحسب مشاعرنا المعيقة والمعطّلة.

أعداد كتابيّة لنحيا بحسبها

مزمور ١٣: ١، ٥ – ٦

إِلَى مَتَى يَا رَبُّ تَنْسَانِي كُلَّ النِّسْيَانِ! إِلَى مَتَى تَحْجُبُ وَجْهَكَ عَنِّي! أَمَّا أَنَا فَعَلَى رَحْمَتِكَ تَوَكَّلْتُ. يَبْتَهِجُ قَلْبِي بِخَلاَصِكَ. أُغَنِّي لِلرَّبِّ لأَنَّهُ أَحْسَنَ إِلَيَّ.

مزمور ٢٧: ١، ١٠

اَلرَّبُّ نُورِي وَخَلاَصِي مِمَّنْ أَخَافُ؟ الرَّبُّ حِصْنُ حَيَاتِي مِمَّنْ أَرْتَعِبُ؟... إِنَّ أَبِي وَأُمِّي قَدْ تَرَكَانِي وَالرَّبُّ يَضُمُّنِي.

مزمور ٦٦: ٢٠

مُبَارَكٌ اللهُ الَّذِي لَمْ يُبْعِدْ صَلاَتِي وَلاَ رَحْمَتَهُ عَنِّي.

إشعياء ٤١: ٩ – ١٠

الَّذِي أَمْسَكْتُهُ مِنْ أَطْرَافِ الأَرْضِ وَمِنْ أَقْطَارِهَا دَعَوْتُهُ وَقُلْتُ لَكَ: «أَنْتَ عَبْدِيَ. اخْتَرْتُكَ وَلَمْ أَرْفُضْكَ لاَ تَخَفْ لأَنِّي مَعَكَ. لاَ تَتَلَفَّتْ لأَنِّي إِلهُكَ. قَدْ أَيَّدْتُكَ وَأَعَنْتُكَ وَعَضَدْتُكَ بِيَمِينِ بِرِّي».

إشعياء ٥٤: ١٠

فَإِنَّ الْجِبَالَ تَزُولُ وَالآكَامَ تَتَزَعْزَعُ أَمَّا إِحْسَانِي فَلاَ يَزُولُ عَنْكِ وَعَهْدُ سَلاَمِي لاَ يَتَزَعْزَعُ قَالَ رَاحِمُكِ الرَّبُّ.

رومية ٥: ٨

وَلكِنَّ اللهَ بَيَّنَ مَحَبَّتَهُ لَنَا لأَنَّهُ وَنَحْنُ بَعْدُ خُطَاةٌ مَاتَ الْمَسِيحُ لأَجْلِنَا.

رومية ٨: ٣٨ – ٣٩

فَإِنِّي مُتَيَقِّنٌ أَنَّهُ لاَ مَوْتَ وَلاَ حَيَاةَ وَلاَ مَلاَئِكَةَ وَلاَ رُؤَسَاءَ وَلاَ قُوَّاتِ وَلاَ أُمُورَ حَاضِرَةَ وَلاَ مُسْتَقْبَلَةَ وَلاَ عُلْوَ وَلاَ عُمْقَ وَلاَ خَلِيقَةَ أُخْرَى تَقْدِرُ أَنْ تَفْصِلَنَا عَنْ مَحَبَّةِ اللهِ الَّتِي فِي الْمَسِيحِ يَسُوعَ رَبِّنَا.

أفسس ٣: ١٧ – ١٩

لِيَحِلَّ الْمَسِيحُ بِالإِيمَانِ فِي قُلُوبِكُمْ، وَأَنْتُمْ مُتَأَصِّلُونَ وَمُتَأَسِّسُونَ فِي الْمَحَبَّةِ، حَتَّى تَسْتَطِيعُوا أَنْ تُدْرِكُوا مَعَ جَمِيعِ الْقِدِّيسِينَ مَا هُوَ الْعَرْضُ وَالطُّولُ وَالْعُمْقُ وَالْعُلْوُ، وَتَعْرِفُوا مَحَبَّةَ الْمَسِيحِ الْفَائِقَةَ الْمَعْرِفَةِ، لِكَيْ تَمْتَلِئُوا إِلَى كُلِّ مِلْءِ اللهِ.

العار واليأس

المقدّمة

يدفعنا العار إلى عزل أنفسنا في كلّ مجالات الحياة، وبسبب تأثيره نميل إلى بناء علاقات سطحيَّة وحذرة مع الآخرين. لا نتقدّم بجرأة وثقة بالقوّة والسّلطان المُعطى لنا في المسيح يسوع، بل بدلاً من ذلك، نحيا في خوف من أن يكتشف أحد مدى حقيقة قذارتنا ونقصنا (أي حقيقة ما نفكّره نحن عن أنفسنا). يشبه العار وزناً ثقيلاً غير مرئيٍّ نجرّه خلفنا في الحياة.

أمثلة كتابيَّة

ظهر العار للمرَّة الأولى في تكوين ٣ حالاً بعدما عصى آدم وحواء الله وخانا وصيّته بخطيئة الاستقلاليّة والتمرّد. كان العار أوّل العواقب الملحوظة بعد خطيئتهما وقد أثّر في علاقتهما ببعضهما بعضاً وبالله.

تكوين ٢: ٢٥؛ ٣: ٧- ١٠

وَكَانَا كِلاهُمَا عُرْيَانَيْنِ آدَمُ وَامْرَأَتُهُ وَهُمَا لا يَخْجَلانِ. .. فَانْفَتَحَتْ (بعد خطيئتهما) أَعْيُنُهُمَا وَعَلِمَا أَنَّهُمَا عُرْيَانَانِ. فَخَاطَا أَوْرَاقَ تِينٍ وَصَنَعَا لأَنْفُسِهِمَا مَآزِرَ. وَسَمِعَا صَوْتَ الرَّبِّ الإِلَهِ مَاشِياً فِي الْجَنَّةِ عِنْدَ هُبُوبِ رِيحِ النَّهَارِ فَاخْتَبَأَ آدَمُ وَامْرَأَتُهُ مِنْ وَجْهِ الرَّبِّ الإِلَهِ فِي وَسَطِ شَجَرِ الْجَنَّةِ. فَنَادَى الرَّبُّ الإِلَهُ آدَمَ: «أَيْنَ أَنْتَ؟». فَقَالَ: «سَمِعْتُ صَوْتَكَ فِي الْجَنَّةِ فَخَشِيتُ لأَنِّي عُرْيَانٌ فَاخْتَبَأْتُ».

تُظهر لنا قصّة الابن الضّال (لوقا ١٥: ١١-٣٢) كيف تقود الخطيئة الإنسان إلى مستنقع العار وتُظهر أيضاً عمل الآب وردّه السخيّ الفائض بالنّعمة والمحبّة نحو الابن العائد (هدف يسوع من القصّة)، إذ أنّه قد أعاد الابن إلى مكانته المحترَمة ومركزه.

تصميم الله الأصليّ

ليس العار التّصميم الذي وضعه الله لحياة أولاده، فقد جاء في كلمته "أَيْضاً كُلُّ مُنْتَظِرِيكَ لاَ يَخْزَوْا" (مزمور ٢٥: ٣). هو يريدنا أن نأتي إليه بأحمال عارنا وخزينا ونسمح له بأن يرفعها عنا. لكن طالما بقيت خطايانا ومشاعر العار والخزي مخفيَّةً في الظّلام، ستبقى جزءاً من مملكة إبليس إذ يكون لإبليس السّلطة عليها أو الحقّ الشّرعيّ عليها إن جاز التعبير. حين نعترف بخطايانا ونكشفها للنّور، نكسر قبضة إبليس عنها فنختبر عندها الغفران والتّطهير والتّعويض ونُصبح أبراراً وأحراراً!

١ يوحنّا ١: ٩

"إِنِ اعْتَرَفْنَا بِخَطَايَانَا فَهُوَ أَمِينٌ وَعَادِلٌ، حَتَّى يَغْفِرَ لَنَا خَطَايَانَا وَيُطَهِّرَنَا مِنْ كُلِّ إِثْمٍ".

إشعياء ٦١: ١٠

"فَرَحاً أَفْرَحُ بِالرَّبِّ. تَبْتَهِجُ نَفْسِي بِإِلهِي، لأَنَّهُ قَدْ أَلْبَسَنِي ثِيَابَ الْخَلاَصِ. كَسَانِي رِدَاءَ الْبِرِّ، مِثْلَ عَرِيسٍ يَتَزَيَّنُ بِعِمَامَةٍ، وَمِثْلَ عَرُوسٍ تَتَزَيَّنُ بِحُلِيِّهَا".

غالباً ما يرتبط اليأس بالعار. إذ إنّ اليأس يجعلنا نتوقّع بأنّ مشاعر الألم والحزن والإحباط والدّينونة لن تنتهي يوماً، لذا نفقد الأمل بالفرح والسّلام والسّعادة، وبالتّالي نفقد الأمل بالحرّية الحقيقيّة الدّائمة. هذه أيضاً كذبة من العدوّ.

التّعريف:

إنّها مشاعر مؤلمة من الذّنب و/ أو الإحراج نتيجة لتصرّف غير لائق؛ قد ترتبط بأفعال ارتكبها الفرد ضدّ غيره أو بأفعال مُرتكَبة بحقّ الفرد؛ تظهر في حياة الفرد عادةً كردٍّ على شيء مخفيّ أو تمّ تخليته سرّاً. مصطلحات قريبة: الخزي، الإهانة، مشاعر الإحراج العميقة.

> الله يريدنا أن نأتي إليه بأحمال عارنا وخزينا ونسمح له بأن يرفعها عنا.

أسئلة تشخيصيّة:

رجاءً ضع إشارة أمام الجملة الّتي تنطبق عليك:

علاقتي مع الله والآخرين

- ☐ لا أشعر بأنّه يمكنني نيل الغفران على هذه الخطيئة.
- ☐ من الصّعب عليَّ التّصديق أنّ الله قادر على أن يغفر حتّى هذا الأمر.
- ☐ لا أستطيع إخبار أحد بهذا الأمر، حتّى الله، لأنّه أمر مخزٍ جدّاً.
- ☐ لا أستطيع التّصديق أنّ الله يُسَرُّ فيَّ بأيّ شكل من الأشكال.
- ☐ أخشى أن يعرف الآخرون بشأن خطيئتي.
- ☐ لديَّ مشكلة في تكوين علاقات وثيقة لأنّني أخشى أن أبدو "ضعيفاً" أكثر من اللّزوم أمام الآخرين.
- ☐ أخاف جدّاً من أن يكتشف الآخرون خطيئتي البشعة وهذا يجعلني أخاف من الاقتراب إلى أحد، حتّى إلى الله.
- ☐ أعيش في خوف مستمرّ من طريقة نظر النّاس إليّ إذا عرفوا بخطيئتي الماضية أو الحاضرة.
- ☐ أكره أن يراني الآخرون في حالات غضبي.

- ☐ عندما يُشير أحدٌ إلى وجود خطيئة ما في حياتي، أشعر برغبة في الجري والاختباء لأنّني أشعر بإحراج شديد.
- ☐ يظنُّ النّاس أنّهم يعرفونني لكن لا أحد يعرفني حقّاً.
- ☐ عند وجودي في المجموعات الصّغيرة أخشى أن يسألني أحدٌ عن حياتي الشّخصيّة.

إدانة النّفس

- ☐ أميل إلى التّفكير بطريقة سلبيّة عن نفسي، وأحارب باستمرار ضدَّ الأفكار السلبيّة عن نفسي.
- ☐ أعذِّب نفسي بسبب الخطيئة وضعفي تجاهها.
- ☐ أحاول إبعاد أفكار الإدانة هذه بدفع نفسي إلى النّجاح في مجالات أخرى (العمل، الدّراسة، الرّياضة، إلخ.).
- ☐ أشعر بأنّني قذر ومحطّم أو مثل "البضاعة الفاسدة".
- ☐ أجد صعوبة في عيش علاقة حميمة مع الله.
- ☐ أشعر بأنّني عاجز عن مسامحة نفسي.
- ☐ أشعر بأنّني لن أتمكّن يوماً من أن أتزوّج برجل تقيّ/امرأة تقيّة لأنَّ هذا الشّخص قد يكتشف أمر خطيئتي ويرفضني.
- ☐ لا أعتقد أنّه بإمكاني قيادة الآخرين فإنّ خطيئتي قد جعلتني غير مستحقّ.

نظرتي إلى الأمور وتفكيري

- ☐ لا أستطيع أن أتوقّف عن التّفكير في الأمر!
- ☐ تراودني باستمرار ذكريات مشوّشة عن اختباراتي المخزية.
- ☐ أرى أحلاماً ورؤىً مشوّشة عن خطيئتي.
- ☐ بالنّظر إلى ماضيَّ، أعجز عن التّصديق بأنّني يوماً ما سأشعر بأنّي "طاهر" بالكامل.
- ☐ لن أتمكّن أبداً من التّمتع بعلاقات عميقة مع الآخرين إذ يجب أن أحرص على ألاّ يعرفوا أبداً الحقيقة بشأن خطيئتي.
- ☐ أنا كـ "البضاعة الفاسدة".
- ☐ أنا غير مستحقّ.
- ☐ أميل إلى التّفكير بنفسي بطريقة سلبيّة وأحارب هذه الأفكار باستمرار.
- ☐ غالباً ما أتمنّى لو أمكنني فقط أن أكون شخصاً آخر بدلاً ممّن أنا.
- ☐ يصعب عليَّ أن أتخيّل أنّ الله يرى فيَّ شيئاً صالحاً.
- ☐ غالباً ما أشعر بأنّ الله غاضب منّي حتّى لو لم أرتكب أيّ خطيئة.
- ☐ توجد بعض الأمور المخزية في حياتي لدرجة أنّني أعجز عن التكلّم عنها لأحد.
- ☐ أحيا مع الشّعور بأنّه ثمّة خطب ما فيَّ منذ الولادة.
- ☐ أشعر بأنّني لا أستحقّ أن أعيش حياة سعيدة في المسيح.
- ☐ أجد أنّه من الأسهل أن أتظاهر بأنّ كلّ شيءٍ بخير، بدلاً من أن أشارك مع الآخرين صراعاتي في حياتي الروحيّة.

أعداد كتابيّة

مزمور ٢٥: ٣

أَيْضاً كُلُّ مُنْتَظِرِيكَ لاَ يَخْزَوْا...

رومية ٨: ١

إِذاً لاَ شَيْءَ مِنَ الدَّيْنُونَةِ الآنَ عَلَى الَّذِينَ هُمْ فِي الْمَسِيحِ يَسُوعَ.

مزمور ٣٤: ٥

نَظَرُوا إِلَيْهِ وَاسْتَنَارُوا وَوُجُوهُهُمْ لَمْ تَخْجَلْ.

٢ كورنثوس ٥: ١٧

إِذاً إِنْ كَانَ أَحَدٌ فِي الْمَسِيحِ فَهُوَ خَلِيقَةٌ جَدِيدَةٌ. الأَشْيَاءُ الْعَتِيقَةُ قَدْ مَضَتْ. هُوَذَا الْكُلُّ قَدْ صَارَ جَدِيداً.

رؤيا ٢١: ٥

وَقَالَ الْجَالِسُ عَلَى الْعَرْشِ: «هَا أَنَا أَصْنَعُ كُلَّ شَيْءٍ جَدِيداً». وَقَالَ لِيَ: «اكْتُبْ، فَإِنَّ هَذِهِ الأَقْوَالَ صَادِقَةٌ وَأَمِينَةٌ».

> إِعترفْ وأكِّدْ أنَّ الله قد جعل منك ابنه الجميل والثمين.

المبادئ الأربعة للتغلّب على العار واليأس

تُبْ: يجعلنا العار نقوم بردود فعل خاطئة على الحياة وحقيقة الله في مجالات مختلفة ومتعدّدة. من الهامّ أن نحدّد كلاًّ من هذه المجالات ونعترف بالخطايا المرتبطة بها. طبّق الصّلاة التّالية على حالتك الخاصّة.

يا ربَّ يسوع، أنا أطلب غفرانك على هذه الخطيئة الّتي هي حمل العار و/أو اليأس. أنا أتوب عن كلّ الطرق الّتي سمحتُ بها لهذه الخطيئة أن تصبح جزءاً من حياتي. أرى كيف أثرت فيَّ وفي الآخرين حولي. أنا أدعوها خطيئة. فالعار واليأس ليسا منك! (راجع المربّعات الّتي وضعتَ إشارة عليها واطلب من الله أن يغفر لك في كلٍّ من تلك المجالات).

إنتهرْ: أرفض كلَّ كذبة تمسّكت بها بشأن شخصك أو سلوكك. بسلطان يسوع المسيح، إنتهر/قاوم الشّيطان وأيّ أرواح شرّيرة وجدَت مكاناً لأسرك من خلال الأفكار والمشاعر المخزية، وأغلق الباب بشكل حاسم في وجه عملها في حياتك. في ما يلي صلاة مُقترَحة لكي تستخدم السّلطان على خطيئتك وعلى العدوّ الذي يعمل ضدّك.

يا ربَّ، أنا أرفض حياة الخزيّ واليأس وطرقها. هذا ليس مَن أنا عليه ولا يمثّلك أنتَ. أنا أنتهر كلَّ روح خزي شرّير يهاجمني بأفكار عار وخزي وعدم استحقاق. أنا أنتهر كلَّ روح يأس وفقدان أمل حاول أن يفصلني عن محبّة أبي السّماوي والحياة معه. أنا أقوم ضدّها بسلطان يسوع المسيح وآمرها بأن ترحل الآن. إنّها أرواح كاذبة ولن أسمع لها بعد اليوم ولكلامها المخادع عنّي. بموجب كلمة الله، أنا أضعها تحت رجليَّ وأسحق التّأثير الّذي كان لها في حياتي.

إستبدلْ: إعترف وأكِّد أنَّ الله قد جعل منك ابنه الجميل والثمين. باستخدام الأعداد الكتابيّة المذكورة أعلاه أو غيرها، أكِّد أنّك لن تستمرّ بالاختباء بل ستسير في النّور كما أنَّ المسيح في النّور.

أنا أستبدل حياة الخزي بالقبول والإدراك بأنّني حقّاً وكلّيًا ابنًا لله. أنا أستبدل اليأس بحياة من الفرح والسّلام والشّجاعة والجرأة والقوّة والسّلطان والمحبّة. ما سيجعل العالم يسألني عن سبب الرّجاء الذي في حياتي. سأحيا في حقيقة الشّجاعة والجرأة والثّقة الّتي هي من حقّ كلّ الذين يُدعَون أولاد الله.

إستقبلْ: أشكر الربّ لأنّه قد غفر كلّ خطاياك وطهرّك من كلّ نجاسة وحتّى من تأثيرات خطايا الآخرين نحوك. إستقبلْ تطهيره الكامل وافرح. أطلبْ من الرّوح القدس أن يملأ كلّ مكان سكنَته خطيئة العار في ما مضى، بحياة خارقة. أدناه صلاة مُقترَحة عليك، لكن صلّ من قلبك.

يا ربّ يسوع، أنا أطلب الآن ملء روحك القدّوس، وأستقبله بالإيمان لكي أتمكّن من عيش حياة خارقة فوق كلّ عار أو يأس. أنا أسير في الرّجاء والثّقة والقوّة والسّلطان الّتي هي ملكٌ لي كابن لملك الملوك. أنا مقبول وحياتي شهادة حيّة على محبّة الله ونعمته ومجده!

التّأكيدات

- ☐ لن أشعر أبداً بالخزي لأنّني أضع ثقتي في الربّ (رومية ٩: ٣٣).
- ☐ لن أشعر أبداً بالخزي لأنّني أضع رجائي فيه (مزمور ٢٥: ٣).
- ☐ سوف أتّضع وأصلّي وهو سيغفر خطيئتي ويشفيني (أخبار الأيام الثاني ٧: ١٤).
- ☐ سأنظر إليه وأستنير؛ لن يتغطّى وجهي أبداً بخجل العار (مزمور ٣٤: ٥).
- ☐ لقد نلت قلباً جديداً وروحاً جديداً في داخلي (حزقيال ٣٦: ٢٦).
- ☐ أنا في المسيح يسوع لذلك لست تحت الدّينونة! (رومية ٨: ١).
- ☐ لن أشعر بالعار مجدّداً لأنّ الله قد صنع لي العظائم (يوئيل ٢: ٢٦).
- ☐ أنا عمل يديّ الله، مخلوق في المسيح يسوع لأعمال صالحة (أفسس ٢: ١٠).
- ☐ لقد نلت الفداء والغفران على كلّ خطاياي! (كولوسي ١: ١٤).
- ☐ سأصدّق أنّني نلتُ برّ المسيح نفسه (٢ كورنثوس ٥: ٢١).

السير في الاتّجاه المعاكس

قد يكون العار غادراً ومتخفّياً في أفكارك بعشرات الطّرق التي لا تدركها. لذا من الهامّ جدّاً أن تغمر نفسك بحقيقة كلمة الله التي تخبرك مَن أنتَ في المسيح، وأن تأخذ كلّ يوم القرار بأن تصدّق ما قاله الربّ عنك مقاوماً أكاذيب الشّرير الذي يريد جرّك إلى العار ثانية.

أحد جوانب العيش بحرّيّة في المسيح والسّير في الطّهارة والقداسة الحقيقيّة يعتمد على تجديد أذهاننا بكلمة الله وروحه القدّوس. إستخدم الحقّ في كلمة الله والسّلطان الّذي لك في المسيح لتحارب أكاذيب العدوّ وترفضها حين تعود لتعذّب أفكارك.

من الهامّ جدّاً أن تتأمّل في وعود الله الّتي تتكلّم عن غفرانه. هذه الوعود ستقطع الأكاذيب الّتي تتّهمك بأنّك "غير طاهر" وستكون لك مصدر ارتياح وكذلك تذكيراً لك بمقامك الحقيقيّ أمام الربّ. لا تسمح للذّكريات والصّور الفكريّة القديمة وكلمات الآخرين وأفكار عدم الاستحقاق أو الذّنب أن تُحدِّد مَن أنت. هذه الأمور لا تُحدِّد هويّتك!

يتخفّى العار أيضاً بالاتّضاع المزيّف إذ لا يوجد أيّ تواضع في عدم الثّقة بعمل المسيح التامّ على الصّليب، فهو قد مات من أجلك وأنت حرٌّ من العار مهما كان ماضيك.

اليـأس

الخمود السّلبي يزيد من حِدّة اليأس

- ☐ يصعب عليّ أن أقضي وقتاً مع الله.
- ☐ خلال النّهار أجد نفسي أفكر "ما فائدة الأمر على أيّ حال؟".

- ☐ لا أبادر في الحديث مع أصدقائي، أفراد عائلتي أو زملائي في العمل.
- ☐ أتوقَّع من الآخرين أن يقتربوا إليَّ ويقابلونني حيث أنا.
- ☐ لا أصدّق بأنّ الآخرين بحاجة إليَّ لذلك أتخلّى عن ثقتي بالنّاس أو المشاريع.
- ☐ لا أعتقد أنّ الاعتراف بالخطيئة في حياتي سيجديني أيّ نفع لذلك لا أعترف بها.
- ☐ لديّ حماس ضعيف للأمور المتعلّقة بالله (الكرازة، الصّلاة، الخدمة، كلمة الله).
- ☐ "أسمح" للعديد من الأمور أن تحصل في حياتي.
- ☐ أعتقد بأنّ فكرة الرّجاء مُبالَغٌ فيها.
- ☐ ينقصني الحافز للصّلاة أو قراءة كلمة الله.
- ☐ في الواقع، ينقصني الحافز في أغلب الأمور في الحياة أو في الأمور المرتبطة بعمل الربّ.
- ☐ أشعر بأنّ الخطيئة ستتحكَّم بي دائماً لذلك لن تنفعني كثيراً محاولة التغلُّب عليها.

النّقص في الشُّكر يفتح أبواباً لإدخال اليأس.

نجد الشّفقة على الذّات والتّركيز على النّفس في صميم اليأس

- ☐ مُعظم أفكاري تدور حولي وحول ما يمكنني أو لا يمكنني فعله.
- ☐ العديد من النّاس حولي يعانون من الشّفقة على الذّات.
- ☐ بصراحة، ليس لديَّ العديد من الأصدقاء المُقرّبين.
- ☐ لديَّ بالإجمال توقّعات كبيرة من الآخرين.

اليأس يسير جنباً إلى جنب مع التّصرُّف كضحيَّة والشّعور بالدّونيَّة

- ☐ أشعر بأنَّني عاجز عن فعل الكثير لتغيير حالتي الشّخصيَّة ويبدو كأنَّني تحت رحمة الآخرين.
- ☐ أشعر بأنَّ حياتي "مُحتَجَزة" بسبب ما فعله بي الآخرون.
- ☐ لا أحبّ أن أشارك أصدقائي مع الآخرين، لأنّني أعتقد أنَّ مَن هم أفضل منّي حالاً أو مَن يملكون أكثر منّي، سيسرقون أصدقائي.
- ☐ أشعر بأنّني أبالغ في الحماية وشديد التّعلّق بالأشياء والعلاقات، لأنّني أخاف من أن يسرقهم أحد منّي.
- ☐ لا أشعر بحريَّة في المشاركة في مجموعة ما، لأنَّ تعليقاتي أو أفكاري قد تُرفَض أو لا تُؤخَذ بالاعتبار.
- ☐ أنا عاجز عن الخروج بثقة أو إيمان لاكتشاف أرض (مجالات) جديدة.
- ☐ نادراً ما أشعر بثقة كبيرة في نفسي.
- ☐ أبقى على "الجانب الآمن" في الحياة بدلاً من المخاطرة بالموارد القليلة (أو بالثقة) الّتي عندي.
- ☐ أشعر بالاستياء حين يرفع الربّ الآخرين، لأنّني أشعر بأنَّ الحياة لم تكن عادلة معي.
- ☐ أحيا حياةً من الخمود السّلبي. يوجد دائماً شخصٌ آخر غيري لإنجاز الأمور أو تسلّم القيادة.

النّقص في الشُّكر يفتح أبواباً لإدخال اليأس

- ☐ أجد صعوبةً في التّفكير في أمور يمكنني شكر الربّ من أجلها.
- ☐ لا يمكنني أن أتذكّر بوضوح آخر مرّة شكرت فيها الربّ من كلِّ قلبي على كلّ تدابيره في حياتي.
- ☐ لا أجد الكلمات حين أحاول أن أصلّي وأشكر الربّ.
- ☐ لماذا عليَّ أن أشكر في حين أملك القليل أو لا شيء لأضع أملي فيه؟
- ☐ أتساءل أحياناً إن كنت سأخرج يوماً من دوّامة اليأس هذه.

العيش بحريَّة من العار واليأس

أحد جوانب العيش بحريّة في المسيح والسّير في الطّهارة والقداسة الحقيقيَّة، يعتمد على تجديد أذهاننا بكلمة **الله** وروحه القدّوس. إستخدم الحقّ في كلمة **الله** والسّلطان الذي لك في المسيح، لتحارب أكاذيب العدوّ وترفضها حين تعود لتعذّب أفكارك. تأمّل في وعود **الله** الّتي تتكلّم عن غفرانه الكامل. هذه الوعود ستقطع الأكاذيب الّتي تتّهمك بأنّك "غير طاهر" وستكون مصدر ارتياح وكذلك تذكيراً بمقامك الحقيقيّ أمام الربّ. لا تسمح للذّكريات والصّور الفكريَّة القديمة وكلمات الآخرين وأفكار عدم الاستحقاق أو الذّنب أن تُحدِّد مَن أنتَ. هذه الأمور لا تُحدِّد هويّتك!

ستحتاج بعدها إلى القيام ببعض الخيارات، فالاستمرار باتّباع أسلوب حياة من الطّهارة والقداسة هو سعي يدوم طوال الحياة، وهو لا يتعلّق فقط بالسّلوك بل يشتمل أيضاً على ما نفكّر فيه، ما نشاهده، ما نتكلّمه وما نرتديه. يجب القيام بهذه الخيارات لكن لا انطلاقاً من قلب متديّن بل انطلاقاً من قلب نال تعويض **الله** وامتلأ بروحه القدّوس.

أعداد كتابيّة لنحيا بحسبها

مزمور ٣٣: ١٨

هُوَذَا عَيْنُ الرَّبِّ عَلَى خَائِفِيهِ الرَّاجِينَ رَحْمَتَهُ.

مزمور ١١٩: ١١٤

سِتْرِي وَمِجَنِّي أَنْتَ. كَلاَمَكَ انْتَظَرْتُ (لأنّه مصدر رجائي).

إشعياء ٤٠: ٣١

وَأَمَّا مُنْتَظِرُو الرَّبِّ فَيُجَدِّدُونَ قُوَّةً. يَرْفَعُونَ أَجْنِحَةً كَالنُّسُورِ. يَرْكُضُونَ وَلاَ يَتْعَبُونَ يَمْشُونَ وَلاَ يُعْيُونَ.

يوئيل ٢: ٢٦

فَتَأْكُلُونَ أَكْلاً وَتَشْبَعُونَ وَتُسَبِّحُونَ اسْمَ الرَّبِّ إِلهِكُمُ الَّذِي صَنَعَ مَعَكُمْ عَجَباً وَلاَ يَخْزَى شَعْبِي إِلَى الأَبَدِ.

رومية ١٥: ١٣

وَلْيَمْلأْكُمْ إِلهُ الرَّجَاءِ كُلَّ سُرُورٍ وَسَلاَمٍ فِي الإِيمَانِ لِتَزْدَادُوا فِي الرَّجَاءِ بِقُوَّةِ الرُّوحِ الْقُدُسِ.

رومية ٨: ١

إِذاً لاَ شَيْءَ مِنَ الدَّيْنُونَةِ الآنَ عَلَى الَّذِينَ هُمْ فِي الْمَسِيحِ يَسُوعَ.

أفسس ٢: ١٠

لأَنَّنَا نَحْنُ عَمَلُهُ، مَخْلُوقِينَ فِي الْمَسِيحِ يَسُوعَ لأَعْمَالٍ صَالِحَةٍ، قَدْ سَبَقَ **الله** فَأَعَدَّهَا لِكَيْ نَسْلُكَ فِيهَا.

التّحكّم

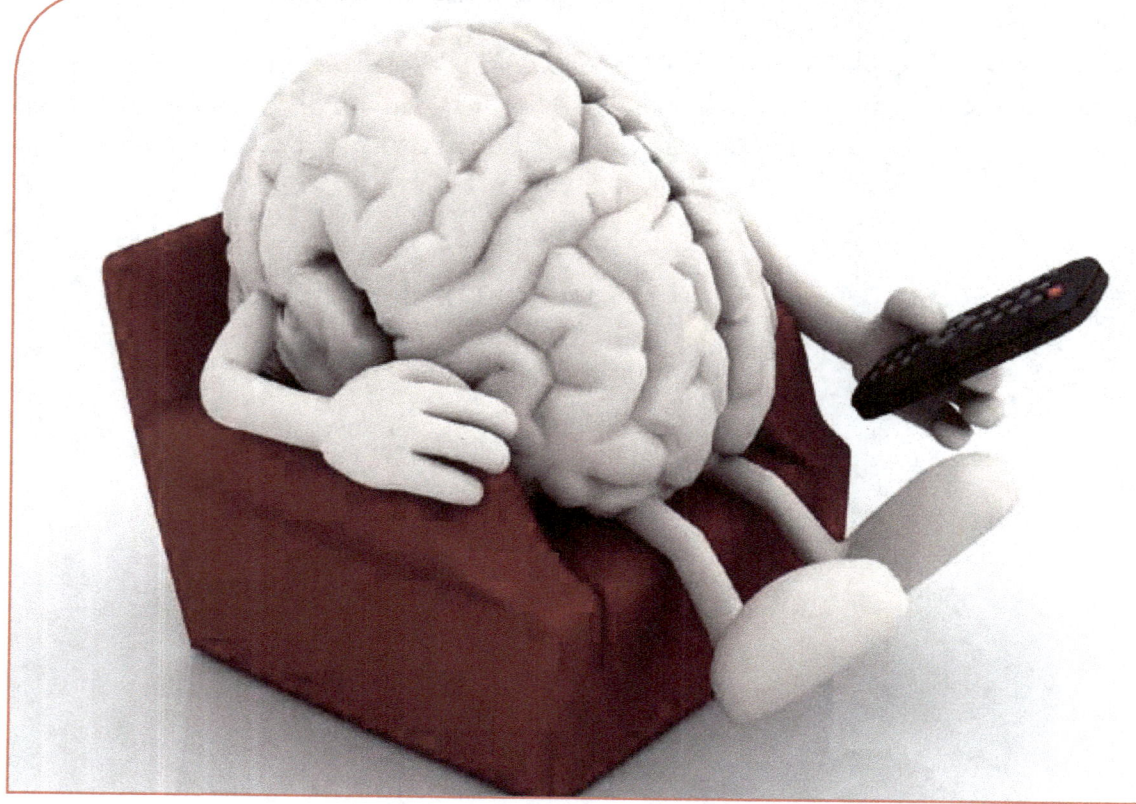

الوصف:

حاجة قويّة وتصميم قويّ على تسيير وإدارة المحيط الشّخصيّ والحياة والحالات والأشخاص والظّروف، ما يؤدّي إلى الاستياء والخوف وعدم الأمان أو الغضب في حال عدم التّمكُّن من فعل ذلك.

تحوّل تصميم اللّه بطريقة خاطئة:

صمَّم اللّه البشر مُعطياً إيّاهم القدرة على القيادة والإدارة واستلام الوكالة. أحد أجزاء تصميم اللّه الأصليّ لنا كأشخاص مخلوقين على صورته، هو أن نأخذ المبادرة ونقدّم التّوجيه ويكون لنا تأثير يرضي اللّه في المسائل والأوضاع الحياتيّة والتّعامل مع النّاس. ولكن حين تفسد هذه المزايا المُعطاة من اللّه، قد يتحوّل "التّأثير المطلوب من اللّه" إلى فرض الإرادة الشّخصيّة على الآخرين وعلى الظّروف. هذه إشارة إلى وجود روح (أو حصن) التّحكّم.

نموّ التّحكّم غير الصحيّ:

في العديد من الأحيان يتأسّس حصن التّحكّم في وقت مبكّر جدّاً في الحياة، إلى درجة أنّ النّاس يظنّون خطأً بأنه جزءٌ من شخصيّتهم بدلاً من النّظر إليه كخطيئة لا ترضي اللّه وفساد لتصميمه الأصليّ لهم. يتميّز هذا الحصن عادةً بالميل إلى الكماليّة

والتّرتيب والإدمان على العمل، وعدم القدرة على الوثوق في الآخرين وصعوبة في توكيل المَهامّ للآخرين أو تسليمهم إيّاها، والخوف من أن تنكشف العيوب الشّخصيّة. إنّ النّاس الذين يعيشون في حصن التّحكّم يقاومون في عمق أعماق أنفسهم أن يكونوا ضعفاء، ويعتقدون بأنّهم قادرون على حماية أنفسهم من خلال التّحكّم بكلّ جانب من جوانب حياتهم.

قد تكون هويّتنا ومشاعرنا مُكتسَحة بالكامل بحصن التّحكّم. إنّ المشاعر المرتبطة بالتّحكّم قليلة أو منعدمة، لأنّ المشاعر تظهر عادةً حين نشعر **بعدم** التّحكّم بالأمور وبالتّالي بضرورة اللّجوء **للتحكّم**. من الممكن أن تكون العمليّة الّتي يتأسّس بها التّحكّم غير ظاهرة بتاتاً، فالنّاس الّذين يعيشون في هذا المستوى من التّحكّم نادراً ما يلاحظون وجوده فيهم.

جذور التحكّم:

إنّ هذه الحاجة إلى التّحكّم تتغذّى في معظم الأحيان من القلق، إذ نجد دائماً في جذور التّحكّم خوفاً مُطابقاً له (مثلاً: الخوف من الفشل، الخوف من الرّفض أو التّرك، الخوف من الخيانة أو من التّعرّض للأذى، الخوف من الفوضى، إلخ). قدرتنا على "التّحكّم" بالأمور توهمنا مؤقّتاً بالسّلام وبحسٍّ (خاطئ) من الهدوء أمام هذه المخاوف. روح التّحكّم غير الصحّي يشلّك أنت والآخرين، كما ويصغّر الآخرين ويشعرهم بالاستياء.

مثال كتابيّ على التّحكّم:

نأخذ مجدّداً مثال الملك شاول (١ صموئيل ١٤ و١٩). إنّ رغبته بالتّحكّم سبّبت بالتّشويش والإحباط والهزيمة لجيشه وعائلته. أراد أن يضمن سلامة نفسه ومركزه وسمعته ومملكته، لكن بفعله ذلك عرّض جيشه للخطر وهدّد حياة ابنه الأمين يوناثان وحاول أخذ حياة خادمه الوفيّ داود.

هل يوجد دلائل على وجود حصن تحكّم في حياتك؟ بروح الصّلاة، تأمّل بنقاط اللّائحة أدناه وضع إشارة أمام ما ينطبق عليك:

التّواصل بروح تحكّميّ:

- ☐ قد أميل إلى التّعبير عن عدم الموافقة (بطريقة كلاميّة أو غير كلاميّة) بهدف تغيير الأشخاص الآخرين.
- ☐ أميل إلى عدم الإفصاح دائماً عن المعلومات المكتملة، بل إلى الإخبار فقط بما أظن أنّه سيخدم أهدافي.
- ☐ أتكلّم وأتصرّف بطريقة تجعلني أسلّط الضوء على نفسي لأبدو أفضل من الآخرين أو تمكّنني من تحقيق رغباتي الشّخصيّة.
- ☐ أميل إلى الرغبة بالتّحكّم بالمعلومات وبطرق إيصالها ضمن مجموعة معيّنة.

التّحكّم داخل العلاقات:

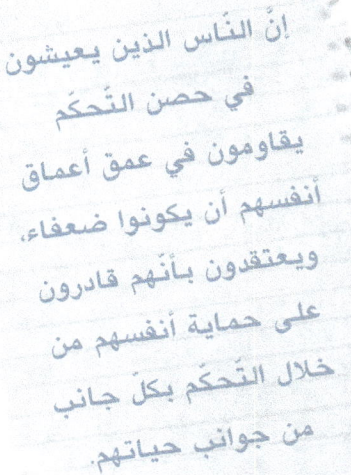

- ☐ أسيطر على المحادثات أو أقاطعها إن كنت من المشاركين فيها أم لا.
- ☐ لديّ شخصيّة تمتاز بـ"استلام إدارة الأمور بنفسي".
- ☐ أشعر بأنّني أعرف ما هو الأفضل للآخرين.
- ☐ أميل إلى جعل الآخرين يعملون بطريقة توافق جدول أعمالي.
- ☐ أقاوم تكلّم الآخرين بعلنيّة في حياتي.
- ☐ أخاف من التّعرّض للأذى أو الرّفض من الآخرين.
- ☐ أجد أنّه من الصّعب أن أشجّع الآخرين وأقوّيهم وأطلقهم.
- ☐ إن رفَض أحد القيام بما أريده أن يفعل، أُصبح أكثر إقناعاً إلى أن يوافق.
- ☐ حين لا أنال الرّد الّذي أرغب به على الفور، أستمرّ بالسّعي للحصول عليه.

إنّ النّاس الذين يعيشون في حصن التّحكّم يقاومون في عمق أعماق أنفسهم أن يكونوا ضعفاء، ويعتقدون بأنّهم قادرون على حماية أنفسهم من خلال التّحكّم بكلّ جانب من جوانب حياتهم.

طريقة تفكير التّحكّم:

- ☐ أغتاظ بسهولة عند حصول تغييرات في الخطط.
- ☐ أظنّ بأنّ طريقتي في فعل الأمور هي دائماً الأفضل.
- ☐ أميل إلى فعل الأمور عن الآخرين، عادةً لأنّني أظنّ أنّني قادر على فعلها أفضل منهم.
- ☐ أجد صعوبة في قبول آراء الآخرين.
- ☐ أحاول أن أسيطر على الأوضاع حين أشعر بعدم الارتياح أو حين لا تسير الأمور على طريقتي.
- ☐ غالباً ما أشعر بالتوتّر حين يتسلّم أحد غيري الإدارة أو التّحكّم بالأمور (مثلاً حين يقود أحد آخر السيّارة).
- ☐ أشعر بأنّها مسؤوليّتي أن أساعد الآخرين ليفهموا و"يتحسّنوا".
- ☐ أستاء من نشاطات المجموعة أو المشاريع الّتي لا يكون أداء الآخرين فيها بحسب مقاييسي.
- ☐ حين لا يسلك النّاس بحسب اقتراحاتي أو يفعلوا ما أظنّه الأفضل، أشعر بالرّفض أو الغضب.
- ☐ أظنّ أنّني أفضل شخص لإدارة معظم الظّروف وأشعر بالاستياء حين لا يحترم الآخرون قدراتي وحكمتي.
- ☐ أميل إلى الشّعور بعدم الارتياح وعدم الثّقة حين أوجد في ظرف جديد أو حين أُواجه ظروفاً غير مألوفة.
- ☐ أجد أنّه من الصّعب أن أتبع الآخرين.
- ☐ أحاول أن أحصل على الشّفقة أو التّعاطف من الآخرين.
- ☐ أظنّ أنّ طريقتي بفعل الأمور هي الأفضل.
- ☐ أودّ أن يعترف الآخرون بفضلي.
- ☐ أنا أعرف عادةً ما هو الأفضل.
- ☐ لديَّ صعوبة في قبول فكر الآخرين فيما يخصّ حياتي.
- ☐ لديَّ دائماً إجابة لأبرّر موقفي أو حالتي.
- ☐ أخاف من أن أكون على خطأ، إذاً أستمرّ بالمزايدة على موضوع معيّن إلى أن يتنازل الآخرون.

أعداد كتابيّة:

مزمور ٣٧: ٥

سَلِّمْ لِلرَّبِّ طَرِيقَكَ وَاتَّكِلْ عَلَيْهِ وَهُوَ يُجْرِي.

أمثال ٣: ٥ – ٦

تَوَكَّلْ عَلَى الرَّبِّ بِكُلِّ قَلْبِكَ وَعَلَى فَهْمِكَ لاَ تَعْتَمِدْ. فِي كُلِّ طُرُقِكَ اعْرِفْهُ وَهُوَ يُقَوِّمُ سُبُلَكَ.

متّى ٦: ٣٣ – ٣٤

لَكِنِ اطْلُبُوا أَوَّلاً مَلَكُوتَ اللهِ وَبِرَّهُ وَهَذِهِ كُلُّهَا تُزَادُ لَكُمْ. فَلاَ تَهْتَمُّوا لِلْغَدِ لأَنَّ الْغَدَ يَهْتَمُّ بِمَا لِنَفْسِهِ. يَكْفِي الْيَوْمَ شَرُّهُ.

يعقوب ٤: ١٣ – ١٦

هَلُمَّ الآنَ أَيُّهَا الْقَائِلُونَ: «نَذْهَبُ الْيَوْمَ أَوْ غَداً إِلَى هَذِهِ الْمَدِينَةِ أَوْ تِلْكَ، وَهُنَاكَ نَصْرِفُ سَنَةً وَاحِدَةً وَنَتَّجِرُ وَنَرْبَحُ». أَنْتُمُ الَّذِينَ لاَ تَعْرِفُونَ أَمْرَ الْغَدِ! لأَنَّهُ مَا هِيَ حَيَاتُكُمْ؟ إِنَّهَا بُخَارٌ، يَظْهَرُ قَلِيلاً ثُمَّ يَضْمَحِلُّ. عِوَضَ أَنْ تَقُولُوا: «إِنْ شَاءَ الرَّبُّ وَعِشْنَا نَفْعَلُ هَذَا أَوْ ذَاكَ». وَأَمَّا الآنَ فَإِنَّكُمْ تَفْتَخِرُونَ فِي تَعَظُّمِكُمْ. كُلُّ افْتِخَارٍ مِثْلُ هَذَا رَدِيءٌ.

المبادئ الأربعة لمواجهة التّحكّم:

تُبْ: تحمّل مسؤوليّة التّحكّم في حياتك بالاعتراف تحديداً بخطيئة وضع الثّقة في نفسك بدلاً من الاستراحة في الربّ. إعترف بأيّ غضب أو تكبّر أو استياء أو خوف شعرت به بسبب نقص قدرتك على التّحكّم.

صلاة مقترحة: يا ربّ، أنا أتوب عن خطيئة التّحكّم والتّلاعب. أنا أعترف الآن بأنّي سمحت لها بأن تصبح جزءاً من حياتي وأدعوها اليوم أمامك خطيئة. أعترف بأنّي أردت التّحكّم بالآخرين وبحياتي الخاصّة. أكسر التّحكّم الموجود في أيّ مجال من حياتي الآن بالاستدارة إلى الاتّجاه المعاكس وبعيش حياة ثقة واستسلام لك ولكلمتك ولطرقك.

إنتهِرْ: أرفضْ كلّ كذبة تمسّكت بها حول حاجتك إلى التّحكّم بالنّاس والظّروف في حياتك أو قدرتك على القيام بذلك. بسلطان يسوع المسيح قاوم إبليس وأيّ أرواح شرّيرة وجدَت مكاناً لتهاجمك من خلال الكبرياء والاستياء والخوف من نقص قدرتك على التّحكّم.

صلاة مقترحة: أنا أقاوم أيّ أكاذيب من العدوّ وأربطها الآن. إنّ هجومها على حياتي في مجال التّحكّم قد انكسر. أرفض التّصديق بأنّ الله لا يتحكّم في كلّ وضع. أرفض الكذبة القائلة إنّي سيّد مصيري. أنا أقطع أيّ روابط متعلّقة بحصن التّحكّم. أنتهر كلّ روح شرّير ساهم بتقوية حصن التّحكّم في حياتي. أنا آمرك بالذهاب إلى أقدام يسوع لتنال دينونتك منه.

إستبدِلْ: يتطلّب الأمر كرهاً تامّاً لخطيئة التّحكّم لكي تتحرّر منها. إنّه تطهير عميق لجزء من شخصيّتك بما في ذلك طرق تفكيرك وردود فعلك ودوافعك. حين تبدأ بالشّعور باضطراب داخلي، توقّف واسأل الربّ إن كانت مشاعر التّحكّم سبب المشكلة. إن كان الأمر كذلك، اعترف بالأمر واستقبل تطهيره. أدرك وأكّد أنّ الله هو الوحيد المستحقّ أن يتحكّم بحياتك، وأنّ خططه لك كاملة بكلّ جوانبها.

إستقبِلْ: أشكر الربّ لأنّه غفر لك بالكامل. إستقبل تطهيره الكامل وافرح. أطلبْ من الرّوح القدس أن يملأ كلّ مكان سكنَته في ما مضى خطيئة التّحكّم.

صلاة مقترحة: يا ربّ، أنا أستقبل غفرانك على خطيئة التّحكّم في حياتي. أنا أستقبل محبّتك لي. املأني بروحك القدّوس حتّى أعيش بطريقة خارقة في حريّة الإيمان والثّقة بك وأخدم الآخرين.

السير بالاتّجاه المعاكس:

- ☐ يسوع لم يتحكّم يوماً بالنّاس بل قدّم نفسه لهم وسمح لهم بأن يستجيبوا بإرادتهم الخاصّة الحرّة.
- ☐ سمح يسوع لتلاميذه بأن يرتكبوا أخطاءً وأوكلهم في الذّهاب في مَهمّة.
- ☐ إنّ والد الابن الضالّ (لوقا ١٥) سمح له بأن يترك البيت ويواجه عواقب اختياراته السيّئة.
- ☐ في حين أنّ التّحكّم يعيق النموّ، يقسّم النّاس ويعطّل الإبداع، فإنّ الحريّة تحفّز النموّ والوحدة والإبداع والقوّة.
- ☐ أبانا، أنت الربّ على كلّ حياتي وعلى كلّ ظروفي؛ التّحكّم من حقّك أنت وحدك.
- ☐ أريد أن أثق بك بكلّ قلبي لذا أنا أتخلّى عن حقّ رغبتي بالتّحكّم بالنّاس في حياتي مثل عائلتي، أصدقائي، وزملائي في العمل وأسلّمك إيّاهم لأنّك أنت تعرف ما هو الأفضل.
- ☐ أستبدل التّلاعب في الظّروف والأشخاص بالثّقة الهادئة في صلاحك وأمانتك.
- ☐ أسير بعكس روح التّحكّم أي بروح الخدمة الطيّعة للآخرين.
- ☐ أستبدل الكبرياء الذي يجعلني أظنّ بأنّي أعرف الأفضل لنفسي بالتّواضع الذي يجعلني أستقبل النّصائح الروحيّة في حياتي من الآخرين.
- ☐ أستبدل الغطرسة الّتي تجعلني غير معتمد على الآخرين، بثقةٍ كثقة الأولاد في لطف الله الظّاهر نحوي من خلال أعضاء جسده.

☐ أستبدل الغضب والاستياء والانزعاج والخوف النّاتج عن النّقص في قدرتي على التّحكّم، بالصّلاة المستمرّة للاحتياجات الّتي أواجهها.

☐ أكثر ما يحبّه العدوّ هو أن يدمّر خطّة **الله** لحياتك. يتطلّب الأمر كرهاً تامّاً لخطيئة التّحكّم لكي تتحرّر منها. إنّه تطهير عميق وإزالة لجزء من شخصيّتك، بما في ذلك طرق تفكيرك وردود فعلك ودوافعك.

☐ إنّ عكس التّحكّم هو الخدمة. أكّد محبّة **الله** لكلّ شخص واطلب من الربّ أن يعمّق فهمك لترى أنّ الحرّيّة تأتي حين نعتبر الآخرين كأفضل من أنفسنا.

ملاحظات

ملاحظات

ملاحظات

ملاحظات